Björn Kuhligk und Tom Schulz

Rheinfahrt

Kostenlos mobil weiterlesen!
So einfach geht's:

1. Kostenlose App installieren

2. Zuletzt gelesene Buchseite scannen

3. 25% des Buchs ab gescannter Seite mobil weiterlesen

4. Bequem zurück zum Buch durch Druck-Seitenzahlen in der App

Hier geht's zur kostenlosen App:
www.papego.de/app

Erhältlich für Apple iOS und Android.
Papego ist ein Angebot der Briends GmbH,
Hamburg. www.papego.de

Björn Kuhligk   Tom Schulz

Rheinfahrt

**Ein Fluss
Seine Menschen
Seine Geschichten**

Mit 11 Abbildungen

orell füssli Verlag

Orell Füssli Verlag, www.ofv.ch
© 2017 Orell Füssli Sicherheitsdruck AG, Zürich
Alle Rechte vorbehalten

Umschlaggestaltung: Hauptmann & Kompanie Werbeagentur, Zürich
Druck: CPI books GmbH, Leck

ISBN 978-3-280-05630-1

Der Orell Füssli Verlag wird vom Bundesamt für Kultur mit einem Strukturbeitrag für die Jahre 2016–2020 unterstützt.

Die Deutsche Nationalbibliothek verzeichnet diese Publikation in der Deutschen Nationalbibliografie; detaillierte bibliografische Daten sind im Internet unter www.dnb.de abrufbar.

Inhalt

Vorwort

*Der Rhein ist der Fluss, von dem alle Welt redet
und den niemand studiert, den alle Welt besucht und
niemand kennt.*

Victor Hugo

Eine Woche im Sommer auf einem der mächtigsten Flüsse Europas

Schon lange hatten wir die Idee, auf einem Schiff den Rhein entlangzufahren. Welchen Geschichten würden wir begegnen, welchen Mythen und Märchen? Im Sommer 2016 machten wir uns auf den Weg: Auf unserer Reise kamen wir an Orte, die uns den Blick öffneten für die Schönheit und Einzigartigkeit der Landschaft, die trotz des Einflusses des Menschen auf die Natur noch heute zu finden sind.

Wir haben Menschen getroffen, die in Herrenhäusern leben, die ein Hotel führen, die Nachfahren eines Adelsgeschlechtes sind, die Urlaub in ihrer Heimat machen. Einen Bio-Winzer und etliche Erntehelfer. Einen Bürgermeister, der fünf Tage lang die Narren regieren lässt. Einen Pfarrer, der über die Weltpolitik schimpft, zwei Basler Schriftsteller im Badehaus, einen elsässischen Schatzsucher und einen indischen Taxifahrer, der sich am Oberrhein verfährt.

Eine Woche lang fuhren wir von Köln nach Basel und wieder zurück. Wir wollten erfahren, was dieser Fluss mit den Menschen macht, die hier leben und arbeiten, wollten herausfinden, wie sie mit der Geschichte und der Tradition verbunden sind. Und waren neugierig, wie es ist, eine Woche lang zusammen mit 130 anderen Passagieren auf einem Kreuzfahrtschiff zu sein.

Einige Monate später reisten wir an ausgewählte Orte, die wir auf unserer Schiffsreise nur von Bord aus sahen und die wir näher erkunden wollten. Wir fuhren bis an die Ränder der Landschaften, die zum Rhein gehören.

Wir möchten die Leserin und den Leser einladen, an unserer Fahrt teilzuhaben und einen Blick hinter das scheinbar Bekannte zu werfen.
Mittels teilnehmender Beobachtung und literarischer Kulturgeschichte, die das Heutige mit dem Historischen verbindet, haben wir die Erfahrungen und Erlebnisse festgehalten, die wir während unserer Rheinfahrt machten.

Björn Kuhligk und Tom Schulz, im Sommer 2017

Köln: Am Dom

Geboren bin ich in Köln, wo der Rhein, seiner mittel-
rheinischen Lieblichkeit überdrüssig, breit wird, in die
totale Ebene hinein auf die Nebel der Nordsee zufließt;
… in Köln, das seines gotischen Domes wegen berühmt
ist, es aber mehr seiner romanischen Kirchen wegen sein
müßte; das die älteste Judengemeinde Deutschlands
beherbergte und sie preisgab; Bürgersinn und Humor
richteten gegen das Unheil nichts aus, jener Humor, so
berühmt wie der Dom, in seiner offiziellen Erschei-
nungsform schreckenerregend, auf der Straße manch-
mal von Größe und Weisheit.

Heinrich Böll

Wir erreichen Köln am späten Mittag. Wir stehen vor dem Bahn-
hofsgebäude, neben einem Informations-LKW der Polizei, und
heben die Blicke. Der Dom, allezeit ein gigantisches Bauwerk von
seltsamer Schönheit, zu ihm zieht es uns. Wie es ein Chronist vor
über 150 Jahren beschrieb, erscheint es auch jetzt noch:»Nähert
sich der Reisende der Stadt von fern, so erblickt er in der unabseh-
baren Menge von Häusern und Kirchen eine schwärzliche, plumpe
Masse, welche bergähnlich über die höchsten Thürme emporragt.
Kommt er allmählich näher, so gewinnt die scheinbar plumpe
Masse eine für das Auge gefällige Form; er unterscheidet einen
Thurm, eine Kirche und einen Chor, mit unzähligen Knäufen,
Thürmchen, Bogenfenstern, Geländern, Kreuzen, Bogenfenstern,
Kreuzen, Steinbildern und Gehäusen, und endlich, wenn er vor
dem immer anwachsenden Riesengebäude steht, fühlt er sich von

einem heiligen Schauer der Ehrfurcht und von Bewunderung durchbebt, und überzeugt sich mit Erstaunen und Entzücken, dass er das ehrwürdigste und großartigste Denkmal deutscher Kunst, den Cölner Dom vor Augen hat.«

Heute sehen wir im Kölner Dom alles Mögliche. Manchmal vieles und mitunter nichts – denn er steht ja direkt am Bahnhof und jeder, der aussteigt, kommt nicht so einfach an ihm vorbei. 1880 war er mit knappen 158 Meter das höchste Bauwerk der Welt, Gott zum Gruße. Vielleicht steht noch immer dieser eine Obdachlose an der Eingangspforte und bittet einen jeden, der sich anschickt, das Göttlichste von Köln zu betreten, um »eine Spende gegen Gott«. Aber wofür steht der Kölner Dom eigentlich? Für das Relikt der Katholiken, ihren Glauben in den Himmel zu bauen? Wie groß ist er und wie klein jeder einzelne Lebende? Welche Herrlichkeit ist gemeint und welcher richtige oder falsche, welcher gute oder schlechte Gott?

In seinem Gedicht »Köln, am Hof« schrieb der Dichter Paul Celan in den 1950er Jahren:

Herzzeit, es stehn
die Geträumten für
die Mitternachtsziffer.

Einiges sprach in die Stille, einiges schwieg,
einiges ging seiner Wege.
Verbannt und Verloren
waren daheim.

Ihr Dome.

Ihr Dome ungesehn,
ihr Ströme unbelauscht,
ihr Uhren tief in uns.

Das Bauwerk und der Fluss sind – wie wir lesen können – miteinander verbunden: in der Zeitlichkeit und in der Imagination. Das große Gotteshaus, der mächtige Rhein und das Gedächtnis des Menschen: ein tiefes Wissen von der Vergänglichkeit. Die Uhren in uns. Was zeigen sie an? Die Mitternachtsziffer, die Uhr steht auf null.

Nach dem Krieg war es die oft beschworene »Stunde Null« – die es nur symbolisch gegeben hat. Die Uhren in uns, die von den Blicken abgewandten Kathedralen. Wohin sehen wir? Können wir sie wirklich erkennen? Die Ströme, also die pluralen großen Flüsse, sie fließen, ohne dass wir es hören können? Sie können nicht belauscht werden, ihr Wesen bleibt geheimnisvoll. Und die Uhren, sind sie tief vergraben in uns? Oder schlagen sie anstelle des Herzens? Die Uhren, bleiben sie stehen oder laufen sie weiter? »Einiges sprach in die Stille, einiges schwieg« heißt es in dem Gedicht – »einiges ging seiner Wege«. Hier scheinen drei Möglichkeiten auf, die sich gegenseitig ausschließen. Die Schweigenden, die Sprechenden und die Gehenden. Wohin sind sie gegangen? Einiges ging, heißt es. Es geht seinen Gang, die Geschichte geht weiter, auch wenn so viel Unrecht geschehen ist. Es wird gesprochen und geschwiegen um den einen Tisch. Wovon schweigen die Schweigenden und wovon reden die Sprechenden? Kein Wort von Gott, nur die Anrufung: »Ihr Dome.« Etwas, das Trauer und Hoffnung beherbergt, Schuld und Aussöhnung, nicht Buße. Die Uhren schlagen ohne Laut in uns.

Heinrich Böll und Paul Celan verband eine kurze Freundschaft, die alsdann vom geistigen Klima der Restauration beschädigt wurde. Die alten Kräfte, zutiefst oder latent antisemitisch, waren in den 1950er Jahren noch allgegenwärtig; sie zerstörten das fragile Gebilde der möglichen Brüderlichkeit zwischen dem Kriegsheimkehrer Böll und dem Juden Celan, dessen Familie von den Nazis ermordet wurde. Die Briefe, die sie sich schrieben, bezeugen dies.

Die Wunden waren nicht zu schließen, die Verletzungen groß. Wie sehr sich beide auch wünschten, Herzensfreunde zu sein, und sich vom Grunde auf schätzten, es blieb ein unüberwindlicher Graben aus Kränkungen, Scham und gegenseitigen Missverständnissen.

Die Briefe wurden spärlicher, der letzte stammt aus dem Sommer 1962. Ein Treffen kam nicht mehr zustande, acht Jahre später sollte Paul Celan in Paris sein Ende finden, als er in die Seine ging. Böll lebte bis 1982 in Köln, zuletzt in Müngersdorf und Hülchrath; drei Jahre später starb er in der Eifel.

In die Gegenwart: Als wir das erste Mal nach Köln kamen, am Anfang der Nullerjahre, liebten wir die Stadt sofort, ihre lebhafte und launische Seite. Dass man hier nie allein bleibt, dass es immer ein Gespräch gibt, egal worüber und mit wem. Dass alles Gesagte am nächsten Tag meist vergessen war oder weniger dringlich, irritierte uns. Doch es gab immer etwas zu feiern, immer einen Grund zusammenzukommen. Dass vieles zur Zerstreuung neigte, dass es leicht war, so schien es, in den Tag hinein zu leben. Erst Jahre später bemerkten wir, welcher Unernst sich dahinter verbarg, welche Großspurigkeit, hinter der sich meist Kleingeister versteckten. Es blieb die Literatur und ihre Akteure. Wir fanden zwischen Nippes, Ehrenfeld und dem Belgischen Viertel, zwischen der Südstadt und Mauenheim gute Freunde – die im Laufe der Zeit fast alle aus der beengten Stadt aufs Land gezogen sind. Wir kennen die Stadt mittlerweile sehr gut und mögen sie noch immer. Zusammengerechnet haben wir hier schon mehrere Monate verbracht. Wir waren hier auf Geburtstagsfeiern, Gartenfesten, Buchpremieren und einer Hochzeit. Wir haben in den wechselnden Wohnungen von Freunden übernachtet, Trennungen erlebt und Kinder heranwachsen sehen. Wir haben im letzten Jahrtausend Büdchen leer getrunken, wir haben den Aachener Weiher mit einem riesigen See und den Mond über Deutz mit einer Kölsch-Reklame verwechselt. Wir haben erfahren, wie düster der Herbst in Porz in die Eingeweide krachen kann, wie weich und vertraulich das Licht eines neuen Tages über dem Rhein auftauchen kann, und hielten unsere Köpfe in dieses Licht. Manche Nächte schlief einer von uns unter einem Gerhard Richter, auf der Fensterbank stand der Vogelkäfig von Picassos Gärtner, auf dem Weg zur Toilette hing ein Vasarely. Der Schwiegervater war Kunsthändler und die Wohnung der Tochter diente als Zwischenlager. Wir waren in Museen und Ausstellungen, auf Konzerten und in Plattenläden. Wir haben Rolf Dieter Brinkmann gelesen und fanden es auf Dauer ermüdend. Wir haben Jürgen Becker gelesen und waren begeistert und werden es wohl bleiben. Wir können Kölnisches Liedgut auswendig, ohne es je gelernt zu haben. Wir haben so viele Sprüche über Düsseldorf gehört, dass wir daraus einen Teppich knüpfen könnten. Wir haben so viel Lob über Köln gehört, dass wir daraus einen zweiten knüpfen könnten, und wir würden beide nebeneinander in dasselbe Zimmer legen. Einer von uns erlebte den Karneval in Nippes und bekam Kamelle an den Kopf. Der andere weigert sich bis heute beharrlich, je einen Karneval mitzufeiern, und seine Sympathie gilt dem einen Bekannten, der jedes Jahr zu dieser Zeit die Stadt verlässt.

Und doch war er in einem Jahr in der Karnevalszeit in Köln und lernte den Nubbel kennen.

Der Nubbel ist eine angekleidete Strohpuppe, groß wie ein Erwachsener, die seit dem 18. Jahrhundert an Karneval als Sündenbock über dem Eingang vieler Kneipen hängt und am letzten Karnevalstag verbrannt wird. Das Ritual sieht vor, dass ein als Geistlicher verkleideter Karnevalist den Nubbel anklagt und die

Menge ihn verteidigt. Irgendwann kippt die Stimmung und der Nubbel ist an allem schuld. Warum ist das Bier so teuer? Warum regnet es so oft? Warum ist mein Konto leer? War der Nubbel, hat alles der Nubbel gemacht! Verbrennt ihn! Und weil er nun an allem schuld ist, muss er schnell verschwinden und mit ihm alles, was man im letzten Jahr selber vergeigt hat. Vor jeder Kneipe, in jedem Viertel, in jeder Stadt, in jedem Landkreis wird diese Puppe ein wenig anders gekleidet und abgefackelt. Sollte uns – und alles spricht dagegen – in ein paar Jahrzehnten dieses Buch nicht mehr gefallen, können wir immer noch auf die Frage, wie in drei Herrgottsnamen wir darauf kamen, dieses Buch zu schreiben, mit den Schultern zucken und antworten: »Dat wor dä Nubbel!«, was nichts anderes sagt, als: »War halt irgendwer!« Einer von uns war also in einem Jahr in der Karnevalszeit in Köln, saß zusammen mit einem Freund in einer Kneipe, und plötzlich, das Gespräch abbrechend, sprang er auf und brüllte nach Wasser, weil draußen, die Kneipentür stand offen und nur er schien es zu bemerken, ein Brand entstanden war. Die Kneipe amüsierte sich prächtig und er ging seither nicht mehr dorthin.

Fragt man in Köln nach dem Weg, ist man natürlich sofort der, der nicht aus Köln ist. Weiß der Befragte auch nicht weiter, hört man ein schnell hingesprochenes: »Wat? Kenn ich nicht!« Mitunter ist die Zuvorkommenheit der Kölner irgendwo bei Finsterwalde vergraben. Finsterwalde liegt in Brandenburg, nicht weit von Berlin. Das kennen wir also alles. Es ist uns vertraut. Es ist kurz und klar. Mehr gibt es nicht zu sagen. Die Direktheit der Rheinländer ist Legende. Auch deren Offenheit und Kommunikationsbedürfnis. Am Ende eines jeden Tages muss der Rheinländer ausführlich gesprochen haben, er muss seine hin- und hergewuchteten Gedanken artikuliert haben. Passiert etwas im Rheinland, in der Nachbarschaft, im nächsten Dorf oder in der Welt, so teilt es der Rheinländer mit, und zwar überall und jedem, der Familie, den Freunden, dem Nachbarn, dem Postboten, der Verkäuferin und so wird das, was passierte, von allen umstellt, belagert und besprochen und zwar so lange, bis es wieder etwas kleiner und der Mensch wieder etwas größer geworden ist. Verliert das Ereignis dann so langsam fast vollständig seine Bedeutung, ist zum Glück wieder etwas Neues passiert.

Wir laufen runter zum Rhein, der nach tagelangem Dauerregen und Unwettern Hochwasser führt. Wir haben ihn schon so oft gesehen, aber nun sehen wir ihn anders: Er ist die Straße, auf der wir eine Woche lang unterwegs sein werden. Der Strom, auf dem wir essen, schlafen und schreiben werden. Der Strom. So sagt man und meint einen mehr als 500 km langen und ins offene Meer mündenden Fluss, der ein Einzugsgebiet von mehr als 100 000 km² haben muss. Verglichen mit dem Amazonas, dem Mekong oder Nil ist der Rhein ein weitaus kleinerer Strom, aber immerhin ist es einer und er ist hier. Er strömt direkt an uns vorüber und was haben noch mal die Bläck Fööss gesungen:»Dat Wasser vun Kölle es jot!«. 2000 Kubikmeter Rhein pro Sekunde fließen an Köln vorbei, bei Niedrigwasser um die 700, bei dem Hochwasser von 1995 wurden gar 11 000 gemessen.

An Bord der MS Regina

Das Boot, auf dem wir die nächsten sieben Tage reisen werden, sieht viel größer aus als in unserer Vorstellung. Daneben der Musical Dome Köln, in dem das Musical»Bodyguard« aufgeführt wird. Neben dem Plakat, auf dem Kevin Costner Whitney Houston trägt, der Slogan»Cologne will always love you«. Wir sind zwei Stunden zu früh und setzen uns in ein Restaurant namens»Karibik«, das thailändische Küche anbietet. Am Nebentisch sitzen drei Asiaten mit drei Smartphones, die sie an Selfiesticks befestigt haben und nun hintereinander ihre Bilder auf eine externe Festplatte überspielen. Vor ihnen Cocktails, aus denen bunte Papierschirmchen und halsschlagaderdicke Strohhalme im rechten Winkel zur Tischplatte ragen, als würden sie drei Parallelen zum Dom bilden. Wir bestellen und der Kellner, der eine Kölsche Jung ist, weil nur original Kölsche Jungs auf Touristen losgelassen werden, sagt gut gelaunt, weil so vieles an Köln gut gelaunt ist: »Gute Wahl! Mit euch kann man arbeiten!«

Bevor wir die Gangway des Bootes betreten, werden wir von drei Männern, die schwarze Hosen und weiße Polohemden tragen, begrüßt und unsere Koffer werden verstaut. Wir schiffen ein. Vor der Rezeption parken drei Rollatoren, an einem eine große Klingel, in der Ecke lehnen mehrere Krücken. An dem hölzernen Geländer, das sich in den ersten Stock windet, ist ein Treppenlift befestigt. Hinter dem Tresen, auf dem Prospekte in niedrigen Stapeln ausliegen, hängt eine kleine grüne Tafel, auf der in sorgfältiger Schrift steht: »Willkommen an Bord!« Davor eine Frau, die ein blaues Halstuch mit kleinen, weißen Ankern trägt. Sie lächelt und sagt: »Willkommen an Bord!« Gegenüber der Rezeption die Eingangstür zum Restaurant. Ein Flur weist nach rechts, eine Treppe nach unten, eine nach oben. Überall dort, wo der öffentliche Raum dieses Bootes zu sein scheint, befindet sich Auslegware in einem halluzinatorischen Ineinandergreifen von Form und Farbe. Wir gehen weiter auf das Sonnendeck, und mit unserer dortigen Ankunft drücken wir den Altersdurchschnitt unerheblich nach unten. Rentner, Pensionäre, nur wenige, die diesseits der 65 sind. Kein einziges Kind. Wir sind mit Abstand die Jüngsten. Wir könnten die Söhne unserer Mitreisenden sein. Lange werden wir angestarrt, weil es vielleicht unklar ist, welche Funktion wir auf dem Schiff haben. Jüngere Männer, die keines der Bord-Polohemden mit dem Namen des Schiffes auf der Rückseite tragen, aber viel zu jung sind, um als Passagiere durchzugehen. Als wir an den Klapptisch treten und von dem Mann, auf dessen Namensschild »Torsten« und darunter »Hotelmanager« steht, begrüßt werden und ihm unsere Personalausweise und die Vouchers geben, sind wir für den Rest an Bord nicht mehr so interessant. Torsten, den wir »Torte« nennen und duzen sollen, weil wir ja fast im gleichen Alter seien, zwinkert uns zu. Weil der Mensch wie ein Stuhl, ein Bettbezug oder ein Buch eine Oberfläche hat und diese Oberfläche gestaltet werden kann, hat Torte sich auf seinen Unterarmen Frauenoberkörper, Kreuze und Rosen tätowieren lassen. In seinem Kinnbart hängen Schweißtropfen.

»Bei den Mahlzeiten gibt es eine feste Sitzordnung, ja? Also, wartet mal, die Österreicher, die Österreicher… äh, gute Anreise gehabt?«

Wir nicken und beugen uns gemeinsam über den Sitzplan des Restaurants, den er dann, als das gemeinsame Betrachten des Planes zu keinem Ergebnis führt, aus der Klarsichthülle herausholt, was sicherlich konzentrationsfördernd ist. Er schnauft mehrmals laut, sagt ein paar Mal »Nun, ja« und massiert mit Daumen und Zeigefinger seinen rotgeäderten Nasenrücken.

»Gut, am Tisch der Österreicher ist noch was frei!«

Von seinem Bart tropft es auf den Plan. Er wischt mit der Hand drüber und sieht uns an.

»Einverstanden?«

»Wir lieben Österreicher«, sagen wir. »Ernsthaft!«

»Na gut, ah, wartet mal, ich hab hier noch Wünsche der Österreicher notiert. Sie wollen…« Er sieht auf, »sie wollen zwei Junggesellen unter siebzig.«

Er lacht schallend. Als er sich wieder beruhigt hat, fragt er: »Passt? Panorama-Tisch 9, gut?«

»Gut«, sagen wir.

Er hält uns seine rechte Hand entgegen, die die Hand eines Mannes ist, der lange Zeit einen Beruf hatte, bei dem er zupacken musste: »Jungs, abklatschen!«

Wir klatschen ab. Klar, Jungs klatschen sich ab, Mädchen fönen sich gegenseitig. Er vergleicht unsere Personalausweis-Fotos mit unseren Gesichtern, findet genügend Überschneidungen und händigt uns die Kabinenschlüssel aus.

»Hier noch unterschreiben, bitte! Dass ihr auch seid, wer ihr seid. Ihr versteht schon!«

»Wir verstehen!«

»Das ist gut. Gibt gleich Bier.«

Dann vergleicht er noch die Unterschriften mit denen auf unseren Ausweisen und ist wieder zufrieden.

»Ist hier so'n bisschen wie an der innerdeutschen Grenze. Wir lassen ja nicht jeden durch, ne?«

Wir setzen uns auf Sonnenstühle, deren Stoffbespannung so aussieht, als hätte sich jemand große Mühe gegeben, in einem großen Kreis alle nur möglichen Farben eines Regenbogens unterzubringen. Zentriert der Name des Schiffes: MS Regina. Wir beobachten die Menschen, mit denen wir eine Woche lang verreisen werden. Die meisten haben sich nahe der Bar in den Schatten gesetzt und beobachten auch ihre Mitreisenden. Hin und wieder ein leises Gespräch. Der Mann auf diesem Schiff trägt Bart, Jeans und Karo-Hemd. Die Frau auf diesem Schiff trägt ihre Haare kurz, Bluse und sportliche Schuhe. Ein Kellner mit einem runden Tablett voller Biergläser steht vor uns. Mehrmals am Tag wird ein Biertablett vor uns auftauchen. Aus den Lautsprechern schallt ein Zweiton, dann die Aufforderung, zum Captain's Welcome-Cocktail zu erscheinen. Es sei Pflicht für jeden, der hier mitfahre, man werde aufgeklärt über das Bordleben, über die Reiseroute, die Reise im Allgemeinen, 16 Uhr 30, Panorama-Salon. Und noch mal: Es sei Pflicht. Und: »Bis dahin Gut Schluck!«

Ein Paar setzt sich neben uns in die noch freien Sonnenstühle.

»Wann gibt's hier Abendbrot, Bärbel?«

»Weiß ich nicht!«

»Warum weißt du das nicht, Bärbel?«

Eine Kellnerin geht herum und verteilt einen Informationszettel. Wir sollen uns mit dem Schiff bekannt machen. Die MS Regina ist 1973 gebaut worden. Sie und wir gehören also der gleichen Generation an. Auch wir haben keinen Krieg erlebt und sind ökonomisch unsicher aufgestellt. Sie beherbergt bis zu 186 Passagiere in 91 Kabinen. 38 Beschäftigte schlafen in 18 Kabinen. Die Bordsprache ist deutsch. Der Kapitän wie der Hotelmanager sprechen bayrischen Dialekt. Die Kellner wie die Reinigungskräfte sprechen mit polnischem, tschechischem, türkischem, marokkanischem und tunesischem Akzent. Regina ist 103,2 Meter lang, 12,02 Meter breit und hat einen Tiefgang von 15,50 Meter. Sie fasst 55 000 Liter Trinkwasser, Wasser, was zuvor chemisch behandelt wurde, wie uns mehrfach beteuert werden wird, was das Vertrauen in die Unbedenklichkeit dieses Wasser nicht unbedingt verstärkt. Der Tank fasst 70 000 Liter Gasöl. Die Höchstgeschwindigkeit beträgt 23 km/h. Restaurant und Bar sollen nicht in Badekleidung betreten werden. Man soll nicht vom Sonnendeck springen. Das Deck wird geräumt, wenn das Personal diese Anweisung gibt. Die chemische Reinigung von Kleidung ist nicht möglich. Die Mineralwasserflasche in der Kabine ist ein Geschenk und das Bett sollte nicht selbst geöffnet werden, da es sehr schwer ist und man sich an dem Mechanismus verletzen könnte.

Wir steigen hinab in den Bauch der MS Regina, gehen über den Teppich, auf den man nicht zu lange sehen darf. Das Muster und die Farben scheinen sich auf die Netzhaut zu brennen. Unsere Kabinen liegen einander gegenüber. Wir öffnen sie zeitgleich und zeitgleich verharren wir für einen Moment und stoßen dann auch zeitgleich einen Laut aus. Die Kabine ist klein. Das Fenster liegt einen knappen Meter über der Wasserlinie. Unterhalb des Fensters steht ein kleiner cremefarbener, eckiger Tisch. Rechts ein in Brauntönen gehaltenes Sofa. Links ein flacher, langer Quader, der mit einer Sicherung an der Wand befestigt ist. Das muss das Bett sein. Es ist das Bett, verflixt. Klappt man es herunter, gibt es keinen Platz mehr. Das Badezimmer ist eine enge Nasszelle. Sitzt man auf der Toilette, könnte man sich gleichzeitig den Oberkörper duschen. Eine Rettungsweste liegt im Kleiderschrank. Wir haben keinen Krieg erlebt und sind ökonomisch unsicher aufgestellt und wir werden nun eine Woche lang auf einer Matratze schlafen, die den Charme eines Holzbretts hat. Wir verstauen unsere Kleidung im Schrank und richten uns so gut ein, wie man sich in so einem Raum einrichten kann.

Auf dem Wasser treibt ein Baumstamm vorbei, über die Hohenzollernbrücke fährt langsam ein roter Zug. Auf der anderen Rheinseite ragt der RTL-Turm in den bedeckten Himmel.

Über der Bar auf dem Sonnendeck hängt eine lange Schnur, an der kleine Piratenflaggen aus Plastik befestigt sind. Ein Mann in Karo-Hemd und einer beigen Weste, auf der Taschen in allen möglichen Größen befestigt sind, als wäre er auf dem Weg zu einer Safari im Alleingang und müsste gleich sein Gewehr mit Zielfernrohr schultern, redet aufgeregt auf uns ein: »Im Reisebüro haben die gesagt, dass es hier Dunkles gibt. Dunkles, verstehen Sie?«

»Nein«, sagen wir, »was meinen Sie?«

»Dunkles, Mensch! Was seid ihr denn? Bier, ich rede von Bier! Ich will Dunkles! Und jetzt habe ich erfahren, dass die das nur in Düsseldorf trinken. Glaube ich jetzt echt nicht. Die haben mich verarscht, so 'ne Schweinebande. Ja, guckt mal nicht so, ist doch wahr! Ich gehe ein Mal, ein einziges Mal ins Reisebüro, habe ich noch nie gemacht, weil ich beraten werden wollte, und was sagen die im Reisebüro: Dass es hier Dunkles, und zwar dunkles Bier all inclusive gibt, verstehen Sie? Die haben gelogen, verstehen Sie? Und das da! Ich glaub's ja nicht. Was ist das, hä? Was trinken Sie da?«

»Das ist Cola.«

»So eine Sauerei!«

DING DONG. Eine neue Lautsprecheransage. Man habe bei all der Aufregung ganz vergessen, hihi, große Heiterkeit, zu verkünden, dass es nun Kaffee und Kuchen im Panorama-Salon gebe. Wir gehen in den Schiffsbauch, setzen uns an einen Tisch. Ein Tablett Weißwein, ein Tablett Rotwein, ein Tablett Cola. Die Frau, die das Tablett Cola trägt, sagt mit osteuropäischem Akzent, weil hier alle Tablett-Träger einen osteuropäischen Akzent haben: »Bier kommt gleich!«, und zwinkert.

Das Tablett Bier kommt. Wir fragen nach Wasser. Kurze Irritation. Er notiert es. Auch hier wieder kurze und leise Gespräche, als könne etwas Furchtbares mit dem passieren, der plötzlich in Zimmerlautstärke redet. Wir sehen auf die drei Quadratmeter große Alleinunterhalter-Bühne, auf der zwei Keyboards stehen, daneben Lautsprecher, davor ein kreisrundes Tanzparkett mit einem Durchmesser von drei Metern. Der Frachter Constellation I fährt vorbei, dann wieder ein Stück Baum. Wir trinken Kaffee, essen Kuchen und reden kurz und leise. Dann schaukelt es plötzlich. Ein Gefühl, als sei der Kreislauf auf Abwegen, zu einer Verabredung zum Quickstepp. Die MS Regina legt ab. Das Ufer entfernt sich langsam.

Wir steigen auf das Sonnendeck. Alle anderen bleiben bei Kaffee und Kuchen sitzen. Das Schiff tutet nicht mal, schade. Niemand ist hier, der mit weißen Taschentüchern winken könnte, und hätten wir welche, würde es niemand sehen. Das Ufer ist fast leer. Vereinzelt Radfahrer, ein Paar mit Kinderwagen, das sich über ihren Nachwuchs beugt. Der Motor heult kurz auf, dann ein tiefes, stetiges Brummen. Das braune Hochwasser wird aufgewirbelt. Nun geht es los. Eine Woche auf dem Rhein. Mit Menschen, die sich offensichtlich mehr für die Mahlzeiten als für das, was draußen passiert, interessieren? Eine Woche mit Hochwasser. Hoffentlich werden wir unter allen Brücken hindurchkommen. Sieben Nächte auf einem Brett in einer Kabine, die eine Nasszelle hat. Eine Woche mit Menschen, deren Kinder wir sein könnten. Eine Woche die mit Abstand Jüngsten. Worüber werden wir reden? Über dieses? Über jenes? Und immer kurz und leise? Werden es leichte und flirrende Sommerabend-Gespräche oder wird der breite Strom uns in seinen Bann ziehen und uns schwermütige Gespräche aus tiefsten Winterlöchern führen lassen. Werden wir einander kennen lernen, Bekanntschaften, gar Freundschaften schließen? Warten wir es ab. Es wird sich alles finden und fügen. Die Rheinufer geben die Fassung vor.

Also los, Richtung Süden, Richtung Basel. Die Oberfläche der Erde ist zu 71 % mit Wasser bedeckt. Davon ist nur ein Prozent Süßwasser. Auf einem verschwindend kleinen Anteil dieses einen Prozents brummt das Schiff nun unter der Severinsbrücke hindurch, auf der rechten Seite drei Häuser, die Kranhäuser genannt werden, und nach ihrer Form auch in einem Frachthafen stehen könnten. Für eine solche Wohnung ließe sich bis zu einer Million Euro bezahlen. Und es wohne dort, so raunt es aus den Bordlautsprechern, ein deutscher Nationalmannschaftsspieler. Pause, lange Pause. Dann die Auflösung: Lukas Podolski.

»Das ist eine Knalltüte!«, raunt ein Mann einem anderen zu.

Links stehen die Pollerwiesen unter Wasser. Dann wieder der Zweiton und eine Lautsprecherdurchsage. 16 Uhr 30, Treffen im Panorama-Salon, keine Atempause.

»Ich bin Torsten, Sie können Torte zu mir sagen oder Chef!«

Torte lacht. Das Boot lacht. Alle Plätze des Salons sind besetzt. 120 Passagiere spitzen die Ohren. »Wir freuen uns außerordentlich, dass Sie bei uns an Bord sind, und tun unser Bestes, Ihnen eine schöne Woche auf dem Rhein und an Bord unseres schönen Schiffes zu ermöglichen. Sprechen Sie uns an, wenn Ihnen etwas fehlen sollte. Sie kommen schon zurecht, aber einen anderen Ehepartner können wir Ihnen nicht ermöglichen!«

Torte lacht, das Boot lacht.

»Wir haben nun Köln verlassen und die MS Regina steuert auf Bonn zu. Wir werden anfangs wegen des Hochwassers etwas langsamer fahren. Alle Informationen zu dem Boot entnehmen Sie dem Informationspapier. Sie finden außerdem jeden Tag nach dem Abendessen einen Zettel auf Ihrem Bett, auf dem die Aktivitäten des nächsten Tages verzeichnet sind. Was wichtig ist an Bord: Die Hygiene. Ja, ganz wichtig, glauben sie mir. Eine Krankheit kann sich an Bord eines Schiffes schnell ausbreiten. Wir sind hier ja alle sehr eng. Sollten Sie, ich bitte um Ihre Aufmerksamkeit, sollten Sie Magenschmerzen bekommen, Durchfall, etwas in der Art, bitte scheuen Sie sich nicht und sagen uns sofort Bescheid. Wir können mit Medikamenten aushelfen und dafür sorgen, dass Sie keine weiteren Passagiere anstecken. Deshalb ist es wichtig, dass Sie Ihre Hände nach jedem Toilettengang waschen. Bevor Sie das Restaurant zu einer Mahlzeit betreten, desinfizieren Sie Ihre Hände mit dem Desinfektionsmittel. Diese Maschine steht direkt am Eingang des Restaurants. Sie halten Ihre Hand unter die Düse. Ein leichter Druck auf den roten Knopf. Den finden Sie rechts an der Seite und dann reiben Sie Ihre Hände aneinander, als würden Sie sie mit Seife waschen. Das trocknet schnell ein. Wichtig, das ist sehr wichtig.«

Torte massiert seinen Kinnbart und krempelt die Ärmel seines weißen Hemdes hoch, auf dem in Brusthöhe in Großbuchstaben das Wort »King« steht.

»Die Nasszelle, meine verehrten Damen und Herren, ist sicherlich sehr klein. Wir sind ja auch auf einem Schiff und da ist nicht viel Platz, und damit Sie an anderen Orten genügend Platz haben, sind die Nasszellen also sehr klein. Sind Sie etwas fülliger, empfiehlt es sich, bei dem Toilettengang die Tür offen zu lassen. Sie stellen das rechte Bein in das Zimmer, das linke bleibt in der Nasszelle und dann los!«

Schallendes Gelächter. Einige bewegen dabei ihre Köpfe nach hinten, klatschen sich auf die Oberschenkel. Torte reibt seinen Kinnbart und grinst.

»Noch etwas: Wir sind auf einem Boot und ein Boot bewegt sich bekanntlich auf dem Wasser. Sie werden in den ersten Nächten vielleicht nicht gleich einschlafen können. Sie werden Geräusche hören, die ungewöhnlich sind. Machen Sie sich keine Sorgen. Es ist alles normal. Denken Sie an etwas Schönes! Wir kümmern uns um das Boot und Sie können schlafen. Sie werden es nach ein, zwei Tagen gar nicht mehr hören, versprochen! Oder kommen Sie in unsere Bar und trinken Sie zwei, drei Gläser Wein und ich verspreche Ihnen hoch und heilig einen tiefen und festen Schlaf!«

Schallendes Gelächter. Torte grinst und reißt die Arme hoch, eine Pop-Star-Geste. Ein anschwellender Applaus durchzittert die MS Regina.

»Zlatko, unser Mann für die Musik, wird nun etwas Musik für Sie machen. Sollten Sie Wünsche haben, sprechen Sie ihn an! Genießen Sie die Fahrt und trinken Sie noch einen Kaffee. Alles ist gut!«

Das Paar, das neben uns sitzt, erwacht zum Leben.

»Kaffee mit draußen, draußen mit Kaffee?«

»Kuchen auch!«

»Klaus, Mensch, Klaus, das ist Rhein total!«

»Ich empfehle mich mit Supermarktpreis!«

Zlatko, ein gedrungener Mann von vielleicht 60 Jahren, steigt auf die kleine Bühne, die nur eine Stufe hoch ist, dreht an den Reglern und wir hören Roland Kaiser: »Santa Maria, Insel, die aus Träumen geboren, ich habe meine Sinne verloren, in dem Fieber, das wie Feuer brennt.« Wir laufen auf dem Schiff herum, sehen uns alles an und bemerken schnell, dass die Wege für eine Woche die immer gleichen sein werden.

DING DONG. Der Zweiton. Punkt 19 Uhr, militärische Pünktlichkeit, bereit zum Essen. Es hat sich eine Schlange gebildet. Die Türen zu dem Restaurant werden geöffnet. Wir desinfizieren die Hände. Jeder wird zu seinem ihm zugewiesenen Platz begleitet. Die Österreicher sitzen einen Tisch hinter uns, schade. Wir sitzen nun an einem 8er-Tisch mit sechs wohlgenährten Menschen. Kurze Vorstellungsrunde mit der Nennung der Nachnamen. Kurze und nicht mehr so leise Gesprächsversuche, die rasch wieder in ein Schweigen umkippen. Wir schweigen nun, warum auch nicht, wir werden noch eine ganze Woche lang reden können. Schweigen und trinken und essen. Suppe, Vorspeise, erster Gang, zweiter Gang. Hin und wieder wird kurz das Essen gelobt. Wir fragen, wo sie herkämen. Zwei Ehepaare kommen aus dem Süden, eins aus Köln. Wir fragen weiter, sie antworten einsilbig. Also wieder Schweigen, nun gut. Es wird ein dumpfes Rummgesitze und wir können nicht wechseln, es wäre zu unhöflich. Dann auf der rechten Seite Bonn, ach ja, Bonn. Dass hier mal regiert wurde und wie das aussieht. Große Heiterkeit am Tisch. Und ja, Berlin als Regierungssitz sei viel besser. Und jetzt könnte hier etwas Stimmung in das Herumgesitze krachen, doch draußen sichtet die Kölnerin die Beethovenhalle.

»Ach«, sagt die Kölnerin, »die Beethovenhalle.«

»Ja«, sagt ihr Mann, »schön, die Beethovenhalle!«

Die vier aus dem Süden sehen erst die Halle, dann den zweiten Gang, dann kurz sich gegenseitig an, als suchten sie nach Hilfe bei der Beantwortung der 10 000 Euro-Frage in einer Fernsehshow, was verflixt noch mal eine Beethovenhalle sein könnte, und niemand von ihnen hat eine Antwort. Also wieder Schweigen.

»Haben Sie dort mal ein Konzert gesehen?«, fragen wir die Kölner.

»Ja«, sagt der Mann. Und während wir noch warten, dass er uns vielleicht verrät, welches Konzert er dort erlebt habe und ob es ihm gefallen habe, lehnt er sich zurück, legt die Hände auf den Tisch, sieht aus dem Fenster und schaut auf diese kleine Stadt, in der die Geschicke eines Landes gesteuert wurden.

»Was haben Sie denn dort gehört?«, wollen wir wissen.

Er sieht uns verdutzt an, dann seine Frau, als wäre diese Frage eine Unverschämtheit, wiegelt mit der rechten Hand ab und sagt dann: »Ich kann mich nicht mehr erinnern, aber es war schön.«

Schumann in Düsseldorf

Frankfurt oder Bonn, das war die Entscheidung am 10. Mai 1949 im Parlamentarischen Rat, die getroffen werden musste. Der damalige Frankfurter Oberbürgermeister war sich so sicher, dass die Entscheidung zu Gunsten Frankfurts ausfallen würde, dass er bereits einen Plenarsaal bauen ließ. Die CDU machte sich stark für Bonn und es sollen Bestechungsgelder in Millionenhöhe geflossen sein, um jene Abgeordneten zu überzeugen, denen die Entscheidung nicht wichtig war. So kamen 33 Stimmen für Bonn zusammen, vier mehr als für Frankfurt.

»Schön, die Beethovenhalle!«, sagt der Mann noch mal, in derselben Tonlage und Lautstärke, als wüsste er nicht genau, ob er es bereits schon vor einigen Sekunden sagte oder nicht. Ja, Bonn, Beethovens Geburtsstadt, und doch liegt hier ein anderer begraben, der so bedeutsam für das Rheinland wurde und dessen Leben nahtlos mit diesem Fluss verbunden ist: Robert Schumann. Seine erste Begegnung mit dem Rhein findet in einem Traum statt. Als Student, er lebt noch in Heidelberg, träumt Schumann davon, im Rhein zu ertrinken. Am 27. Februar 1854 wird das Geträumte fast Wirklichkeit. Doch zuvor verlässt er 1850 mit seiner Frau Clara, geborene Wieck, und den gemeinsamen Kindern Dresden und übernimmt den Posten des Städtischen Musikdirektors in Düsseldorf. Anfangs ist es eine gute und arbeitsreiche Zeit, doch mehr und mehr kommen psychische Probleme zum Vorschein, die ihn an der Ausübung seiner alltäglichen und beruflichen Tätigkeiten hindern. Eine Syphilis-Erkrankung könnte die Ursache gewesen sein. Soziale Interaktionen werden schwierig, was problematisch ist, wenn man ein Orchester zu dirigieren hat. In sein Tagebuch notiert er: »Abends sehr starke u. peinliche Gehöraffektion«, immer wieder geht Musik durch seinen hilflosen Kopf und lässt ihn nicht schlafen. Er schraubt sich in den Wahn und schreibt am 17. Februar in der Nacht ein kleines Klavierthema, das ihm »Engel als Gruß von Mendelssohn und Schubert« eingeflüstert hätten. Er steht nun unter ärztlicher Aufsicht. Auch Clara und ihre Kinder kümmern sich um ihn. Und doch kann er einige Tage später, am Rosenmontag, das Haus unbeobachtet verlassen, auf das Geländer der Oberkasseler Pontonbrücke steigen, seinen Ehering in das Wasser werfen und sich hinterher in den Rhein stürzen. Der Brückenmeister und andere herbeigeeilte Männer retten ihn. Schumann lässt sich auf eigenen Wunsch in die *Anstalt für Behandlung und Pflege von Gemütskranken und Irren* in Endenich einweisen, einem kleinen Dorf bei Bonn. In der Anstalt diagnostiziert man »Melancholie mit Wahn«. Sein Zustand wechselt. Er komponiert, er bekommt Besuch von dem eng befreundeten Komponisten Johannes Brahms, mit dem er gemeinsam musiziert. Und er führt Selbstgespräche, hört imaginierte Musik. Dann verschlechtert sich sein Zustand weiter. Er kann sich nicht mehr durchgängig mitteilen, er isst immer weniger und bekommt eine Lungenentzündung, dann verweigert er die Nahrungsaufnahme. Am 29. Juli 1856 stirbt Schumann und wird zwei Tage später auf dem Alten Friedhof in Bonn beerdigt. Clara Schumann stirbt 40 Jahre später in Frankfurt am Main und wird neben ihm im Ehrengrab beigesetzt. Heute ist Endenich ein Ortsteil von Bonn und das Gebäude, in dem sich die Klinik befand, heißt seit 1984 Schumannhaus. In ihm sind eine Gedenkstätte, ein Museum und eine Musikbibliothek untergebracht.

Das Schumannhaus und das Grab Schumanns in der Beethoven-Stadt Bonn. Das wirkt ein wenig merkwürdig, fast falsch. Robert Schumann war einer der größten Bewunderer Beethovens. Er erwies ihm als einer der 36 Fackelträger auf dem Wiener Zentralfriedhof die letzte Ehre. Auch er war es, der gemeinsam mit Franz Liszt die Errichtung des Beethoven-Denkmals in Bonn voranbrachte. Und nun liegt der große, bedeutende, weltberühmte Schumann in der Nähe dieses Denkmals, das zu Ehren eines anderen großen, bedeutenden und weltberühmten Komponisten errichtet wurde, begraben, keine 500 Meter Luftlinie, und ebenso in der Nähe der Beethoven-Halle, in der die beiden Kölner schon mal waren und sich nicht erinnern, was sie dort hörten, in der Nähe des Beethoven-Hauses, der Straße, des Platzes und sicherlich gibt es auch noch eine Beethoven-Schule, einen Beethoven-Kindergarten, ein Café, eine Kneipe, eine Bücherei, eine Gasse, eine Busstation.

Schumann hat den Rhein und das Rheinland mit seiner Musik nachhaltig geprägt:
Kurz nach dem Umzug nach Düsseldorf, entsteht Schumanns chronologisch letzte Sinfonie, die 3., die »Rheinische«. Sie erhielt diesen Beinamen, da Schumann darauf verwies, dass sie unter dem Eindruck, den der sich in Bau befindliche Kölner Dom auf ihn gemacht habe, entstanden sei. Er komponierte sie in unglaublich kurzer Zeit, allein den ersten Satz skizzierte er innerhalb von zwei Tagen. Dann musste er sich der Vorbereitung eines Konzertes wid-

men und schrieb danach die übrigen Sätze wieder innerhalb weniger Tage. Sollte man die »Rheinische« nicht kennen, so könnte man sich Tonfolgen vorstellen, die zu einem großen, langen und mächtigen Fluss passen könnten. Doch Schumann arbeitete nicht programmatisch. Es wäre einfach gewesen, den Fluss lautmalerisch zur Musik kommen zu lassen, ähnlich wie es Smetana fast 25 Jahre später mit der Moldau tat. Schumann arbeitete jedoch gegenteilig und spiegelte das Außen im Innen und skizzierte, was er dort vorfand. Die »Rheinische« ist seine einzige Sinfonie, die ohne einleitendes Motto auskommt. Sie beginnt schwungvoll, energiegeladen, mit großer Geste, das Große wollend. Und sie beginnt in Es-Dur, der Tonart, die sich für den Rhein anzubieten scheint, so wie sie auch einige Jahre später Richard Wagner für das Vorspiel von »Das Rheingold« nutzte. Die »Rheinische« besteht aus Abfolgen und Verknüpfungen von Stimmungen, eine offene Musik, eine Einladung. Sie ist zugänglich und leicht verständlich. Robert Schumann sagte: »Auf welche Weise Kompositionen entstehen, macht nicht viel zur Sache. Meist wissen das die Komponisten selbst nicht. Oft leitet ein äußeres Bild weiter, oft ruft eine Tonfolge wieder jenes hervor. Die Hauptsache bleibt, dass gute Musik herauskommt, die immer auch rein als Musik befriedigt.«

Der fünfte und letzte Satz besteht aus leichten und eingängigen, sich rasant abwechselnden Melodien, rhythmischen Spielereien. Ja, hört man da nicht das Rheinland zu jener merkwürdigen, fünften Jahreszeit? Ist das nicht Lebensfreude, rheinischer Frohsinn und Karneval? Die ganze Region im Ausnahmezustand, betrunken, tanzend, flirtend? Im Rheinland sind jedenfalls die ersten Sekunden des ersten Satzes den meisten Menschen wohl bekannt. Der WDR nutzt die Musik seit 1957 als einleitende Erkennungsmelodie für ihre Sendung »Hier und Heute« im Vorabendprogramm, in der die Region und ihre Menschen in kurzen Reportagen vorgestellt werden. Es ist eine der ältesten noch existierenden Sendungen im Deutschen Fernsehen. Es hat sicherlich dazu beigetragen, dass die »Rheinische« von Robert Schumann schon sehr lange als inoffizielle Hymne des Rheinlands gilt.

»Der Podolski wohnt gar nicht in den Kranhäusern«, sagt die Kölnerin, »das ist falsch! Ich glaube, der hat sich dort nur eine Wohnung als Kapitalanlage gekauft. Aber genau weiß ich es auch nicht.«

Die aus dem Süden sehen sie interessiert an, nicken und denken sich vielleicht irgendwas. Kurz hinter Bonn erscheinen die ersten mit Reben bewachsenen Hänge. Die Bäume in einem nassen, satten Grün. In den Tälern des Siebengebirges, wir sind sicher, hängt der Nebel tief. Kurz vor dem Nachtisch stellen wir die einfache Frage, ob sie aus Franken kämen, der Dialekt, obgleich sie sich Mühe geben, dringt durch. Es wirkt wie eine Erleichterung für sie, dass sie nun endlich reden können. Sie kommen aus einem Dorf in Franken, Zonenrandgebiet, schreckliche Zeit, sie durften jahrzehntelang nicht dahin, wo sie hinwollten. Die Bundeswehr sei der größte Arbeitgeber gewesen, dann, nach dem Fall der Mauer und Gott sei Dank ist die umgefallen, habe die Bundeswehr in ihrem Dorf schließen müssen und nun sei es ganz ruhig. Aber ruhig sei es aber ja vorher auch schon gewesen, weil die Bundeswehr, die sei so zehn Kilometer entfernt gewesen. Eigentlich wären sie jetzt bei der Babsi, wenn sie nicht hier wären, weil sie am Donnerstagabend immer bei der Babsi seien und danach zum Griechen, manchmal grillen sie, aber nicht bei solchem Wetter. Kleiner Grenzverkehr, das hätten sie nutzen können, alles total kompliziert und die vielen Papiere, die sie ausfüllen mussten. Und New York, ach nein, New York, alle sagen, das man da hinfahren müsse, aber sie wollen gar nicht nach New York. Bundeswehr, das schadet keinem. Da sind die Muttersöhnchen mal gerade gestellt worden, hat keinem geschadet. Und wir, fragen sie, woher kämen wir? Berlin, oh Berlin, ja, also, auch alles anders. Sie waren mal da, ganz gut. Aber New York, alle sagen das, wirklich alle, dass man dahin muss, sie aber nicht, wollen sie nicht, nö.

Der Mann, der sich heute Mittag bei uns darüber beschwerte, dass es an Bord kein Altbier gebe, sitzt allein an einem Vierer-Tisch. Eine der beiden Fränkinnen deutet auf ihn mit dem Nicken des Kopfes:»Der wollte allein sitzen, der hat das drei Mal gesagt. Sie haben gefragt, drei Mal, allein, merkwürdig. Der ist doch falsch hier, wenn der allein sein will!«

»Na ja«, wenden wir ein,»vielleicht hat er sich unter dieser Kreuzfahrt was ganz anderes vorgestellt.«

»Oder«, sagt sie und zwinkert,»er möchte eine Bekanntschaft machen.«

Wir wünschen Gute Nacht, wir würden uns ja beim Frühstück wiedersehen und gehen.

Manchmal schaukelt das Boot ein wenig. Es fährt gegen die Strömung. Der Körper wird sich daran gewöhnen. Wir gehen seitlich des Panorama-Salons zum Bug, stehen dort eine Weile schweigend und sehen, wie das Licht kraftloser, dünner, weniger wird. Wir hören, wie sich eine Ruhe über den Fluss legt. Ein Achter rudert an uns vorbei.

Im letzten Licht des Tages erreicht die MS Regina Andernach. Das Boot legt an und hält endlich still. Der Motor brummt noch leise. Wir gehen schlafen. Als wir die Türen unserer Kabinen öffnen, geben wir wieder zeitgleich dieses undefinierbare Geräusch von uns. Die Betten wurden während des Abendessens heruntergeklappt, darauf liegt ein Bonbon und ein DIN A4-Zettel, auf dem genau festgelegt ist, was morgen alles passiert. Einer von uns liest noch in einem Mafia-Thriller, der andere Weltliteratur. Derweil stößt an Land, einen Spaziergang von einer halben Stunde entfernt, der weltweit größte Kaltwasser-Geysir ununterbrochen sein Wasser bis zu 60 Meter hoch. Am nächsten Morgen wird uns der nur wenige Kilometer entfernte Kühlturm des Kernkraftwerks Mühlheim-Kärlich und seine architektonische Raffinesse an den Runden Turm, das Wahrzeichen von Andernach, erinnern. Alle, so scheint es, wollen hier hoch hinaus: beide Bauten, das Kaltwasser. Und wo waren wir noch mal heute früh? Ach ja, Berlin, Hauptbahnhof. Das ist nur noch eine ferne Erinnerung.

Andernach – Besuch bei Charles Bukowski

*Andernach, wo ich am 16. 8. 1920 geboren wurde,
liegt genau am Rhein, und dort lebt mein Onkel
Heinrich, 90 Jahre alt, und wir besuchten ihn also.
Wir fanden das Haus und klingelten.
Wir hatten ein Hotel am Rhein gekriegt. Nur ein
Zimmer, fünf oder sechs Waschbecken, eine Bade-
wanne, aber keine Toilette. Die Toilette war unten
in der Halle, und dort stand auch was in Englisch.
»Bitte nicht zu heftig ziehen.«*

Charles Bukowski

Drei Monate später sind wir wieder am Rhein. Andernach liegt am linken Ufer: im Neuwieder Becken. Es hat sich vor 2000 Jahren an den Fluß geschert und an ihm angesiedelt, auch wenn sich der Fluß vielleicht wenig oder gar nicht um Andernach schert und geschert hat.

Andernach ist eine industriell geprägte Provinzstadt, die bekannt ist – wofür eigentlich? Sicher nicht für das riesige Krankenhaus mit über anderthalbtausend Betten, oder das Atomkraftwerk, das sich drei Kilometer außerhalb der Stadt befindet.

Der berühmteste Sohn der Stadt, der unter dem Namen Heinrich Karl Bukowski zur Welt kam, hat knapp drei Jahre hier gelebt, bevor seine Familie Deutschland verließ. Heute ehrt man ihn mit einer Tafel an seinem Geburtshaus in der Aktienstraße 12. Knapp steht in drei Sprachen geschrieben:»In diesem Haus wurde Charles Bukowski (1920–1994) geboren.« Wie zu vernehmen ist, befindet sich heute in diesem Haus ein Bordell, das hätte Bukowski gewiss gefallen. 1978 besuchte der »Dirty old man« der amerikanischen Literatur, in Begleitung seiner Frau Linda, seine Geburtsstadt.

Er hat hier einige Flaschen geleert und seinen Onkel Heinrich besucht, wie man in seinem Buch »Die Ochsentour« nachlesen kann. Auf den Fotos, die im Buch enthalten sind, sieht man ihn in einem typisch deutschen Wohnzimmer sitzen, auf den Polstermöbeln, an einem Tisch mit gehobelten Beinen. Hinter ihm, an der Wand, erkennt man eine dieser Mustertapeten, wie sie seinerzeit in Mode war. Ein gemütlicher Teppich ist am Boden ausgelegt, vor dem Fenster hängt die »Markengardine mit der Goldkante«. Buk prostet dem Onkel zu, stößt mit ihm an, sie sprechen miteinander. Sie haben sich nach gut fünfzig Jahren wieder getroffen und in die Arme geschlossen. Auf den Fotos sieht man die beiden lachen, zwei fröhliche Weintrinker am Nachmittag. Buk isst Kuchen, und wahrscheinlich hat er sich wohlgefühlt in diesem kleinbürgerlichen Milieu. Dass er kein gutes Wort über Andernach hinterlassen hat, möge man ihm nachsehen. Er hat insgesamt wenig gute Worte hinterlassen, und dafür lieben ihn seine Leser zu Recht. An anderer Stelle sieht man ihn am Rhein stehen, er hat die Hände in den Taschen und schaut wenig begeistert. Er hat sich vom Fluss abgewendet und blickt ins Leere, aber vielleicht täuscht ja die Aufnahme? Einen Tag später besuchte er die Städte Düsseldorf und Köln. Über den Rhein hat er nicht viel geschrieben, warum sollte er auch. Immerhin resümierte er:

»Der Rhein war über die Ufer getreten. Sie nannten das die Jahrhundertflut. Ich habe schon immer schreckliche Wetterverhältnisse ausgelöst, wo ich auftauchte. Einmal hatte ich in Illinois eine Lesung, und tags darauf wurde der Staat von dem schlimmsten Tornado seiner Geschichte heimgesucht, und einen Monat später starb der Dichter, der die Lesung organisiert hatte. Das ist der Grund für meine hohen finanziellen Forderungen für solche Lesungen: Ich weiß nie, ob ich da wieder heil rauskomme.«

Er liebte Mannheim und das Park Hotel, er liebte deutschen Wein und deutsches Bier. Überall war er mit seinem Ruhm konfrontiert, ob er wollte oder nicht. Ob es ihm in Deutschland gefallen hat? Meistens hatte er ein Glas in der Hand, er wird wohl manches schnell wieder vergessen oder runtergespült haben. In seinem Hotel am Rhein hat er zu vorgerückter Stunde das Deutschlandlied gesungen, was nicht allen gefiel. Dabei hatten sie angefangen, Lieder zu singen, und das gefiel Buk: »Der Besitzer des Hotels, ein Mann mit knallrotem Gesicht und nur einem Auge, kam rein und fing an zu dirigieren, stand da, schwang die Arme und sang mit ihnen. Der deutsche Text gefiel mir. Ich wußte zwar nicht, was er bedeutete, aber ich mochte ihn.«

Vielleicht lebt Buk weiter in den dunklen Gassen von Andernach, spukt hier herum? Wir wissen es nicht, angeblich soll er tot sein. Wer weiß, er wäre jetzt gerade erst 96 Jahre alt, also junger als Helmut Schmidt es war, als er starb, oder Johannes Heesters. Von Ernst Jünger nicht zu reden!

Wir sind auf seiner Spur, so es eine Spur von Buk gibt. Wir durchkämmen die Gassen, von denen die eine oder andere wenig freundlich aussieht. Wir stehen vor einem leeren Erdgeschoss, das »Zum Rhein« heißt. Im ersten Stock hängt eine Deutschlandfahne, die an einer Seite eingerissen ist und von Wind und Wetter verbeult aussieht. Man sollte alle Deutschlandfahnen zum Bügeln bringen und danach zu Krankenbinden umfunktionieren. »Zum Rhein« ist seit einiger Zeit geschlossen, eine Kaschemme, wie zu erahnen ist. Der Schriftzug in Coca-Cola-Werbung eingefasst. Ein ganzer Fluss aus zuckerhaltiger Limonade, was für eine Vorstellung! Was würde Buk dazu sagen? Er würde wohl Rum oder Whiskey dazu kippen lassen. Wir finden nicht zu Buk, zumindest nicht an diesem Nachmittag. Wir laufen aus der Innenstadt heraus, passieren eine Mall mit dem wunderbar treffenden Namen »Einkaufs-welt«. Was für eine schöne neue Welt, die einen großen Parkplatz hat und flinke Einkaufswagen, die man, wenn man aus dem Auto gestiegen ist, bequem erreichen kann. Ein paar Rolltreppen, einen Aufzug, und zur Belohnung erhält man nach dem Einkaufen einen Parkgutschein, mit dem man noch eine weitere Stunde kostenlos auf dem Parkplatz verbringen kann. Wir gehen weiter, zwei Dis-counter folgen, ein Baumarkt. Unser Ziel ist nah: Der Friedhof von Andernach. Wenn nicht hier, wo dann könnte seine Spur en-den oder die seiner Ahnen?

Wir treten ein, nachdem wir mit einem Grablicht-Automaten Bekanntschaft gemacht haben. Für einen Euro bekommt man von ihm ein Plastiklicht. Nach Benutzung können die leeren Mehrwegbecher über eine Öffnung an der Automatentür entsorgt werden.

Linker Hand sehen wir ein gleichmäßig bepflanztes Gräberfeld, zwölf oder vierzehn Reihen, die mit einheitlichen rechteckigen Steinen bestückt sind. Alle, die hier liegen, sind 1944 oder 1945 gestorben. Gefallen für Führer, Volk und Vaterland. Auf manchen Steinen steht: EIN DEUTSCHER SOLDAT. Manchmal fehlt das Datum. Einige Steine sind zerbrochen. Direkt am Stamm einer Erle der Grabstein mit der Inschrift: KAISER FRANZ JOSEF 4.9.18 – 18.12.44. Die Abteilung wirkt sehr aufgeräumt, wahr-scheinlich werden Bepflanzung und Pflege von der Kriegsgräber-fürsorge bezahlt und unterhalten.

Wir gehen weiter, finden nach unserem Rundgang ein weiteres Feld mit Soldatengräbern. Die zweite Sektion gehört den Gefalle-nen aus dem Ersten Weltkrieg. In den letzten Reihen, die zur Friedhofsmauer führen, liegen auch Soldaten und Offiziere, die deutlich nach Kriegsende gestorben sind, womöglich an den Ver-letzungen, oder sie wurden den Kameraden zur Ehre hier bestattet. Wir wissen die Antwort nicht, doch ein Unbehagen stellt sich bei dem Gedanken »an Ehre und Treue« ein. Uns fröstelt. Wir müssen an die Massengräber der Opfer denken, die von den Nazis auf grausame Weise ermordet wurden – oder jene, die nie ein Grab bekamen, die einfach verscharrt wurden. Hier, auf dem Friedhof von Andernach, liegen seit über siebzig Jahren die guten Söhne der Stadt. Es ist wie eine Leerstelle im Gedächtnis, für die jeder die eigenen Worte finden muss. Die Worte fehlen zu oft, die Erinnerung an deutsche Soldaten lehrt nicht viel Gutes. Wir wollen uns abwenden, doch bleiben wir eine Weile stehen, nicht fassungslos, doch erschüttert. Wir wollen gehen, wir nehmen den kürzesten Weg zum Ausgang. Dann sehen wir ein kleines Feld mit wenigen Gräbern, die Schrift in Hebräisch und Deutsch. Viel Licht zwischen den Steinen, und Strauchwerk. Büsche, jede Menge Gras. An wenigen Händen kann man die Anzahl der Gräber abzählen. Nur ein paar aus den letzten Jahrzehnten, wenige Namen. Das Abendlicht fällt in den Garten. Wir gehen zum Ausgang des kleinen Jüdischen Friedhofs, der zur Straße hin verschlossen ist. Eine Eisenkette hält die beiden Tore zusammen. Wir drehen uns um, laufen den Weg zurück, bis wir noch einmal vor dem Grablicht-Automaten stehen und einem Steinmetz-Betrieb, vor dem sich zwei Raucher unterhalten.

Wir laufen zurück in die Altstadt. Die Gassen sind voll von Buden und Marktständen. Tausende Menschen drängen sich in den frühen Abendstunden auf den Michelsmarkt. Ein Riesenrad, Fuhrgeschäfte und Autoscooter locken Kinder, Familien und Junggebliebene auf das Volksfest. Es gibt Bratwurst, Crêpes, Cola und Bier. Zuckerwatte und Pizza – was braucht der Mensch mehr? Vielfältige Angebote an Tupperware und Spezialreinigern, dazu universelle Gemüseschneider und Putzlappen, die wahre Wunder vollbringen können. Selbstreinigende Teller, künstlich-intelligente Kochtöpfe und fliegende Besteckkästen, das Herz jeder Hausfrau hüpft! Uns genügen Flammkuchen und Federweißer, wir sind Teil der Masse. Wir drücken die Nasenspitzen gegen das Glas der Glückspielautomaten, wir hauen den Lukas, dass es kracht, und angeln für gerade mal eine Mark ein großes Stofftier aus der Gewinnbox. Wir sind glücklich wie alle anderen, wenn wir ein Kind mit einem kandierten Apfel in der Hand sehen. Das kann uns keiner nehmen, dieses Lebensgefühl eines Rummelplatzbesuchers. Wir kaufen drei Bälle und werfen die Dosen um, wir kaufen ein Lebkuchenherz mit der Aufschrift: FÜR MEINEN ALLER-LIEBSTEN SCHATZ oder FÜR DIE BESTE MAMA AUF DER WELT.

Abends streifen wir ziellos durch die Gassen, an irgendeiner zwielichtigen Ecke muss er zu finden sein. Der Geist von Buk. An einer Stelle, einer Häuserfront, wo sich der Schwamm durch die Mauern frisst, wo der Beton grobe Risse aufweist, wo der Putz im Treppenhaus abbröckelt. Das Licht flackert, der Glühfaden reißt und die Lampe erlischt, wir drehen uns auf dem Absatz um, es ist plötzlich schwarz um uns geworden. Dann ein kurzes Aufflackern und das Licht springt wieder an. Uns bleiben zwanzig Sekunden, bis es wieder düster wird. Wir springen die Treppen herunter, nehmen zwei Stufen mit jedem Schritt.

Auf der kleinen Straße sind mehr Lichter, wir erreichen nach hundert Metern einen Dritte-Welt-Laden. Die Ausstattung ist kürbisfarben, es riecht bis auf den Gehsteig nach dem zersetzenden Duft von Räucherstäbchen. Die Tür steht offen, gerade im Gehen befindlich ein Mann mit Jeansjacke und Zotteln, den Rücken voller Aufnäher. Wie in den Siebzigern stecken geblieben, mit verknoteten Haaren, als wäre in ihnen ein Vogelnest. Die Aufnäher erzählen die Welt: Inseln und Meere, alte versunkene Städte, Oaxaca, Triest und Atlantis, Siena und Porto, die Sierra Madre und Gomera, überhaupt Wüsten, Kamele, hin und wieder eine der Pyramiden, die Akropolis, ein weiteres Wunder. Die aufgebügelten Bands, Creedence und Led Zep, Bärte und Gitarren, Motörhead und Metallica, dann Cannabis, Marihuana und Schwarzer Afghane, Pot und Kiff, Kakteen, Mezcal, wir sehen die Taube von Picasso, eine Sonnenblume und den Tag X, Gorleben, Anti-AKW, die schwarzrote Fahne, eine Faust und einen Abfalleimer mit Hakenkreuz. Wir lesen: GELD IST SCHULD.

Die ewige Liebe: Schalke und Gladbach, ein Känguru, eine Handgranate, den Glaubenssatz: Mach Liebe, nicht Krieg.

Der Typ blickt uns an, Gesicht wie ein Schrat, der gegen Windmühlen gelaufen ist. Macht den Mund auf, dezimierte Vorderfront:

»Leute, was macht ihr hier, habt ihr keinen Heimweg?«

»Wir suchen nach dem Onkel von Bukowski«, entgegnen wir flapsig.

»Den kenn ich, Leute!«

»Wirklich, das ist klasse, zeig uns den Weg!«

»Ich hab Durst, könnt' ein Schiff austrinken!«

»Dagegen kann man was machen, Kollege!«

Wir gehen um eine Ecke und sehen das Schild mit dem Krug.

»Komm mit rein und erzähl deinen Spruch!«

»Ich könnt euch Geschichten erzählen, so was habt ihr noch nicht gehört!«

»Schon gut, entspann dich…«

Wir setzen uns an einen Tisch nah am Tresen. Die Bedienung kommt prompt. Wir beruhigen sie ob unseres Gastes. Machen eine Geste, die sie besänftigt.

»Drei Henkeltöpfe!«

»Geht klar!«

Der Typ sieht nicht nur aus wie ein Pferd, er riecht auch so, werden wir uns prompt gewahr.

»Also, du kennst den Onkel von Buk, dann leg mal los…«

Er räuspert sich, das Bier kommt. Wir setzen an.

In seinem Bart hängt der Schaum des Abendlandes.

»Klar, kenn ich den Onkel, das war so 'n Piefke, eigentlich ganz in Ordnung, bisschen kleingeistig, versteht ihr? Hinterzimmerorchester mit Gemütlichkeitsorgelpfeife!

»Bist du so ne Art Poet oder Prophet?«, fragen wir baff.

»Könnt ihr mir noch 'n Bierchen zapfen?«

»Klar«, wir halten drei gespreizte Finger hoch.

»Mein Vater war Bürgermeister nach dem Krieg in so 'nem Kaff am Rhein, bin da ausgebüxt mit 18 ... Den Namen kennt ihr nich, ist auch egal ... Jedenfalls gab das 'n Knatsch ... Mutter ist durchgedreht, ich in 'ne Kommune nach Berlin ... Westberlin, kennt ihr?«

»Ja, kennen wir ... und weiter?«

»'Ne Kommune mit Hasch und Klassenkampf und freier Liebe, das war der Hit ... Nach drei Jahren hab ich die Flucht ergriffen ... Hab studiert, glaubt ihr nich?«

»Was hast 'n studiert, Filosofie?«

»Ej, goldrichtig ... War so 'ne Art Heidegger-Schüler ... Bis ich auf die braunen Socken stieß!«

»Wie meinste?«

»Na, dass der Typ mit den Nazis rumgemacht hat ...«

»Ach so.«

Wir winken noch einmal zum Tresen.

»Und jetzt hängste hier rum, in Andernach?«

»Könnt's schlechter haben ... Sozialhilfe, zwei drei Mütter, die mich versorgen ... Ihr versteht schon!«

Er kneift ein Auge zu. Wir verstehen.

Dann quascht er uns zwanzig Minuten voll, wie er 1976 auf das Dylan-Konzert gegangen ist und alle gebuht haben, weil Bob nicht »Blowin in the wind« gespielt hat und auch nicht The times they are changing.

»Das sei ja wohl eine absolute Frechheit gewesen«, sagt er.

»Dieser Typ ist doch total weggetreten, ein totaler Autist.«

Wir schnippen nach der Rechnung. An unseren Klamotten hängen Rauch und Pferd.

»War's das, was ihr hören wolltet?«

Er grinst und greift nach den Krümeln in seinem Bart. Fischt ein paar Tabakbrösel heraus.

»Bist du der Dude von Andernach?«

Er scheint nachzudenken.

»Sag schon, du bist der Dude!«

»Klar bin ich der Dude!«

»Habt ihr noch eine Kippe für mich? Hab selbst keine mehr…«

»Du bist der Dude!«

Remagen

Am Nachthimmel ungeheuer
leuchtet der Widerschein
der tausend Lagerfeuer
auf der Steppe am Rhein.

Am zerschoßnen Gemäuer
weiß ich, grünt wieder der Wein.
Werden mir jünger und neuer
einmal die Stunden sein?

Günter Eich

Jeder hat schon einmal von Remagen gehört und sei es ein einziges Mal. Von der Brücke. Wie die Amerikaner über den Fluss kamen. Es war der Durchbruch gewesen. Wie die Brücke am Ende einstürzte. Wie die Wehrmacht endlich unterlag. Jeder hat davon gehört oder hat es mit angesehen, wahrscheinlich im Film. »Aus allen Rohren donnert der Tod: ENTSCHEIDUNGSSCHLACHT AM RHEIN. The Bridge at Remagen. Le Pont de Remagen. De Brug van Remagen. Die Brücke von Remagen.« Und es brennt, und die Panzer rücken vor. In der Luft kreisen Bomber. Männer mit MGs und Handgranaten. Panavison. Color by Deluxe. Kämpfen und Sterben. Tote und viele Verlierer. Und so recht kein Sieger, doch die Amis und dann: FRIEDEN.

Etwa hundert Jahre zuvor schrieb Ernst Moritz Arndt in »Wanderungen aus und um Bad Godesberg« in der Mitte des neunzehnten Jahrhunderts: »Wir kommen zuerst durch das alte Städtchen Remagen, welches in Obstbäumen und Weinbergen recht lustig am

Rhein liegt. Hart vor dem unteren Tore der Stadt erhebt sich dieser liebliche Apollinarisberg, wo wieder ein sehr heiteres und fröhliches Bild der Gegend und das Siebengebirge in seiner Herrlichkeit schon in viel näherer Beleuchtung zu schauen ist. Der Charakter dieser Aussicht und dieses mit Weinbergen und einem Lustwäldchen bekleideten Berges heißt Anmut und Lieblichkeit.«

So schön klingt die Idylle einer vergangenen Zeit, lieblich und süß, froh und heiter. Man wäre gern auf diesen Spaziergängen dabei gewesen und hätte sich an unverstellter Landschaft und Natur erfreut!

Dass diese Freude heutzutage nicht ganz ungebrochen ist, obwohl das Leben am Fluss friedlich ist, müssen wir uns eingestehen. Obwohl im Rhein wieder dutzende Fischarten schwimmen und sommers Kinder baden, bleibt doch ein Zwiespalt hängen an einem Ort wie Remagen. Er wird sichtbar an den Häusern, die fast alle nach dem Krieg neu gebaut werden mussten, wenige alte Gebäude sind erhalten, Fachwerkhäuser, spätgotisches Mauerwerk. Der Schatten eines Zweifels?

Als wir die Rheinpromenade entlangschlendern, ist davon nichts zu spüren. Auf den Stühlen der Cafés und Restaurants sitzen Touristen und trinken Kaffee, Rentnergruppen und Radfahrer sind in angeregtem Gespräch. Sie bestellen Eisbecher und Kuchen. Es gibt ein Recht auf dreißig Tage Urlaub und die Pensionierung. Es gibt ein Menschenrecht auf Zerstreuung und leichte Unterhaltung. Wir setzen uns auf eine Bank und blicken auf den Fluss. Wir freuen uns, dass es das Ufer gibt, wir freuen uns über das Fließende. Solange etwas in Bewegung ist, das uns mitnimmt, uns aufbrechen lässt. Wir sitzen länger hier und sinnieren über die Ladung der Frachtschiffe. In den Containern und Behältern befinden sich Edelgase? Wird Flüssiges im Wasser transportiert? Woher kommt diese Ladung Splitt und Quarz-Porphyr? Wir schauen nach der Flagge und dem Namen eines jeden Schiffs. Eines heißt Aachen und eines Angela. Viele der Flaggen enthalten orange. Mancher der Kapitäne hat sein Auto mitgenommen und es an Deck geparkt. Gibt es auch Geisterschiffe auf dem Rhein, die ohne Besatzung unterwegs sind? Immer wieder tauchen Inseln auf, Felsreste, die aus dem Wasser ragen. Grüne Tonnen oder Bojen, auf den Felsen landen Vögel. Die Inseln werden bewohnt von Enten, Schwärmen von Möwen. Es scheint, wir bewegen uns mit, während wir hier sitzen, werden mitgerissen von dem blauen Strom, blicken durch Bullaugen, sehen Spaziergänger und eine Uferstraße, wie sich Autos schnell entfernen und näher kommen. Während wir auf einer Bank still sitzen, bewegt sich die Erde mit uns.

»Hier stand die Brücke«, sagt der Mann, der gerade vom Fahrrad gestiegen ist. Er trägt schnittige Radlerhosen, ein sonnengebräunter drahtiger Typ um die siebzig. Er wendet sich einer Frau zu, die die gleiche Sportlerkleidung trägt wie er. Grelle Farben, Magenta und gelb. Früher nannte man es Partnerlook.

»Die Ludendorff-Brücke«, ergänzt er.

»Der Brückenkopf wurde bis April 45 verteidigt.«

Sie antwortet nicht, nestelt am Rucksack. Wir gehen auf sie zu, sie bemerkt es nicht. Greift aus dem Rucksack einen Apfel.

»Der letzte, Peter!«, ruft sie dem Mann zu.

Er hat sich zum Wasser gedreht, antwortet nicht.

»Ich esse ihn auf«, sagt sie dann.

Der Mann läuft einen abschüssigen Pfad herunter, steht wenig später unter den übrig gebliebenen Brückenpfeilern. Wir sehen, wie er eine kleine Kamera aus einer Seitentasche seiner Jacke zieht. Die Frau isst den Apfel. Wir sind stehen geblieben, einen Moment später wagen wir einen zweiten Versuch.

»Entschuldigen Sie«, fragen wir sie, die jetzt den Blick erwidert.

»Waren Sie schon einmal im Friedensmuseum?«

»Ich verstehe nicht«, antwortet sie.

»Das Museum über die Schlacht von Remagen.«

»Ach, das meinen Sie… Nein, da war ich noch nicht.«

»Sie stehen direkt davor, also wenn Sie sich einmal umdrehen würden, dann könnten Sie den Eingang und das Schild sehen!«

»Wirklich, ach wissen Sie, mein Mann weiß sicher darüber Bescheid… Der weiß das alles… Wo ist er denn… Ich bin nicht so gut in diesen Sachen… aber herzlichen Dank für den Hinweis!«

Sie schaut runter zum Fluss, sieht ihren Mann, der in die Hocke gegangen ist und Fotos macht.

»Wir waren schon einmal hier, vor fünfundzwanzig Jahren… Mit den Zwillingen, da waren die Jungs sechzehn… Wir hatten eine Ferienwohnung in Unkel… Ich erinnere mich noch genau, wie wir zur Erpeler Ley gefahren sind, es regnete…«

Sie steht vor uns und hält den Apfelbutzen in der rechten Hand.

»Mein Mann war Ingenieur… Wissen Sie, das war ja damals nicht so einfach, eine Familie mit drei Kindern, und ich Hausfrau… Das hat am Anfang hinten und vorne nicht gereicht.«

»Wo kommen Sie her?«, fragen wir behutsam.

»Aus dem Weserbergland«, antwortet sie.

»Kennen wir, da gab es doch diese berühmte Musiker-Kommune…«

»Davon hab ich nichts gehört… Vielleicht weiß es mein Mann, Peter… Der weiß das alles…«

»In Forst, da war diese Kommune…«

»Ja, Forst, das ist eine Kleinstadt, eher ein Dorf… Wir waren nie dort…«

»Haben Sie, als die Kinder in die Schule kamen, wieder arbeiten können?«, kommen wir zum Thema zurück.

»Das war schwierig… Ich hatte ja nach der Schule Krankenschwester gelernt… Bei der Geburt von Marlies, unserer Tochter, war ich einundzwanzig… Zwei Jahre später kamen die Zwillinge… Ich war über zehn Jahre raus aus dem Beruf… Ich habe noch als Putzhilfe ein bisschen dazuverdient… Mein Mann wurde Abteilungsleiter, wir hatten mehr Geld.«

Wir blicken runter zum Fluss, sehen den Mann mit einem Stock, womöglich einem Ast, im flachen Wasser stochern.

Die Frau spricht weiter:»Es waren keine einfachen Jahre… Wir sind in das Haus der Schwiegereltern gezogen… Peters Vater war früh gestorben, die Mutter lebte noch… Eine rechthaberische, meist hartherzige Frau, aber sie war immer gut zu den Kindern… Einmal hat sie die Rosenstöcke, die ich gepflanzt hatte, herausgerissen, als wir im Urlaub waren…«

Der Mann kommt zurück, blickt uns an, dann spricht er zu seiner Frau:

»Hast du lange auf mich gewartet?«

»Ich habe mich glänzend unterhalten«, antwortet sie und reicht ihm den Apfelbutzen.

»Würdest du den bitte in den Müllkorb da hinten werfen!«

Der Mann dreht wortlos ab.

»Die Zwillinge sind bei der Bundeswehr und beim Zoll angestellt… Ich bin froh, dass etwas Anständiges aus ihnen geworden ist…«

Wir nicken ihr zu und sagen, bevor wir die Treppe zum Museum nehmen:

»Haben Sie noch einen schönen Tag!«

»Das wünsche ich Ihnen auch…«

Die Brücke

Der Eintritt kostet drei Euro. Die Ausstellung ist ein wenig veraltet, aber nicht überflüssig. Auf der Treppe, die in den Turm führt, hören wir amerikanischen Akzent. Drei Ehepaare, vielleicht Kinder unserer Befreier. Sie waren die Freunde der Freiheit. Wir begegnen noch zwei Franzosen, einem Mann und einer Frau. Sie blicken gebannt auf die alten Schwarzweißfotografien und unterhalten sich. Von 1916 bis 1918 wurde die Brücke gebaut, die schon zum Ende des Ersten Weltkriegs zum Einsatz kam, als Truppenverbände zurückgeführt wurden. Auf einem der Fotos sieht man drei Männer, einer steht auf einer Walze, die anderen beiden halten Stab und Richtscheid in der Hand. Die Erbauer konnten nicht ahnen, dass keine dreißig Jahre später ihr Bauwerk komplett zerstört sein wird. Dass bei der immer sinnloser werdenden Verteidigung ab Herbst 1944 tausende Menschen sterben. Weitere Fotos zeigen eine Kompanie, die beritten und zu Fuß über die Brücke stürmt. Geländer und Straßen waren geschmückt mit Girlanden und Flaggen. Rückblende: Ein großes Fest wurde gefeiert, als die Brücke eröffnet wurde. Niemand ahnte damals, dass knapp zwanzig Jahre später ein neuer, noch schrecklicherer und barbarischer Krieg von uns Deutschen vom Zaun gebrochen werden sollte. Die Geschichte der Brücke ist eng mit den Ereignissen beider Kriege verbunden, keine siebenundzwanzig Jahre nach Fertigstellung lag sie komplett in Trümmern. Dies sich vor Augen zu führen, ist eine heutige Aufgabe, unsere Aufgabe.

Als der Krieg vorbei war, blieben Trümmer und Schutt. Hungernde und frierende Menschen. Sie hatten den Krieg überlebt, viele von ihnen verletzt und verwundet, innerlich kaputt oder traumatisch belastet.

Nicht weit von der Ludendorff-Brücke, die fast vollständig zerstört war, lag das Gefangenenlager »Goldene Meile«, das aus zwei Lagern bestand. Die Lager befanden sich auf den Rheinwiesen zwischen Remagen und Kripp sowie südlich der Ahr, die nahe Kripp in den Rhein mündet, bis vor Niederbreisig. Beide Lager existierten von April bis Juli 1945 und waren größtenteils überbelegt. Die Versorgung war mehr als schlecht, die Unterbringung katastrophal. Etwa dreihunderttausend deutsche Soldaten hausten hier größtenteils im Freien ohne Zelte und Baracken. Es waren auch Frauen unter ihnen und Kindersoldaten, die separiert wurden. Auch die Amerikaner hatten im Frühjahr 1945 wenig zu essen, kaum sauberes Wasser und keine gute medizinische Versorgung. Die Unterlegenen des Krieges hatten dieses Los in aller Härte zu tragen, es starben etwa 1250 der Gefangenen, überwiegend an der Ruhr und Unterernährung. Dies waren rund 1 Prozent der Insassen; einige wollten fliehen und wurden erschossen. Die Strafe war hart und gerecht. Die meisten der Gefangenen kamen mit dem Leben davon, viele von ihnen mussten mit der traumatischen Erfahrung des Krieges fertig werden, nicht allen gelang es.

In der »Goldenen Meile« war auch der Dichter Günter Eich drei Monate interniert und schrieb sein berühmtes Gedicht »Inventur«. In ihm zählt er die lebenswichtigen Dinge auf, die ihm geblieben sind, z. B. eine Mütze. Eine Mütze auf dem Kopf zu haben, bedeutet nicht gänzlich ungeschützt zu sein, für das, was von oben kommt. Mit dem Schrecken allein ist niemand davongekommen, auch Eich nicht. In seinen späten Gedichten aus den 1960er Jahren, die immer knapper wurden, kommt er zu der Einsicht, dass das Subjekt nicht mehr auf der Seite der Schöpfung stehen kann. Eingedenk des barbarischen Krieges, an dem er teilnahm, des Abwurfs der Atombomben auf Hiroshima und Nagasaki und anderen menschenverachtenden Verbrechen auf der Welt scheint uns dies heute beinah verständlich. Wer heute lebt, steht womöglich, ob er will oder nicht, gegen die Schöpfung. Bald werden wir künstliche Tiere essen, hochgezüchtete Rassen, die wir schon heute in Supermärkten kaufen können. Bald werden wir künstliches Gemüse essen, das endgültig nichts mehr mit Feld und Acker zu tun haben wird, sondern nur noch mit Labor und Gewächshaus. Wir werden manipuliertes Obst essen, das nicht mehr aus dem Garten oder der Plantage kommt, sondern aus Kellern, in denen heute weiße und braune Champignons gezüchtet werden. Unsere Geschmacksnerven werden sich endgültig umpolen. Wir werden wie jetzt auf Gummibären auf künstlichen Weintrauben herumkauen, und die Milch, die wir trinken oder in den Kaffee kippen, wird von künstlichen Kühen stammen, die lange leben und künstliche Milch geben und in einer Krankenkasse für Kühe versichert sein werden, denn ihr Lebensalter wird sich dem unseren anpassen. Aus künstlicher Kuhmilch wird künstlicher Rahm entstehen. Und aus künstlichem Rahm künstlicher Käse, künstliche Edelschimmel-Kulturen werden die Welt erobern. Künstlicher Joghurt in dreißig oder vierzig Geschmacksrichtungen wird intravenös verabreicht werden. Künstliche Kühe und Menschen werden von ihrer Pensionskasse, rentenversichert und altersheimtauglich, auf ein ewiges Leben vorbereitet, das durch künstliche Gelenke und Gehirne, künstliche Hüften, Organe und Gliedmaßen ermöglicht sein wird. In dieser Zukunft wird der Übergang vom betreuten Wohnen zur Pflegestufe eins und zwei, ferner zum ewigen Leben fließend sein. Künstliche Kühe und Menschen werden an eine Maschine angeschlossen werden und nicht sterben können. Dies alles passiert vielleicht schon in fünf oder zehn Jahren, wenn wir nicht aufpassen.

An der Stelle, wo sich das Gefangenenlager befand, steht seit einigen Jahren ein Zeltplatz, und alle, die hier campen, kommen freiwillig. Wie gut sich die friedliche Nutzung von militärischem Gelände anfühlt, denken wir, und atmen auf. Blicken auf das Wasser, das hell ist und nicht viel tiefer als ein Haus. Der Rhein ist mit uns, seine mächtige heitere Seite, die uns das Ufer zusichert und den Lauf der Zeit, den Lauf der Dinge; dieser Strom gehört uns. Und wir fühlen uns der Landschaft zugehörig. Wir sind Blüte, Frucht und Fleisch, wir sind Aas. Wir sehen das Flussbett und die Inselchen schimmern im Licht, Möwen fliegen auf. Wir atmen kaum hörbar durch Mund und Nase. Wir wissen, dass Fische leichtere Knochen haben als wir. Wir wissen, dass Fische nicht an der Oberfläche schwimmen wie wir, wenn sie friedlich durch die

Kiemen atmen. Wir atmen und ziehen die Luft durch die Bronchien, wir atmen ein und aus.

Wer möchte nicht aus einer Quelle das sprudelnde heilende Wasser trinken? Aber muss es ausgerechnet Apollinaris sein? Unser Zug fährt zurück nach Andernach. Am Fenster sitzend, sehen wir Einkaufszentren und Baumärkte, ein Gewerbegebiet und Industrie. Eine ganze Menge Industrie, ein Werk der Steinzeug-Industrie. Wir lieben Steinzeugflaschen, den gebrannten Ton. Am Rhein gibt es Steinzeug. Das gute zuverlässige Steinzeug wird hier hergestellt. Auch wenn es meistens niemand sieht, da es sich unter der Erde befindet, kann man das Steinzeug nicht genug loben. Gelobt seist du, Steinzeug!

Steinzeug ist gut zur Aufbewahrung von Schnaps und eingelegten Kirschen. Steinzeug-Behältnisse eignen sich hervorragend für den heimischen Garten und nicht zu vergessen: Rohre aus Steinzeug. Abzweige und Stutzen für die Kanalisation. Rohre, herrliche Rohre für Brauch- und Nutzwasserkanäle. DAMIT SIE KEIN WÄSSERCHEN TRÜBEN! Ach so.

Wir kommen in Andernach an und es ist immer noch Jahrmarkt. Buden über Buden, auf die Altstadt verteilt. Wir essen eine Bratwurst und latschen zum Hotel, die Beine ausruhen.

Rolandseck und der Besuch des Guillaume Apollinaire

Vom Berge kamen Leute, um den Fluss zu überqueren,
Drei Damen mit hannoverschem Akzent
Blätterten grundlos Rosen in den Rhein,
Der eine Ader deines so edlen Körpers zu sein scheint.
Auf der mit Schatten befleckten Straße am Fluss entlang
Flohen vor Furcht zitternd
Die Autos wie unwürdige Reiter,
Während sich auf dem Band des Rheins Dampfschiffe
entfernten.

Guillaume Apollinaire (übersetzt von Hans Thill)

1901 kam der Dichter Guillaume Apollinaire, der eigentlich Wilhelm de Kostrowitzki hieß, nach Rolandseck. Er war unglücklich verliebt, heißt es, und begleitete die englische Autorin Annie Playden. Ein Jahr arbeitete er als Französischlehrer für die Tochter der Baronin Madame Milhau, einer gebürtigen Deutschen, in Bad Honnef. Mit ihr unternahm er längere Reisen durch Deutschland und Österreich-Ungarn. Viel mehr ist nicht bekannt über seine Zeit im Rheinland. Er ging zurück nach Paris und bekam eine kleine Anstellung in einer Bank. Zu dieser Zeit war Apollinaire beinah noch ein unbekannter Künstler. Er sollte siebzehn Jahre später, um einiges berühmter, an der Spanischen Grippe sterben, nachdem er im Ersten Weltkrieg im Jahr 1915 von einem Granatsplitter getroffen wurde und eine schwere Kopfverletzung erlitt, die zu seiner Entlassung aus dem Kriegsdienst geführt hatte.

Apollinaire hat nicht nur in dem zitierten Gedicht »Rolandseck« über den Rhein geschrieben, auch in seinen Prosatexten taucht der Strom als Motiv immer wieder auf.

Jedoch nicht nach Apollinaire, sondern nach Hans Arp ist das »Museum Bahnhof Rolandseck« benannt. Naheliegend, und doch hätte man es Taeuber-Arp Museum nennen können, denn der Künstler Hans Arp und die Künstlerin Sophie Taeuber-Arp gehören irgendwie zusammen.

Wer am Bahnhof Rolandseck eintrifft wie wir, kommt über Land oder über den Fluss, mit der Fähre oder dem Auto, der Bahn oder dem Rad, oder, zu guter Letzt: per pedes.

Das Arp-Museum und der Bahnhof Rolandseck laden ein, Kunst und Natur, Licht und Glas, Kunststoffe und Grasbüschel, Farben und wandernde Schatten zusammenzudenken. Die vorherrschende Farbe ist das Weiß der beschichteten Aluminiumplatten. Das Weiß reflektiert die Landschaft. Große Fensterflächen öffnen das Museum nach außen, es wird durchlässig. Licht fällt ein, wird gebrochen. Der Besucher, die geneigte Betrachterin, steht in einem Hell-Dunkel-Kontrast und wird an klaren Tagen zu einem Scherenschnitt. Das Weiß ist wandlungsfähig, es verändert sich täglich, abhängig von Sonneneinwirkung und der zu- oder abnehmenden Lichtverschmutzung. Die Glasfronten und Fenster lassen den Besucher immer auch das Draußen sehen und neu verstehen: Die Kunstwerke verhalten sich indirekt zu den Bäumen und der Wiese, an anderer Stelle verbinden sie sich mit dem Strom, der Promenade, den Spaziergängern, Schiffen und schwimmenden Inseln. Alles ist im Fluss, alles kann mitgedacht oder nachempfunden werden.

Auf die Frage nach dem »Einzigartigen« des Museumskomplexes am Rolandseck antwortete der amerikanische Architekt Richard Meier:

»Hier gehört zum Gesamterlebnis: die Ankunft am Bahnhof, der Gang durch den Tunnel, die Fahrt nach oben mit dem Aufzug und die Überquerung der Brücke zum Museum. Dies alles ist Teil des Museumserlebnisses. Wenn Sie aus dem Tunnel herauskommen, sehen Sie die Landschaft um sich herum. Wenn Sie über die Brücke gehen, nehmen Sie ebenfalls die Landschaft wahr. Und dann sehen Sie die Kunst im Museum. Es ist dieses Hineingehen und wieder Herauskommen aus den neuen Ausstellungsräumen … Es ist kein Museum, in dem man kurz, für fünfzehn Minuten oder eine Stunde, vorbeischaut … Man muss sich Zeit dafür nehmen.«

Museum Bahnhof Rolandseck

Am 28. September 2007 öffnete das Museum seine Türen, die Geschichte indes greift weiter zurück. Im Herbst 1865 wurde der Bahnhof Rolandseck feierlich in Betrieb genommen. Der Herzog von Sachsen und die Prinzessin Augusta von Preußen brausten extra aus Koblenz mit der Eisenbahn ans Rolandseck. Sie saßen in ihrem Fürstenwagen, der von der »Windsbraut«, so hieß die Lokomotive, gezogen wurde. Die Herrschaften saßen sicher recht bequem und weich auf ihren Hintern und schauten in die Landschaft. Ließen sich von der Dienerschaft ein lauwarmes Wasser mit Zitrone bringen.

So eine Bahnhofseinweihung war seinerzeit ein tagelanges Volksfest. Die neuen Eisenbahnen schienen wahre Wunderwerke der Technik zu sein, denn man spannte keine Pferde mehr vor die Lokomotive. Diese Wundermaschinen auf Rädern fraßen zentnerweise Kohle und spuckten Wolken von Dampf aus. Sie machten gleichmäßige klackende Geräusche, im Takt rasten sie durch die Landschaft. Und schnauften wie gebeugte mechanische Giraffen, anfangs noch auf Rädern. Sie waren eine riesige Sensation für Große und Kleine!

Dazu muss man sich Menschenmassen vorstellen, die die Giraffe berühren wollten. Jeder wollte, nachdem er sie berührt hatte, mal mit ihr fahren, nicht jeder hatte gleich das nötige Kleingeld. Einmal aus dem Heimatdorf in die nahe Stadt laufen und sich am Schalter ein Billett kaufen, einsteigen und bis nach Mainz oder Bingen fahren, nach Koblenz oder, wenn die Welt ganz groß wird, bis nach Frankfurt, was für ein Traum!

Zu solchen Festen gehörten auch die Studentenbünde. Kernig geseifte junge deutsche Männer, manchmal mit Schmiss, die auf so einem Fest oft steif herumsaßen in ihren Uniformen mit herunterhängendem Säbel. Wie in einem festlichen Hörsaal, die Beine gekreuzt, den Stock im Nacken oder im Allerwertesten. Es waren wahre, ernste und echte Zecher mit der rechten Gesinnung. Wie die Studenten des »Corps Borussia«, einer pflichtschlagenden und farbentragenden Verbindung aus Bonn. Sie nannten sich die »Bonner Preußen«. Sie sangen selig deutsche Lieder bis in die Nacht, schunkelten und tranken Wein bis zum Morgengrauen. Da, wo man singt, lass dich nicht unbedacht nieder, wissen wir heute. Böse Menschen haben auch ihre Lieder? Die Bonner Preußen, wenn sie nicht ausgestorben sind, leben sie wohl noch heute.

Nietzsche und die Burschenschaft »Franconia«

Friedrich Nietzsche, Mitglied in der Burschenschaft »Franconia«, kam 1864 und 1865 als Student der Evangelischen Theologie und der Philosophie zum Bahnhof Rolandseck. Er berichtet von einem festlichen Ausflug der Burschenschaft an den Rhein:

»Es war einer jener vollendeten Tage, wie sie in unserem Klima wenigstens nur eben die Spätsommerzeit zu erzeugen vermag: Himmel und Erde im Einklang ruhig nebeneinander hinströmend, wunderbar aus Sommerwärme, Herbstfrische und blauer Unendlichkeit gemischt. Wir bestiegen, in dem buntesten fantastischsten Aufzuge, an dem sich, bei der Trübsinnigkeit aller sonstigen Trachten, allein noch der Student ergötzen darf, ein Dampfschiff, das zu unseren Ehren festlich bewimpelt war, und pflanzten unsere Verbindungsfahnen auf dem Verdecke auf.

Von beiden Ufern des Rheines ertönte von Zeit zu Zeit ein Signalschuss, durch den, nach unserer Anordnung, ebenso die Rheinanwohner... über unser Herankommen benachrichtigt wurden... Wir pflegten damals mit Passion Pistolen zu schießen, einem Jeden von uns ist diese Technik in seiner späteren militärischen Ausbildung von großem Nutzen gewesen. Der Diener unserer Verbindung kannte unseren etwas entfernt und hochgelegenen Schießplatz und hatte uns dorthin unsere Pistolen vorangetragen. Dieser Platz befand sich am oberen Saum des Waldes, der die niedrigen Höhenzüge hinter Rolandseck bedeckt, auf einem kleinen unebenen Plateau, und zwar ganz in der Nähe unserer Stiftungs- und Weihestätte. Am bewaldeten Abhang, seitwärts von unserem Schießplatz, gab es eine kleine baumfreie zum Niedersitzen einladende Stelle, die einen Durchblick über Bäume und Gesträpp hinweg, nach dem Rheine zu gestattete, so daß gerade die schön gewundenen Linien des Siebengebirgs und vor Allem der Drachenfels den Horizont gegen die Baumgruppen abgrenzten, während den Mittelpunkt dieses gerundeten Ausschnitts der glitzernde Rhein selbst, die Insel Nonnenwörth im Arme haltend, bildete. Dies war unsere, durch gemeinsame Träume und Pläne geweihte Stätte, zu der wir uns in späterer Abendstunde zurückziehen wollten... Seitwärts davon, auf jenem kleinen unebenen Plateau, stand unweit ein mächtiger Stumpf einer Eiche, einsam sich von der sonst baum- und strauchlosen Fläche und den niedrigen wellenartigen Erhöhungen abhebend. An diesem Stumpf hatten wir einst, mit vereinter Kraft, ein deutliches Pentagramm eingeschnitten, das in Wetter und Sturm der letzten Jahre noch mehr aufgeborsten war und eine willkommene Zielscheibe für unsere

Pistolenschüsse darbot. Es war bereits eine späte Nachmittags-
stunde, als wir auf unserem Schießplatz anlangten, und von unserem Eichenstumpf aus lehnte sich ein breiter und zugespitzter
Schatten über die dürftige Haide hin. Es war sehr still: durch die
höheren Bäume zu unseren Füßen waren wir verhindert, nach
dem Rhein zu in die Tiefe zu sehen. Um so erschütternder klang
in diese Einsamkeit bald der widerhallende scharfe Laut unserer
Pistolenschüsse…«

Nachdem wir das Arp-Museum ausgiebig besichtigt haben und
auf der lichten Außenterrasse sitzen, hören wir eine andere Stille
nach dem Schuss; in der Luft liegen Schwingungen, ein leichtes
Zittern wie von den Flügeln eines Schmetterlings. Der nahe Fluss
fließt mit seinem eigenen Geräuschkörper, kaum hörbar, weil in
ihn ständig Fremdgeräusche und Signale, auch Störtöne eingeschleust werden. Die friedfertige, heilige, ursprüngliche Stille, die
Nietzsche vor einhundertfünfzig Jahren zu hören glaubte, wir können sie nicht finden. Wir müssten ins Hochgebirge hinaufwan-
dern, an den entlegensten Winkel der Welt laufen, vielleicht gäbe
es sie dort? Oder es wartete auf uns nur das Echo des brechenden
Eises, der trockenen Wüste, der tauenden Gletscher?

Vorerst genügt uns die Lokalbahn durch das Flachland, im Gepäck die Verse von Freund Heine. Am 7. März 1820 dichtete unter
dem Signum Harry Heine der jugendliche Düsseldorfer Poet:

Oben auf dem Rolandseck
Saß einmal ein Liebesgeck,
Seufzt' sich fast das Herz heraus,
Kuckt' sich fast die Augen aus,
Nach dem hübschen Klösterlein,
Das da liegt im stillen Rhein.

Wir seufzen nicht, wir trinken Premium-Mineralwasser Medium. Im fahrenden Zug blicken wir auf die nachindustrielle Realität. Kein Geck, kein Kloster, nur die üblichen Discounter und Baumärkte.

DING DONG. Augen auf, Kopf nach oben. Es ist ein Schiff, ein Schiff, genau. »Meine sehr verehrten Damen und Herren, es ist 7:57 Uhr, das Frühstück steht im Panorama-Restaurant für Sie bereit!« Das ist ein Weckruf, warum gibt es hier einen Weckruf? Aus dem Bett, in die Nasszelle, mit dem Schienbein gegen die Kloschüssel, den Körper unter chemisch gereinigtes Wasser. Dann Vorhang auf, ein Feuerwehrschiff fährt vorüber. Der Blick auf das Wasser. In den frühen Morgenstunden legte die MS Regina bereits ab, schaukelte heftig, röhrte, ächzte und krachte, so dass auch wir wohl ähnliche Geräusche von uns gaben. An unserem Tisch sitzen bereits die anderen und wünschen synchron, als hätten sie sich abgesprochen: »Guten Morgen, die Herren!«, und die Kölnerin fügt an: »Da geht aber die Sonne auf!«

Ein grauhaariger Mann mit einem Hut, auf dem »Australien« steht, darunter ist ein Krokodil mit weit geöffnetem Maul abgebildet, balanciert eine Schale voller quadratischer Melonenstücke zu seinem Tisch. Ein Kellner begrüßt uns, stellt die drei Hauptgänge des heutigen Abendessens vor und bittet uns, bereits jetzt zu wählen. Lachs, Sauerbraten oder vegetarische Plätzchen. Was ist noch mal genau Sauerbraten? Schweinefleisch? Bevor er antworten kann, sagt die Kölnerin, die mit ihrem Mann gestern am Fenster

saß und nun zwischen uns und den Franken sitzt:»Schweinefleisch. Aber der echte rheinische Sauerbraten, der ist vom Pferd,
den gibt es noch in einigen Kölner Restaurationen.«

Es ist 8:30 Uhr, wir haben noch nicht mal einen Schluck Kaffee getrunken oder auch nur daran riechen können, nein, wir bestellen jetzt unser Abendessen. Sauerbraten, warum nicht?
»Wir haben beschlossen zu wechseln. Dann kann jeder mal am
Fenster sitzen. Ist Ihnen das auch recht?«

Draußen mündet die Mosel, die ihre Quellen in den Vogesen hat, in
den Rhein. Während wir an den Brötchen abbeißen, was ungefähr
eine Sekunde in Anspruch nimmt, fließen 320 000 Liter Mosel in
den Rhein. Und da, wo das Konrad-Adenauer-Ufer und das Peter-
Altmeier-Ufer sich in einem 45 Grad-Winkel treffen, ist das Deutsche Eck. Eine aufgeschüttete und nunmehr betonierte Landzunge,
über der wie auf einem Stück Torte Kaiser Wilhelm I. auf einem
Pferd sitzt. Nachdem das Denkmal in den letzten Tagen des 2. Weltkriegs durch eine amerikanische Artilleriegranate zerstört wurde,
funktionierte man den Sockel einige Jahre später zu einem Mahn-
mal der deutschen Einheit um. Auch die Wappen von Pommern,
Schlesien und Ostpreußen waren dort abgebildet. Nach 1990 kamen
die Wappen der fünf neuen Bundesländer hinzu. 1993 wurde dieses
Denkmal wieder abgebaut und Kaiser Wilhelm I. rekonstruiert wieder aufgestellt – und spricht Bände über das Verhältnis der Deutschen zu ihrer Geschichte. 1993 werden fünfstellige Postleitzahlen
eingeführt, der Besitz von Kinderpornografie wird strafbar, die nor-
wegische Popband a-ha löst sich auf, ein passionierter Fahrradfahrer
wird Oberbürgermeister von München, Audrey Hepburn stirbt,
Nelson Mandela erhält den Friedensnobelpreis und der Kaiser ist
wieder da. Zumindest Rhein und Mosel waren nicht einverstanden
und bemühten sich mit ihren Hochwasserspitzen, die fast gleichzeitig in Koblenz eintrafen, den Kaiser zu stürzen, doch das Wasser

langte nicht mal an die Hufe seines Gauls. Stattdessen stand ein Viertel des Koblenzer Stadtgebiets unter Wasser. Die Rettungskräfte waren darauf nicht vorbereitet und es standen nur zwei Schlauchboote zur Verfügung, Menschen zu evakuieren und zu versorgen.

Am Deutschen Eck

Elias Canetti schrieb »Fahnen sind sichtbar gemachter Wind«. Das fällt uns ein, als wir die Fahnensammlung an der Spitze des Deutschen Ecks sehen. Die Fahnen Deutschlands und der Bundesländer. Aber was sind dann Fahnen ohne Wind? Stoff, der runterhängt. Und die Luft und ihre Bewegungen, die deutsche Luft, die diese deutschen Fahnen brauchen, um überhaupt Fahnen zu sein, soll heute Morgen noch recht kühl sein. Stufen führen zum Wasser hinunter. Die Seilbahn, die kurz darauf unseren Weg kreuzt, wurde 2010 im Rahmen der Bundesgartenschau eröffnet, so dass die Besucher auf schnellstem Weg und umweltfreundlich die hinter der Festung Ehrenbreitstein gelegene Ausstellung erreichen konnten. Heute ist die Seilbahn weiterhin eine Attraktion. Es ist merkwürdig und mutet fast surreal an, auf einem Kreuzfahrtschiff unter Gondeln hindurchzufahren, in denen andere Touristen sitzen.

Als die römischen Truppen im Gallischen Krieg an den Rhein vordrangen, errichteten sie 55 v. Chr. innerhalb weniger Tage zwischen Andernach und Koblenz, wahrscheinlich auf der Höhe von Neuwied, einen ersten Übergang über den Rhein, der neun Meter breit war. Der Feldzug Roms war bereits beendet, doch sollte dieser Übergang den rechtsrheinischen Germanenstämmen die Macht Roms demonstrieren und die Möglichkeit offenhalten, jederzeit in Germanien einfallen zu können. 100 Jahre später entstand in Koblenz eine Brücke, die die Siedlung mit dem anderen Rheinufer verband. Reste dieser Brücke sind noch immer erhalten. Koblenz gehört zu den ältesten Städten Deutschlands.

Als wir nach dem Frühstück zurück in unsere Kabinen kommen, finden wir sie aufgeräumt und auf dem Sofa liegt eine kleine Tafel Schokolade. Auf dem Sonnendeck, es ist 10 Uhr 30, ist der Bierausschank geöffnet. Der gefühlte dreißigste Güterzug scheppert am Ufer entlang. Wir fahren nun durch das UNESCO-Welterbe Oberes Mittelrheintal. Aus den Boxen schallt:»Verlieben, verloren, vergessen, verzeihen«. Linksseitig liegt der kleine Ort Ehrenthal. Die kleine, katholische Pfarrkirche St. Sebastian, die sich mit der Klosterschenke ein gemeinsames Dach teilt, steht in der Nähe des Ufers. Wer zum Gottesdienst möchte, muss durch den Schankraum. Das Nützliche, wie der Bordlautsprecher sagt, mit dem anderen verbinden.

Der Mann, der dunkles Bier wollte und nun Pils trinkt, gesellt sich zu uns.

»Schön, oder?«, sagen wir.

Er nickt, trinkt einen Schluck und wischt sich mit dem Unterarm über den Mund.

»Ja, ja!«, sagt er.

Wir stellen uns vor.

»Müller«, sagt er. Nein, er sagt es nicht, er presst es hervor. Eigentlich, so scheint es, möchte er seinen Namen gar nicht sagen. Am Bierausschank hat sich eine Traube Männer gebildet.

»Wenn die hier schon mittags saufen, dann sollen die das doch richtig machen. Kennt ihr Lawrence von Arabien? Den Angriff auf Akaba? Da hatten Peter O'Toole und Omar Sharif so einen Schiss vor, die haben sich besoffen, die waren so was von sternhagelvoll! Omar Sharif hat sich sogar mit einem Seil am Kamel festgebunden. Die Szene, wo sie Akaba angreifen und alle brüllen: AKABA! AKABA! Und der aufgewirbelte Wüstensand! Hätte ich auch Schiss gehabt, wenn hinter mir noch mal dreihundert Kamele kommen! Aber sie haben es gemacht! Das ist was! Und die hier?

»Schweben Sie mit der Seilbahn über den Rhein und erobern Sie die Festung Ehrenbreitstein.« www.seilbahn-koblenz.de

Die nuckeln schon mittags an ihrem Pils, die haben nicht mal Alt, und stolpern dann ein bisschen. Amateure!« Müller hat einen roten Kopf.

St. Goar erscheint und die Burg Rheinfels, in der sich heute das Romantikhotel Rheinfels befindet. Dann St. Goarshausen und die Burg Neukatzenelnbogen, aus der der Volksmund, um die Zunge weniger anzustrengen, die Burg Katz machte, die sich heute in Privatbesitz befindet. Die Strömung wird stärker. Das Schiff schaukelt heftig. Müller sagt:»Ui, ui, ui!« Wir haben nun fast 20 Meter Wasser unter dem Kiel. Bis in die 80er Jahre wurde zu jeder Fahrt auf dieser Strecke ein ortskundiger Rheinlotse als Steuermann hinzugezogen. Wir machen Fotos, eins nach dem anderen. Burgen, wundervoll, herrlich, kann man zuhause zeigen. Der Rhein mag der am meisten fotografierte Fluss in Mitteleuropa sein. Jeder Flusskilometer, jede Brücke, jeder Baum und jedes Haus am Ufer wurde aus den unterschiedlichsten Perspektiven abgelichtet. Ursel und Wolfgang mit roten Wangen und wundgesungener Kehle beim Frühschoppen, die Kinder mit Angel in einer kleinen Bucht, Aufstellung der kompletten Familie mit Selbstauslöser vor der Fähre, mit der gleich gefahren wird. Dieser Fluss scheint geradezu zu Tode fotografiert zu sein. Doch da Totgesagte immer länger fotografiert werden können und die Fotografie eine noch junge Kunst ist, werden – zum Glück und mit den unterschiedlichsten Ansätzen – auch weiterhin Fotos gemacht. So wie in der Literatur kaum ein Schriftsteller am Rhein vorbeikommt, so kommt auch fast kein Fotograf daran vorbei.

Wer kennt nicht Barbara Klemms Fotografien aus Tageszeitungen? Eines ihrer berühmtesten Fotos zeigt Wolf Biermann am 13. November 1976 in der Kölner Stadthalle, der lachend die rechte Hand unterhalb des Herzens hält, in der linken die Gitarre, und gerade die Bühne verlässt. Es war der Auftritt, der zu seiner Ausbürgerung aus der DDR führte. Ein anderes zeigt Leonid Breschnew und Willy Brandt, umgeben von Beratern. Sie begleitet die Entwicklungen in Deutschland seit Mitte der 60er Jahre, immer mit einem dokumentarischen Blick, der genügend Raum lässt für eine Gestaltung, die nah an der bildenden Kunst ist. Auch sie hat sich in zahlreichen Arbeiten mit dem Rhein beschäftigt. Sie zeigen Arbeiterinnen, die auf einem Weinberg pausieren, den Rheinfall bei Schaffhausen, die Seilbahn bei Rüdesheim, ein Blick von einem Ausflugsschiff. Auf dem wohl eindrucksvollsten Rhein-Foto ist im Vordergrund ein Junge im Halbprofil zu sehen, der sich mit den Armen auf einem Zaun abstützt, den Oberkörper nach vorne gebeugt und auf eine Biegung des Rheins hinunterschaut. Dieser Junge scheint den Rhein zu überthronen. Er scheint der kleine Herrscher zu sein. Er, der vielleicht 10-jährige, nimmt nur einen kleinen Teil der aufgenommenen Fläche ein, ansonsten das, was schon alt ist: der Rhein, das Land, der Himmel. Der Junge grübelt, er hat eine kleine Falte auf der Stirn. Es ist, als würden wir, die Betrachter, aus einem Fenster lehnen und den Jungen sehen, wie er aus einem Fenster sieht, nachdenkt und womöglich zu einem Ergebnis kommt. Unweigerlich denken wir an die Zeilen des Gedichts »Ein Genie« von Charles Bukowski:

und wir schauten beide aus dem
Fenster
und sahen das Meer an
und dann drehte er sich
zu mir um
und sagte
»Das is nich schön.«

Doch das hier ist enorm schön, beeindruckend. Rechts und links Fels. Und wir dazwischen. Wir hören wieder den fast schon vertrauten Zweiton: »Meine verehrten Damen und Herren, Sie sehen jetzt auf der linken Seite die berühmte Loreley. Wenn Sie möchten: Im Panorama-Salon spielt jetzt unser Zlatko immer traditionell das Loreley-Lied.«

Müller schaut voller Verachtung in sein Bierglas.

»Warum soll ich denn reingehen? Blödsinn!«, sagt er.

»Fitzcarraldo, Apocalypse now«, sagt einer von uns, während wir auf die zerklüfteten, den Rhein einfassenden Hänge sehen.

»Der Tod auf dem Nil«, sagt der andere und fügt hinzu: »Wegen der Franken.«

»Das Deutsche kommt aus einem tiefen Tal«, sagt Müller.

Wir lachen.

»Ist das auch ein Film?«, fragen wir.

»Nein, von mir«, sagt Müller.

Noch mehr Fotos, alle stehen backbord mit ihren Kameras und Handys, Foto hinter Foto. Matthias Claudius eröffnet sein Gedicht »Urians Reise um die Welt« mit den Versen »Wenn Jemand eine Reise thut, / So kann er was erzählen«. Friedrich Schiller schrieb an Goethe, dass Humboldt über ihren gemeinsamen Zeitgenossen urteilte: »… und von Claudius wisse er durchaus nichts zu sagen, er sey eine völlige Null«. Ilse Aichinger mag vielleicht Ähnliches gedacht haben, als sie rund 200 Jahre später in ihrem Buch »Unglaubwürdige Reisen«, in dem sie Feuilletons fiktiver Reisen sammelte, den sinnreichen Gedankengang formulierte: »Wenn einer eine Reise tut, so kann er nichts erzählen: Das fiel mir schon ziemlich früh auf. Die unglaubliche Sprachlosigkeit Gesellschafts- oder auch Einzelreisender: Sie reicht nicht zur Stille, um so mehr zur Stummheit. Das gibt dann Lichtbildvorträge.« Wir und die anderen, wir bereiten uns auch auf Lichtbildvorträge vor. Wir fotografieren, knipsen, schießen alles ab. Wir fotografieren selbst die, die die Loreley fotografieren, im Hintergrund die Loreley. Und wir werden zu erzählen haben. Beides ist möglich, ja.

Die Loreley

Die Loreley, die so betörend singen soll, dass sie selbst anlocken kann, wer nicht mal angelockt werden will, ist klein, enttäuschend klein. Vor ihr sitzen zwei Jugendliche auf dem Boden und zeigen auf unser Schiff. Das ist sie also, die Loreley, die es bis in unsere Gegenwart geschafft hat, ah ja, na ja. Hundert Meter weiter ragt der Felsen empor, oben die deutsche Fahne. Müller steht neben uns mit seinem Bierglas, starrt hoch auf den Felsen, gibt Geräusche von sich: »pffffff«, »mmmmh« und »haaaaa«, und er hat seine Brust etwas herausgedrückt, als würde der Felsen einen mächtigen Eindruck auf ihn machen. Als er seine Körperhaltung bemerkt, erschlafft sie wieder. Er winkt ab, als wäre die Zwiesprache mit diesem deutschen Stein völlig zwecklos, macht wieder »pffffff«, tippt sich gegen die Stirn, als zeige er dem Felsen einen Vogel, sagt »Sehen uns!« und geht zum Bierausschank.

Rechts und links die felsigen und bewaldeten Hänge. Davor die Straße, auf der der Verkehr entlangbrandet, kurz dahinter Bahngleise. Der Rhein gleicht hier einer Rinne, einer schwer überwindbaren und doch natürlichen Grenze. Dann scheppert wieder ein vierhundert Meter langer Güterzug vorbei. Kleine Städte, dazwischen an den Hang gebaute Wohnhäuser. Wohnte man in einem dieser Häuser, hätte man tagtäglich den Blick auf den Fluss, auf den gegenüberliegenden Hang, auf den Wald, der in seiner üppigen Erscheinung, in seinem kraftvollen Grün allen Übeln der Welt zu trotzen scheint.

Wieder Burgen, Ruinen, aus denen Hotels wurden, Burgen, Ruinen, aus denen Jugendherbergen wurden, Burgen, Ruinen, die in

Privatbesitz sind, die einer Stadt gehören. Fast 40 Burgen stehen hier im oberen Mittelrheintal, im Zentrum der Rheinromantik, fast alle zwei Kilometer eine. Ein Postkartenmotiv nach dem nächsten!

»Meine sehr verehrten Damen und Herren, hier jetzt auf der linken Seite, hier jetzt auf der rechten Seite...«

Und dann: Die Burg Stahleck, ein Wahrzeichen der Stadt Bacharach. Ach, könnten wir doch anhalten und strammen Schrittes zu der Burg hinaufsteigen, die Hüte in die frechen Lüfte werfen, hinauf mit freier Brust und einmal hinabschauen auf diesen schlangenartigen Fluss! Unser Schiff lässt Bacharach rechts liegen. Wir fahren drei Monate später auch dort hin.

Bacharach – Heine, Hugo und Brentano an der Promenade

*Ich befinde mich in diesem Augenblick in einer
der schönsten, angenehmsten und unbekanntesten
alten Städte der Welt. Ich bewohne Gelasse wie die von Rembrandt, mit
Bauern voll Vögeln an den Fenstern, sonderbaren
Laternen an der Decke und mit Wendeltreppen in
den Stubenecken, woran die Sonnenstrahlen hinauf-
schleichen. Im Schatten brummten eine alte Frau und
ein Spinnrad mit gewundenen Füßen um die Wette.
Drei Tage brachte ich in Bacharach zu, einer Art
Wunderland am Rhein.*

Victor Hugo

Kommt man in Bacharach mit dem Ausflugsdampfer oder der
Fähre an, trifft man als Allererstes, mitten an der Promenade, in
einem kleinen Landschaftsgarten, auf drei Skulpturen, die zu-
sammen um einen Tisch sitzen, auf dem zwei Gläser und eine
Weinflasche stehen. An diesem Tisch sitzen sich gegenüber:
Heinrich Heine als Tierfigur, eine Art Hirschkuh oder Kalb, und
Victor Hugo als großer gallischer Hahn. Der Dritte im Bunde,
der ein wenig abseits sitzt und starr in eine andere Richtung
blickt, ist der Dichter Clemens Brentano als Kreuzung zwischen
Reiher und Ente. Alle drei, so soll man es wohl deuten, sind hier
am Rheinufer miteinander vereint, in einem Gespräch oder
Schweigen. Sie sollen uns erinnern, dass in vergangener Zeit literarisch und philosophisch diskutiert wurde. Es gab ein Geistes-
leben, wie wir es uns heute kaum mehr vorstellen können. Es

wurden lange Abhandlungen verfasst, die handschriftlich abgeschrieben wurden, um in Umlauf gebracht zu werden. Es wurden Briefe geschrieben, die umfangreiche Schilderungen über die Lebenssituation, das Befinden und die Gedanken des Verfassers enthielten. Es waren handschriftliche Zeugnisse, die heutzutage nahezu aus der Welt verschwunden sind. Die Nachrichten, die wir gegenseitig verfassen, sind zumeist kurz, oft sehr kurz, und missverständlich, oft in falscher Interpunktion und mit kruden Abkürzungen, ohne Kommata und Bindestriche, ohne Frage- und Ausrufezeichen. Sie sind häufig ohne eine Anrede und Grußformel versehen, von einem bisweilen hektischen, man möchte meinen panischen Verfasser, der ohne länger zu überlegen eine Sprachnachricht in die Welt gesetzt hat, in der es um Dinge geht, die eigentlich niemand wissen will. Allerhöchstens der einzelne Empfänger, aber auch der nur gelegentlich. Diese Mitteilungen haben zum Inhalt, dass wir ständig über den anderen haargenau informiert sind, und jeder dieser flüchtigen Sätze und Halbsätze, dieser zerstückelten Redewendungen, Wortschöpfungen und Stilblüten, versetzt uns in das Gefühl, selbst solche oder ähnliche Nachrichten in die Welt zu setzen. Getrieben von dem Ehrgeiz, dem anderen mitzuteilen, dass man selbst auch lebt, atmet, isst und trinkt, sich körperlich betätigt, vielleicht sogar denkt. So erfahren wir voneinander jede Kleinigkeit und Kleinlichkeit, jedes peinliche oder unwichtige Detail. Wir erfahren Dinge, die wir selbst nicht zur Sprache bringen wollten, doch jetzt tun wir es, weil wir die erhaltene Nachricht nicht kommentarlos in den Äther fließen lassen können. Wir bestätigen den Erhalt der Belanglosigkeit auf unsere Weise, indem wir unseren Senf dazugeben, umgangssprachlich versteht sich!

Was sprachen Heine und Hugo, wenn sie miteinander sprachen, an der Promenade von Bacharach? Worüber schwieg Brentano, als er sich von den beiden anderen abwandte? Diese drei, die in gewissem Sinne Zeitgenossen waren und doch ganz unterschiedlichen Geistesströmungen angehörten, worüber tauschten sie sich aus und kamen sich ins Gehege? Der Hahn Hugo und die Hirschkuh Heine sehen sich gegenseitig ins Angesicht. Man kann bei dem gebührenden Abstand, den sie einnehmen, von einer diskreten Annäherung sprechen. Den Katholiken Brentano kann man als stillen Außenseiter deuten, sein Vogelkopf deutet vielleicht in ein Jenseits, er wendet sich ab von den weltlichen Geistern. Die beiden Gläser, eher Pokale, stehen unberührt, und wer von ihnen danach greifen kann, ist ungewiss. Vielleicht Heine und Hugo, denn Brentano ist aus dem Bild gerückt. Wir wissen nicht, ob diese drei zusammen Wein getrunken haben und ob sie zusammen feierten. Man kann es sich nur schwer vorstellen und doch ist es nicht undenkbar. Man kann sich die Dichterworte denken, die energische Rede der beiden Pariser, des Sozialisten Victor Hugo und des sentimentalen Revolutionärs Henry Heine. Wie sie mit großen Gesten auf das Vaterland zu sprechen kommen oder plötzlich mitten im Satz abbrechen. Aber Brentano? Wir können es uns lebhaft vorstellen oder es beinah imaginieren, von welchem Exil sie sprächen, von welcher Freiheit, die kommen soll. Aber Brentano, der Fromme, was würde er dem entgegnen? Wir wissen es nicht, aber wir können uns denken, dass es ein Gespräch gäbe über das Hier und das Danach, ein Gespräch zwischen Hahn und Hirschkuh und dem Vogelkopf. Ein Gespräch zwischen den Arten, ein förderliches, ein notwendiges Gespräch. Plötzlich ist eine Schulklasse an die Skulpturen herangerückt, die in diese Gedanken einbricht und deren lautstarkes Reden und Lachen die Gegenwart bevölkert. Mädchen mit bunten Haaren, die sich die Kopfhörer teilen und die Kaugummis und die Haarbänder. Eine Gruppe von Mädchen und Jungen, vielleicht zwölf oder dreizehn Jahre alt, denen ein Erwachsener zu erklären versucht, wer diese Männer waren. Ungläubig staunen möchte man, man möchte wieder das

Tatsächlich ist dies eine der schönsten kleinen Städte,
die wir je gesehen haben.

Kind sein, das selber sieht und den Erwachsenen nicht glaubt, weil diese gebildet lügen. Die Gruppe der Schulkinder geht schnell weiter und setzt sich auf die Wiese, packt die Brotzeit aus und Limonade. Während die drei Tiergesichter von Heine, Hugo und Brentano von der Sonne gewärmt werden, und wenn wir selbst für einen kurzen Augenblick geblendet vor ihnen stehen, huscht ein Lächeln über die Gesichter.

»Zu Bacharach am Rheine, wohnt eine Zauberin. Sie war so schön und feine, und riß viel Herzen hin«, lesen wir auf einer Tafel. Es ist ein strahlender Vorsommertag, als wir durch die Gassen des Städtchens schlendern, durch die Tore laufen, stehen bleiben. Uns an die Nase fassen, um zu begreifen, dass wir hier sind. Tatsächlich ist dies eine der schönsten kleinen Städte, die wir je gesehen haben. Und wie in den Versen von Brentano, so scheint es, wirkt der Zauber heute noch. Die altehrwürdigen Gassen sind von einer solchen Pracht, dass wir sie beschwingt durchstreifen und alle paar Meter etwas Neues unter den Dächern der Fachwerkhäuser entdecken: kleine Geschäfte, Straußwirtschaften, Souvenir- und Trödelläden, in denen man liebenswerten Krimskram kaufen kann. Ein paar Weingüter haben hier ihre Verkaufs- und Probierstuben. Wir spazieren weiter, bleiben wieder stehen, um uns von der Fülle der Angebote beeindrucken zu lassen. Ein italienisches Café, an dessen Eingangstür links und rechts Sitzbänke angeschraubt sind, wirbt für Riesling-Eis.

Wir sind schwer beeindruckt und bestellen zwei Espressi, setzen uns vor den Laden und sehen einzelne Touristen, Pärchen und Familien vorüberziehen. Wir sind Reisende, versichern wir uns, wir sehen dieselben Dinge wie alle anderen und freuen uns wie alle anderen. Nach einer Viertelstunde brechen wir auf, gehen weiter, bis wir vor der Auslage eines kleinen Ladens stehen bleiben. Wir sehen allerlei hübsche Schnitzereien und Geweihe. Doch ein Holzbrett mit dem Motiv eines Schäferhundkopfes hat es uns angetan.

Wir treten ein und staunen über das Angebot an Spielzeug und Devotionalien aus Holz. Schmale Baumstumpfscheiben, in die man seinem Namen schnitzen lassen kann oder die bereits mit einer fertigen Spruchweisheit versehen sind: EIGENER HERD IST GOLDES WERT oder REGEN IM MAI BRINGT BROT UND HEU. Hier drinnen begreift man schnell, wie viele schöne nutzlose Dinge es gibt, die wir Touristen brauchen. Doch am besten gefallen uns die Holzbretter mit Tiermotiven. Wir fragen die Verkäuferin: »Wo haben Sie diese wunderbaren Holzbretter mit dem Schäferhundkopf her, die sind ja entzückend!«»Aus dem Schwarzwald«, antwortet sie mit einem leichten englischen Akzent. »The German Shepard« entgegnen wir. Die Frau nickt und lächelt. »Mögen Sie Schäferhunde?«»Ich weiß nicht«, antwortet sie. »Wir mögen sie, es sind treue Tiere. Oftmals wurden sie von ihren Herren für schlimme Taten missbraucht. Aber vom Wesen her sind sie friedlich.« Die Frau nickt wieder und lächelt. »Ich mag Katzen lieber«, sagt sie jetzt und zeigt auf eines der Holzbretter mit einem Katzenkopf. »Ja, die sind auch schön! Sagen Sie, wo kommen Sie her, Sie sind doch nicht von hier?«»Ich bin aus Suffolk in England, mein Mann ist von hier. Vor fünfunddreißig Jahren kam ich nach Bacharach. Ich bin hier hängen geblieben.« »Die Welt ist so klein«, antworten wir. »Man trifft in New York seinen Nachbarn und wenn man wieder zuhause ist, jahrelang nicht, das ist doch merkwürdig, oder?«»Ich wollte immer in Südengland leben, vielleicht eine Schafzucht betreiben. In meiner Jugend dachte ich, ich würde für immer auf dem Land leben, verstehen Sie, was ich meine?«

Wir sehen uns weiter um, entdecken eine weitere Baumscheibe. »Haben Sie auch Kuckucksuhren?«»Nein, aber dafür kann ich Ihnen einen Weinverschluss zeigen, der aus Holz geschnitzt ist, mit einer Katze oder einem Hund als Motiv.«»Tatsächlich?« Sie reicht uns zwei Weinverschluss-Pfropfen, die wie ein Korken beschaffen sind, auf denen ein Hund und eine Katze sitzen. Sie sind gelb und rot bemalt. Der Hund muss ein Bernhardiner sein, er trägt ein Fass. »Die sind sehr hübsch! Was kostet einer?« »Acht Euro«, sagt die Frau. »Das ist nicht viel!« »Und welcher gefällt Ihnen besser?« »Die Katze, sie hat ein lustiges Gesicht!« »Es sind die beiden letzten…« »Wollen Sie Ihren Namen in das Holzbrett eingeritzt haben?« »Sie meinen, unter dem Schäferhundkopf?« »Ja, es muss nicht Ihr Name sein, vielleicht der Name Ihres Kindes oder Ihrer Frau?« »Das ist eine schwere Entscheidung, vielleicht lassen wir den Platz für den Namen einfach leer…« »Es kostet nichts extra!« »Ach so, wenn Sie meinen…« »Sie haben doch Kinder?« »Ja, mehrere.« »Und eine Frau? Wie heißen die Kinder und Ihre Frau? Glauben Sie nicht, ich sei neugierig!« »Darauf würden wir niemals kommen, es ist doch eine gewöhnliche Frage…« »Finden Sie? Da bin ich erleichtert. Und wie heißt ihre Frau nun? Bestimmt ist Ihre Frau hübsch? Sie denken jetzt sicher, ich würde Sie ausfragen wollen?« »Überhaupt nicht! Wollen Sie vielleicht wissen, was meine Frau beruflich macht?« »Ja, das würde mich sehr interessieren! Ist Ihre Frau vielleicht Anwältin oder Ärztin? Ärzte tun so viel Gutes!« »Finden Sie?« »Ja sicher… Mein Onkel William, der auch in Suffolk wohnte, war Kinderarzt. Er hat viele kranke Schulkinder geheilt von Mumps und Ziegenpeter, von den Röteln und ein Mal sogar ein Mädchen, das Scharlach hatte.« »Wirklich, da haben Sie ja großes Glück, einen solchen Mann in Ihrer Familie zu haben!« »Leider lebt Onkel William nicht mehr, er hatte ein schweres Leiden und starb im Alter von 73 Jahren.« »Das tut mir leid!« »Wollen Sie beide Figuren kaufen, auch den Hund?« »Ich glaube, wir nehmen nur die lustige Katze und das Holzbrett mit dem Schäferhund.« »Gerne, das macht 13 Euro!« »Das ist ja fast geschenkt!« »Finden Sie?« »Die Figur und das Holzbrett werden Ihren Kindern sicher gefallen!« »Das denke ich auch!« »Brauchen Sie noch weitere Mitbringsel, vielleicht für Ihre Frau?« »Danke!« »Und für die Kinder?« Wir blicken Richtung Ausgang. »Haben Sie schon unsere

Pinocchio-Figuren aus Holz gesehen? Soll ich sie Ihnen mal zeigen?«»Das ist sehr liebenswert!«»Alle unsere Holzfiguren kommen aus dem Schwarzwald von einer kleinen Schnitzerei.«»Ach wirklich, also ich finde, eine Figur ist schöner als die andere …«»Finden Sie?«»Sicher, mir gefallen alle. Wenn ich mich für eine entscheiden müsste, wäre das eine schwierige Wahl!«»Und haben Sie sich entschieden?«»Ich denke noch nicht, haben Sie herzlichen Dank.« Sie gibt das Wechselgeld raus und wir bedanken uns noch einmal.»Warten Sie, vor dem ersten Benutzen des Holzbretts müssen Sie es mit Olivenöl einreiben, um es zu imprägnieren.«

Wir stehen an der Straße, sehen zwei Gasthäuser auf jeder Seite und nähern uns einem alten Haus mit dem Schriftzug»Kurpfälzische Münze«. Vor dem Haus stehen Bänke, wir setzen uns unter einen Sonnenschirm. Ein Mann, der Kellner oder Wirt, kommt raus:»Wollt ihr was trinken? Hier habt ihr die Karte …« Wir nehmen Traubensaft und ein Glas Scheurebe, Flammkuchen und Handkäs mit Musik. Wir sind die einzigen Gäste, es ist gerade eins. Leute schlendern vorbei, kurz darauf zwei Japanerinnen. Wir lächeln sie an, sie bleiben stehen und blicken in den Aushang mit der Speise- und Getränkekarte. Welche deutschen Worte sie wohl kennen? Riesling, Sauerkraut und Schmalzbrot? Wie auch immer, sie nehmen Platz. Der Kellner oder Wirt, ein Typ, jünger als wir, kommt wieder raus, bringt unsere Getränke. Die japanischen Ladies bestellen auf Englisch Bier und Wein.»Schmeckts?«, fragt er und wir bejahen. Nirgendwo gibt es besseren Traubensaft als am Mittelrhein, er kommt frisch vom Winzer und schmeckt nicht nach Zucker und Farbstoffen, sondern ganz nach Frucht. Von der Scheurebe nicht zu reden, die zumeist zu den alten Reben gehört, ursprünglich eine Kreuzung aus Riesling und Silvaner. Wir befragen ihn, den jüngeren Typ. Warum nicht. Er ist der Wirt.»Ich mach den Laden mit meiner Frau, abwechselnd, ich mittags und sie am Abend. Manchmal hilft die Schwiegermutter mit, wenn viel los ist…« Er geht rein, fünf Minuten später bringt er die Speisen. Die japanischen Ladies bestellen Flammkuchen mit Lachs und einen Käseteller mit Brezel. Das Wort Brezel heißt überall auf der Welt gleich: Brezel oder Pretzel – das begreifen wir in diesem Augenblick. German Pretzels. Wir sind im Lande des Sauerkrauts und der Handkäs macht Musik! Die Scheurebe leuchtet im Glas, etwas zwischen grün und gelb. Wir notieren zufrieden von der Karte: »Nudings Alte Reben« aus Bacharach-Steeg. Eine wunderbare Scheurebe, die am Gaumen kitzelt. Ein Typ in Lederklamotten setzt sich an den dritten Tisch. Wir grüßen ihn. Der Wirt kommt und bringt ihm die Karte, er studiert sie und sagt dann:

»Ich nehme das Probier-Trio, feinherb und halbtrocken.«

»Sehr gern, das sind drei Weißweine 0,1 und ein Likörgläschen Beerenauslese«, antwortet der Wirt.

Wir sprechen den Gast direkt an, der freundlich zu uns herüberblickt.

»Bist du das erste Mal in Bacharach?«

»Ja, aber ich fahre das dritte Mal mit dem Motorrad am Rhein lang. Die Gegend hier ist einmalig schön…«

Er kratzt sich am Vollbart, ein junger Typ, weniger Rocker-Club als Friedensbewegung. Einer wie der junge Fußballer Ewald Lienen, denken wir.

»Und Bacharach ist das schönste Städtchen am Mittelrhein… Die Wege durch die Weinberge bis nach Oberwesel…« – er bricht ab.

Der Wirt bringt auf einem Tablett die vier Gläser. Er zeigt auf jedes Glas und sagt:

»Riesling Auslese halbtrocken vom Weingut Jost.«

»Grauburgunder feinherb vom Hahnenhof.«

»Scheurebe halbtrocken vom Weingut Bastian.«

»Und zu guter Letzt: Die Beerenauslese vom Weingut Ratzenberger. Bacharacher Kloster Fürstental. Auch Eiswein genannt.« Der junge Typ sitzt vor seinen vier Gläschen und nippt am ersten. Zum Wein hat der nette Wirt Salzstangen und Käsewürfel gebracht.

»Und wie schmeckt er?«, fragen wir.

»Ganz gut, irgendwie fruchtig und nicht zu herb.«

Er nippt am zweiten und dritten Glas, dann nimmt er einen größeren Schluck.

»Ich muss sagen, mit Wein kenn ich mich nicht so gut aus, stamme aus einer Biertrinkergegend, vom Niederrhein.«

»Das spielt doch keine Rolle, wir kommen aus Berlin, da wächst das Gras, aber kein Wein! Was machst du hier so den Tag über?«

»Bin mit dem Motorrad unterwegs und fahr am Rhein lang, einen Tag nach Bingen, den anderen Richtung Koblenz… Ich war auf so ziemlich allen Burgen an dieser Rheinseite, auf der Burg Klopp und Rheinstein… Die Burgen gehören jetzt meist reichen Leuten, das ist irgendwie doof, die machen damit, was sie wollen, hier ein Restaurant und da ein Hotel… Vieles bleibt für die Allgemeinheit verschlossen. Es ist einfach Kommerz geworden.«

Wir staunen und versuchen, etwas Gutes darin zu finden:

»Aber manches ist doch erhalten oder restauriert worden und steht dem Besucher offen.«

Er zuckt mit den Schultern.

»Das dachte ich auch, aber im Grund sind es Ruinen mit Aufbauten, so ne Art Trümmerkitsch!«

Wir schmunzeln noch, verstehen erst langsam, was er uns sagen will.

»Die Hälfte der Burgen wurden geschleift, ich hätte das auch nicht gedacht, jetzt sind es touristische Fallen, mehr oder weniger…«

Der Typ ist ein intellektueller Rocker denken wir still. Er nippt am vierten, dem kleinsten Glas.

»Wie schmeckt dir die Beerenauslese?«, fragen wir unverblümt.

»Ganz gut, so was Ähnliches hab ich letztes Jahr an der Mosel getrunken, Eiswein… War mit meinen Kumpels da, wir mit unseren Öfen, war geil!«

»Ihr Metallfreaks fahrt an die Mosel und nicht nach Wacken?«

Er lacht und kontert:

»Klar fahren wir nach Wacken, aber auch an die Mosel, wir sind beinah kultivierte Rocker!«

»Du warst auf dem Festival, als es regnete und nicht mehr aufhörte?«

»Doch am vorletzten Tag hat es nicht geregnet, es war einfach gigantisch, das Publikum, die Bands und der Matsch!«

»Wir haben gehört, dass das ganze Dorf und die Einwohner für die Metallfans da sind und alles ist einfach nur eine große friedliche Party und jeder ist willkommen?«

»Das ist einzigartig, die Leute kommen aus der halben Welt in ein Dorf nach Norddeutschland! Eine Meute von scheinbar hartgesottenen Kerlen, mit Nieten behangen und in Leder, mit rauschenden Bärten, und dann weinen die, wenn das letzte Lied gespielt wird… Die weinen, weil es so schön ist, weil es nach fünf Tagen vorbei ist… Und dann kommen sie wieder im nächsten Jahr, finstere Gesellen, dem Äußerlichen nach, aber innerlich noch immer Kinder, verletzlich und zornig, und manchmal auch sanft!«

Wir nicken zustimmend. Die japanischen Ladies sitzen in ihrer Aura und lächeln und ab und zu essen sie einen kleinen Happen und trinken einen Schluck. Und lächeln.

»Und was empfindest du, wenn du hier am Rhein bist?«

»Der Rhein ist ein Riese«, sagt er und trinkt nacheinander den letzten Schluck des ersten und zweiten Glases aus.

»Wir Menschen dagegen sind Erdmännchen, gegen den Vater Rhein bist du nichts. Im Lauf des Stroms sind Zeit und Geschichte gespeichert, sie bewegen sich ständig, und wenn wir längst nicht mehr sind, wird der Rhein immer noch fließen«, sagt er ein wenig altklug.

»Bist du nebenberuflicher Philosoph?«

»Wollt ihr mich auf den Arm nehmen?«, sagt er lachend.

»Ich bin Elektroingenieur!«

»Aber du hast recht, der Rhein ist mächtiger als wir alle zusammen.«

»Ja, leider ist heute mein letzter Tag hier…«

Der Wirt kommt, wir zahlen, nachdem wir das Innere des Gasthauses besichtigt haben. Die »Münze« ist eine herrliche alte Weinstube, die sich in einem Fachwerkhaus befindet, weiße Fassade mit braunen Holzbalken, mit einem Spitzdach und einem kupfernen Schild über dem Eingang zur Wirtschaft. Tritt man in die Gaststube, fühlt man sich zurückversetzt in ein längst vergangenes Jahrhundert. Die Butzenglasscheiben, die schmiedeeisernen Leuchter über den Tischen, die dunkle braune Täfelung der Wände – all dies erinnert einen an die Kaiserzeit, an die Zeit des Königs Ludwig von Bayern, der auch die Pfalz regierte.

Der Rabbi von Bacharach

In seinem Fragment »Der Rabbi von Bacharach« schrieb der junge Heinrich Heine: »Die große Judenverfolgung begann mit den Kreuzzügen und wütete am grimmigsten um die Mitte des vierzehnten Jahrhunderts, am Ende der großen Pest, die wie jedes andre öffentliche Unglück durch die Juden entstanden sein sollte, indem man behauptete, sie hätten den Zorn Gottes herabgeflucht und mit Hilfe der Aussätzigen die Brunnen vergiftet. Der gereizte Pöbel, besonders die Horde der Flagellanten, halbnackte Männer und Weiber, die, zur Buße sich selbst geißelnd und ein tolles

Marienlied singend, die Rheingegend und das übrige Süddeutschland durchzogen, ermordeten damals viele tausend Juden, oder marterten sie, oder tauften sie gewaltsam.« Natürlich konnte Heine nicht ahnen, was im zwanzigsten Jahrhundert geschehen würde, aber er wußte sehr genau, dass der Hass gegen das Judentum tief verwurzelt ist. Der blinde Hass auf ihren Glauben und ihre Gebräuche. Auf ihr Anderssein.

Wir brechen auf, die Weinberge zu erkunden, und haben Glück mit dem Wetter: Die Sonne scheint, es ist warm, aber nicht zu heiß für eine Wanderung. Von der kleinen Altstadt läuft ein Pfad direkt an den Rebgärten vorbei, wir sind knapp zwanzig Meter über Normal-Bacharach und blicken in die grüne Pracht. Es geht leicht steil hinauf zum Postenturm. Der Legende nach hat sich hier ein Getreuer Napoleons aufgehängt, wie getreu, ist nur zum Teil bekannt. Er war mit seinem Regiment an den Rhein gekommen und fand die Gegend entzückend, sogar liebenswert, so dass er in dem Städtchen in Dienst und Stellung kam. Er soll bei einem Handwerksmeister, einem Besenbinder, geschafft haben. Er soll redlich und treu gewesen sein. Doch eines Tages wollte man ihn der Stadt verweisen, er sei schließlich Franzose. Er sei ja wohl ein Fremdling, so viel sei klar, sagten einige Leute. Unter ihnen wohl auch einer der Stadtoberen. Er solle sich schleichen, sich vom Acker machen. Er solle das Weite suchen. Dabei mochten die einfachen Leute ihn, er war für sie einer von ihnen. Bereits nach wenigen Jahren hatten sie vergessen, dass er aus dem Tal der Rhône stammte. Er war einfach der »Gehülfe des Besenbinders«, was konnte daran schlecht sein, fragten sie sich.

Er ist eben »ein Franzos«, sagten einige in der Wirtschaft, wohlhabende Zecher und Weinbauern mit rot gedrechselten Nasen. Er ist eben als Franzos auf die Welt gekommen und also bleibt er auch ein Franzos und ist eben keiner von uns, aus, basta. Sagten sie.

Dass auch er von einem nahen Fluss kam, juckte sie wohl wenig. Dass sie den Mann derart beschämten, ahnte keiner. Dass dieser in einer Novembernacht zum Strick gegriffen haben soll, so wie es die Legende sagt. Er wollte lieber tot sein, als nicht mehr in dem bezaubernden Städtchen am Rhein leben zu dürfen. Wo sollte er hin, er war über zehn Jahre in den Krieg gezogen und nun auch bald zehn Jahre hier, ein redlicher Mann. Wie auch der Besenbinder-Meister gesagt haben soll. Er habe nie etwas genommen, was nicht ihm sei. Wo sollte er hin, wer wartete auf ihn sonst? – Der Postenturm, auch Katzenturm genannt, war einer von sechzehn Türmen, die der Stadtbefestigung dienten. Erbaut um 1400 aus Holz und Mauerwerk, erhielt er später eine Dachhaube. Heute ist er ein verlassener Posten, einzig ein paar Touristen verirren sich hin und wieder zu ihm und blicken von ihm auf das Städtchen und den Fluss. Wir laufen eine steile Treppe hinauf und erreichen ein weiteres Plateau. Der Weg, auch Orionstieg genannt, schlängelt sich, es geht noch einmal bergauf, bis wir die »Wolfshöhle« erreichen, eine der besten Riesling-Lagen: 30 Hektar auf Tonschiefer. Es geht bergab nach Steeg, einem dörflichen Ortsteil von Bacharach und hinauf zum »Heinrich-Heine-Blick«. In einer Weinhandlung, die einem Winzer aus Bacharach gehört, hatten wir nach der »Hitlerhöhe« gefragt, die erst vor ein paar Jahren in »Heinrich-Heine-Blick« unbenannt wurde. Wie das gewesen sei mit dem Namen während des Krieges und danach. Er verzieht keine Miene und antwortet leicht verschmitzt:

»Viele Leute hier nannten den Ausblick hinter vorgehaltener Hand nach dem Krieg immer noch ›Hitlerhöhe‹, es war wohl so im Sprachgebrauch, das darf man nicht überbewerten, es waren nicht alles Parteimitglieder!«

Von der »Wolfshöhle« gehen zwei Wege weiter, wir nehmen den Weg, der uns zum Ausblick auf den Rhein führen wird. Wir können uns nicht sattsehen an den Reben, die Trauben hängen nicht hoch. In wenigen Wochen könnte man sie verkosten. Wir wissen, wie gut sie schmecken, die roten und weißen Trauben, ein unglaublicher Geschmack, meilenweit entfernt von jeder Weintraube, die als Obst im Supermarkt verkauft wird. Hier in dieser gesegneten Landschaft, die im Boden das Beste gedeihen lässt – immer wieder scheint es wie ein kleines Wunder, dass an diesen Steilhängen das grüne Laub der Reben wächst und ihre Beerenfrucht. Wir erahnen, wie viel Arbeit und Hingabe nötig ist, bis der Wein getrunken werden kann. Wir blicken auf den Fluss, an jener Stelle, wo vor über siebzig Jahren das Hakenkreuz prangte. Uns ist nicht feierlich zumute, obwohl der Blick von hier oben das Herz weitet. Wir sind begeistert und euphorisiert vom Blick auf den Rhein, der freien Sicht auf das bewegte Wasser, auf die Inseln, das Ufer, die Orte am Fluss. Es ist unerträglich, sich vorstellen zu müssen, dass man seinerzeit vom Fluss aus das Symbol der Nazis sehen musste, riesengroß, jeder Schiffer und Reisende sah es; dass Bacharach »die Stadt unter dem Hakenkreuz« genannt wurde.

Wir wandern zurück, nehmen den Weg nach Steeg. Es geht einen Pfad steil hinab, ein Hinweisschild: BETRETEN DER WEINBERGE VERBOTEN! Erinnert den Wanderer an den falschen Tritt, womöglich in den Weinberg zu stürzen und sich den Hals zu brechen und auch, dass Passanten im Wingert nichts zu suchen haben, da die Gefahr besteht, dass die Reben in Mitleidenschaft gezogen werden könnten. Dies leuchtet ein. Gleichsam ist das Naschen von ziemlich reifen Trauben kurz vor der Lese nicht erwünscht, obwohl der lebensfrohe Wanderer sich an ein paar bereits reifen Trauben gern erlabt. Der Pfad geht in einen schmalen Asphaltweg über, es geht jetzt leicht bergan, weiter in Richtung Steeg. Unter und über uns die steilen Hänge mit saftigem Grün. Der Sommer war zu trocken, das Frühjahr zu nass, keine leichte Saison für die Winzer. Bald werden die Rebzeilen gelb und rotbraun leuchten, wie in einem indianischen Sommer, im Kontrast zum grün-dunklen Wald, der gegenüberliegt. Wir gehen den schmalen asphaltierten Weg weiter, in ein schönes, helles und warmes Abendlicht gehüllt. Inmitten dieses Rebenmeeres, das nicht aufzuhören scheint. Vor uns tauchen die ersten Häuser der Ortschaft auf. Vor einem Haus stehen zwei junge Frauen, die eine hat blond-rot gefärbte Haare, beinah wie die Nationalflagge, würde man noch schwarz dazu sehen. Die andere trägt lila Leggins. Aus dem nahen Wingert Motorengeräusche, ein leichtes Knacken. Vielleicht beginnt schon in wenigen Tagen die Lese? Das Abendlicht blendet von vorn. Der Weg endet am Ortseingangsschild. Nach fünfzig Metern das Gasthaus »Zur Alten Mühle«, vor ihm sitzen drei Männer unter einem Erdinger-Weißbier-Schirm. Einer von ihnen isst etwas, die anderen warten vermutlich auf die Bestellung. An einem anderen Tisch sitzen zwei weitere Männer und eine Frau. Ein Schild weist zur Jugendherberge »Burg Stahleck« – wir sehen ein Einfamilienhaus mit Terrasse, auf ihr eine gehisste Deutschlandfahne. Zur rechten ein Aufsteller: BESUCHEN SIE DAS WEINDORF STEEG. DREI MINUTEN FUSSWEG. ES ERWARTEN SIE GEPFLEGTE RESTAURANTS, HOTELS UND CAFÉS. Das wollen wir sehen. Laufen die Straße weiter, an der linken Seite Häuser, ein Balkon mit einem größeren Elektrogrill. Das nächste Haus ziert ein Abbild von einem Mönch und heißt: HAUS MÖNCH. Ein Motorradfahrer kommt uns entgegen. Das nächste Haus trägt die Aufschrift: ERBAUT ANNO 1913, es sieht leicht verfallen und unbewohnt aus. Werbung für eine Fenster- und Türenfirma, die vielleicht hier ihr Büro hatte. Linker Hand ein Gottesacker, der zwei Abschnitte hat, die getrennt werden von einem schmalen asphaltierten Weg. Wir sehen die Wasserholstelle, die obligatorischen Plastikkannen in anthrazit, die man ausleihen kann. Auf dem Weg stehen zwei Frauen und ein Mann, es ist ein sehr kleiner Friedhof mit schätzungsweise einhundertfünfzig Gräbern. Hier ist noch genügend Platz für weitere Steeger und Bacharacher, die zur Ruhe gebettet werden können. Im Abschnitt zwischen den Grabreihen befindet sich ein Holzkreuz, an das ein Blumenstrauß gelehnt ist. Ein frisches Grab vor einer Wiese, zwei Bäume. Der Schaukasten mit der »Friedhofsordnung«, die 2014 neu festgesetzt wurde. Es ist untersagt, 4. zu lärmen und zu spielen sowie 5. Tiere unangeleint herumlaufen zu lassen. Hinterlassenschaften sind zu unterbinden sowie 6. Abfälle auf den dafür bestimmten Stellen abzulagern.

Es geht leicht bergan, die Abendsonne sinkt tiefer. Auf der rechten Seite eine Mauer, über der sich eine Wiese mit Obstbäumen öffnet. An einer Garage ein alter Kaugummiautomat, der vermutlich nicht mehr genutzt wird. Hier kann man für 50 Cent Kaubonbons kaufen, deren Haltbarkeitsfrist aller Wahrscheinlichkeit nach abgelaufen ist. Am Straßenrand stehen Mülltonnen mit der Aufschrift JAKOB BECKER sowie gelbe Kunststoffsäcke, eine schwarze Tonne. Anscheinend wird morgen der Müll abgeholt, die Tonnen mehren sich. Ecke Blücherstraße taucht ein älteres Haus auf aus dem JAHRE 1898, der Nachname auf dem Gebäude ist unleserlich. Ferienwohnungen und GÄSTEZIMMER MIT FLAIR bei der »Familie Kachel«. Flohmarktartikel werden zum Verkauf angeboten, die in fünfzehn großen Kisten vor dem Haus stehen.

Inhalt: Haushaltswaren, Weingläser, Taschenbücher, Porzellantassen, Elektronikartikel, Schmuck, Telefon, Bügeleisen, eine ISDN-Anlage, Kleinmöbel und ein Esstisch mit sechs Stühlen, ein Sideboard, ein Schuhschrank, Beistelltischchen. Außerdem große Mengen Damen- und Herrenbekleidung »für Sommer und Winter«, in kleinen und großen Größen, Kleider, Röcke, Blusen, Hosen, Hemden, Shirts und Mäntel. »INTERESSE?? Wenn ja, bitte bei Kachel klingeln oder anrufen. Preise, alles verhandelbar!!«

In der »Steeger Weinstube«, die anscheinend geschlossen ist, sind GÄSTEZIMMER FREI – ein HAUS GEPFLEGTER GAST-LICHKEIT IM LANDKREIS MAINZ-BINGEN. Spezialität des Hauses: »Steeger Winzerbraten mit Hausmacher Kartoffelklößen und Salat für 12,80 €«. Das Gasthaus ist am frühen Abend geschlossen. Inhaber »Familie Sturm« bietet Busservice und Gästezimmer. Über dem Eingang des Hauses ist eine von Wind und Regen verwaschene und verschlissene Deutschlandfahne gehisst. Auf der gegenüberliegenden Seite eine in die Wand eingelassene Weintonne, ein Fass. Auf dem Gehsteig stehen ein paar Frauen, die sich unterhalten.

»Guten Abend!«

Es sind genau vier Frauen, die miteinander reden. Ein Haus weiter befindet sich das »GASTHAUS BEI DER POST«, eine Terrasse mit Bitburger-Werbetafel. Die Wirtschaft ist geschlossen, der Kasten mit dem Speise- und Getränkeangebot bleibt leer. Am Gebäude ein Schild mit einem Postmann, der in ein Posthorn bläst und einen lustigen Hut trägt. Die Hausnummer 159 wirkt verlassen. Es klebt ein Zettel am Glas: BITTE KEINE WER-BUNG. Wahrscheinlich leben noch Menschen im Haus. Wir laufen weiter, blicken in ein Schaufenster mit Weinflaschen, die für ein Weingut werben. Riesling, Spätburgunder, Spätlese. Die Empfehlung ist ein »2015er Steeger Sankt Joost Riesling Spätlese halbtrocken«. Dann stehen wir unvermittelt vor dem »Historischen Weinhotel Blüchertal«. Wir sehen Blücher auf einem weißen Pferd, wie er durch die Landschaft, das sogenannte Blüchertal, reitet. Ihm folgen auf einem bräunlichen und rötlichen Schimmel ein Offizier und ein weiterer Adjutant. Der General befindet sich im Vordergrund des Bildes, er reitet herrschaftlich auf dem weißen Pferd. Die Kirchenglocke schlägt sechs. Das

Hotel wirkt nicht völlig ausgestorben. An der Tür hängt ein Blatt Papier: WIR SIND IM WEINGUT HAUSNUMMER 156 GARAGENTÜR, 50 METER. Zum Weinhotel gehört eine Weinprobierstube, auf englisch TASTING ROOM, mit ökologischen Weinen und dem Blücher-Saal, »einem Kunst- und Kulturfestsaal mit bis zu hundert Plätzen, ferner Likörspezialitäten« etc. Eine ältere Dame sitzt auf einer Bank.

»Guten Abend!«

Es ist schattig geworden und kühler, die Dame zieht die Ärmel der Strickjacke nach unten. Gegenüber eine kleine Werkstatt, vor ihr sind orangene Plastikwannen gestapelt. Die Glocke schlägt noch immer. Vor uns ein Spielplatz, zwischen zwei Häusern, auf ihm befindet sich niemand: kein Kind, kein Erwachsener. Zwei Schaukeln, ein Klettergerüst, eine Wippe, eine zweite Wippe, eine Rutsche – alles in Holz, ein schöner Platz, direkt unter dem Wald, der Kinder unter 12 Jahren zum Spielen einlädt mit der »Zustimmung der Erziehungsberechtigten und auf eigene Gefahr«. Ein Aushang kündigt eine Kleidersammlung für Bethel durch die Evangelische Kirchengemeinde an. Was kann in die Kleidersammlung? »Gut erhaltene Kleidung und Wäsche, Schuhe, Handtaschen, Plüschtiere und Federbetten, jeweils gut verpackt, Schuhe bitte paarweise bündeln. Nicht in die Kleidersammlung gehören: Lumpen, nasse, stark verschmutze oder beschädigte Kleidung und Wäsche, Textilreste, abgetragene Schuhe und Einzelschuhe, Skischuhe, Gummistiefel, Klein- und Elektrogeräte…« Einen Liederabend und die Kleine Nachtmusik von Mozart, arrangiert für die Orgel, haben wir verpasst. Die Termine liegen bereits in der Vergangenheit. Die Glocke läutet seit acht Minuten. Ein Mann steht vor seinem Opel allein in einer Garage. Vor uns die Kirche von Steeg, ein wenig imposanter Bau, wie es auf den ersten Blick scheint.

»Guten Abend!«

»Suchen Sie etwas Bestimmtes?«

»Danke, wir nehmen und schreiben nur alles auf. Wissen Sie, wann die Straußwirtschaft »Zur Fledermaus« geöffnet hat?«

»Die hat heute geschlossen. Nur Samstag und Sonntag.«

»Ach ja, danke!«

Wir stehen vor der Kirche. Auf der Bank neben dem Gebäude sitzt ein Mann mit Hut und lächelt, er hat die Füße auf seinen Rollator gestellt. Er ruht aus. Wir laufen durch ein Tor über den Kirchhof auf ein Denkmal zu. Ein aufrecht stehender Soldat, der den Kopf leicht nach unten gesenkt hat. Er hält mit der linken Hand einen Tornister, ein Schlachtmesser hängt an seinem Koppel. Ferner ein Gewehr, das auf dem Boden aufgesetzt ist. Er trägt Stiefel, eine Uniform. Ein deutscher Soldat aus dem Ersten oder Zweiten Weltkrieg. Sein Helm ist stark bemoost, er steht schon länger an dieser Stelle, sicher Jahrzehnte – der Witterung schutzlos ausgeliefert. Auch der Tornister und die Schulterstücke weisen grüne Rückstände auf. Die Hände vor seinem Gesicht sind mit Spinnweben behangen, er blickt voll Trauer und beschämt auf den Boden. Die Mundwinkel hängen herab, die Augen sind groß und leblos. Am Sockel die Aufschrift: ZUM GEDENKEN 1914–1918 / 1939–1945. Dahinter ein Mauerrondell mit den Namen der Gefallenen, knapp über hundert Namen. Von Augstein, Heinrich – gefallen 27. 11. 1914 – bis Kroff, Franz – gefallen 20. 7. 1944.

Ein blauer Mercedes mit Mainzer Kennzeichen fährt an uns vorbei. Der Mann mit dem Rollator, der in sich hinein lächelte, bewegt sich über die Straße. »Heute Frischer Federweißer« steht mit weißer Kreide auf einer Tafel geschrieben. Wir erreichen die Pforte des »Weinguts Nuding«. Wir klingeln und eine noch junge Frau öffnet uns.

Hochwasserstandsmeldung

»Guten Tag, wir möchten bei Ihnen Wein kaufen!«

»Sehr gerne, was darf es sein?«

Wir treten in ein Wohnzimmer, auf den Tischen stehen Flaschen und Gläser. Wir setzen uns nicht und sagen rasch:

»Ihre trockene Scheurebe schmeckt hervorragend, deshalb sind wir hier!«

Die Frau freut sich, sie spricht mit leicht osteuropäischem Akzent, und sagt:

»Ich werde es meinem Mann ausrichten, er ist Winzer seit vielen Jahren. Wollen Sie noch etwas anderes probieren? Wir haben Rieslinge und Spätburgunder, auch eine eigene Brennerei.«

»Heute nicht, vielen Dank!«

Wir kaufen drei Flaschen, zahlen und danken freundlich. Im Hof steht ein kleiner Traktor, eine Erntemaschine. Wir laufen zurück nach Bacharach. Ein Junge mit einem Mountainbike begrüßt den Mann am Rollator, der wieder auf der Bank an der Kirche Platz genommen hat, mit einem »Hallo!«.

Auf unserem Weg passieren wir ein renoviertes Fachwerkhaus, das ursprünglich 1654 erbaut wurde. SO GOTT ZUM HAUS NICHT GIBT SEINE GUNST, SO ARBEITET JEDER MANN UMSONST. Ein falscher Reim – trotzdem ist dieser Spruch am Fachwerkhaus in der Blücherstraße 182 angebracht worden. Wir laufen wieder an den Garagen vorbei, eine steht offen, eine junge Frau steht darin vor ihrem Opel Astra. Auf der anderen Straßenseite das bekannte »Weingut Ratzenberger« – Mitglied im Verband deutscher Prädikats- und Qualitätsweingüter, kurz VDP genannt. Wir gehen weiter Richtung Bacharach.

»Hallo!«

Die ältere Dame mit der blauen Strickjacke sitzt noch immer auf der Bank. Sie blickt leicht verkniffen. Wir begegnen einem Mann mit einem Hund an der Leine, der einem Boxer ähnlich sieht.

»Hallo!«, sagt er.

Wir erwidern den Gruß.

Eine Frau mit einem Hund, kein Huskie, und einer Plastiktüte in der Hand passiert die Straße. Bis Bacharach ist es noch gut 1 Kilometer. Uns begegnen noch zwei weitere Personen, ein Mann und eine Frau. Auch wenn Steeg den Eindruck macht, dass es schon bessere Tage erlebt hat, kann man doch nicht abschließend sagen, wie lebendig oder ausgestorben dieser Ort ist. Er ist still am Wald gelegen, hinter den Häusern liegen großzügige Grundstücke mit Obstbäumen und Wiesen. Ein Ort mit Lebensqualität, nah am Wald, in der Stille und nah am Gottesacker, einzig gestört vom Verkehr der hindurchfahrenden Fahrzeuge. Hier kann man seine Lebenszeit in Ruhe und Frieden verbringen. Alles andere erscheint abwegig. Wir erreichen alsbald wieder den Friedhof, jetzt menschenleer. Ein Hund bellt. Wir laufen noch einmal am Gasthaus »Zur Alten Mühle« vorbei, alle Tische sind belegt. Links zwei größere Garagen mit der Aufschrift: BACCHUS REISEN. Ein Busunternehmen. Zu lesen steht an einer Hausfront: VOM UNGLÜCK ZIEH AB DIE EIGENE SCHULD, WAS ÜBRIG BLEIBT, TRAG MIT GEDULD. Ein gelungener Endreim mit echter Weisheit. Das Ortsschild von Bacharach taucht auf. Ein Bächlein rauscht durch einen Vorgarten, ein Mann in Arbeitsstiefeln läuft über den Hof. Verkehr von vorn und hinten. Der Blick hinauf zum Wald, ganz nah das kleine Bächlein, sein Rauschen. Neben uns ein blaues Haus: ELENAS MUSIKSCHULE.

»Hallo!«

Der Bach rauscht unter uns.

»Hallo!«

Wir sind nur noch etwa 500 Meter von unserer »Pension im Malerwinkel« entfernt. Die Wingerte laufen steil zum Horizont. Wir erblicken ein Freiluftaquarium mit drei Schildkröten. Eine von ihnen, die kleine, sitzt auf dem Panzer einer größeren Schildkröte. Wahrscheinlich sind es keine Suppenschildkröten und sie gehören zu Kindern. Es ist Abend geworden, der Himmel leicht bewölkt, überwiegend blau. Auf der anderen Straßenseite das Gebäude der FIRMA RHEINTALREISEN – Omnibusbetrieb, Taxi, Mietwagenverleih. Davor stehen zwei Taxen mit Mainzer Kennzeichen. Balkone mit obligatorischen Blumenkästen, Geranien, und einem Gartenzwerg.

»Gesundheit!«

Eine Frau niest laut.

Gleich erreichen wir das Stadttor und den Malerwinkel. In dieser friedlichen und frohen Abendstimmung. Links das HAUS GISELA und rechts die PENSION WINZERHAUS. Daran anschließend DAS HOTELCAFÉ BURG STAHLECK mit dem GÄSTEHAUS STRÖTER. Es sind doch noch knapp vierhundert Meter bis zum Malerwinkel, wie wir bemerken. Die PENSION WINZERHAUS bietet Zimmer ab 29,50 € pro Person. Einzelzimmer ab 35 € inklusive Frühstück. Günstige Preise für Reisende. Man schläft sicher gut, direkt an Wald und Wingert, mit angekipptem Fenster, und gesund, bei dieser guten frischen Nachtluft! Es folgt das GÄSTEHAUS ZUR TRAUBE, es gehört dem Weingut Hans-Joachim Joost und besitzt eine Weinstube, die ZUR TRAUBE heißt, und einen Weinverkauf. Plötzlich tauchen Menschenmassen auf, sie gestikulieren, reden und lachen laut. Wir können das Ziel sehen, unsere Pension »Zum Malerwinkel« – die mit Abstand schönste und freundlichste Pension in Bacharach, in der wir ein Zimmer haben. Und einen freundlichen Herbergsvater!

Abends wollen wir etwas Gutes essen gehen. Wir waren am Tag zuvor schon im »Posthof« gewesen, da ging es zackig und das Essen war gut genießbar, wenn auch eher durchschnittlich. An der Stadtmauer gibt es zwei empfohlene Restaurants, zu denen wir aufbrechen. Für eines werden wir uns entscheiden und studieren die Menükarte von außen. Wir sind so wenig verwöhnt, wie wir Karotten raspelnde Kostverächter sind. Wir möchten etwas mit Liebe oder zumindest Hingabe Angerichtetes, es kann vom Feld oder Wald kommen, es kann geschwommen und gelaufen sein oder einfach gewachsen sein. Es kann gern ganz aus der Nähe stammen, es muss nicht um die Welt gereist sein. Das erste Restaurant haben wir hinter uns, eine solide Karte, sicher eine Möglichkeit, aber wir schauen weiter. Das zweite, ein Hotelrestaurant, empfiehlt die Vorspeisenplatte »William Turner« – Leckeres vom Mittelrhein. Ansprechend finden wir das, nicht ohne Witz. Es wird unter dem Namen des berühmten englischen Malers »Steeger Hinkelsdreck mit Riesling Trauben-Gelee« kredenzt und weitere Schmankerl wie »Forellen-Sushi Wisperwind« und »Salami von der Mittelrhein-Ziege«. Das klingt aufregend regional und nachhaltig. Wir staunen nicht schlecht. Als Hauptgang wahlweise »Bacharacher Rieslingbraten à la Clemens Brentano« oder »Rheinischer Sauerbraten vom Wildschwein à la Heinrich Heine«. Als Nachspeise empfiehlt sich eine Rieslingcreme mit Johannisbeermark. Wir finden das höchst spannend, geradezu aufregend. Dass bei der Aufzucht von Schweinen an die deutsche Romantik gedacht wird, ist nahezu grandios. Ein interessanter pädagogischer Ansatz, eine neue Methode von Mast und artgerechter Tierhaltung. Man liest den Schweinen Verse von Heine und Brentano vor, so werden sie nicht nur fett, sondern auch gebildet! Heine fände das von allerhöchstem Witz, wir stellen uns sein Pariser Gelächter vor, wie ein grausiges Lachen aus dem Grab dringt. Der arme Henry! Und Clemens, der Mietnomade und missionierende Katholik, sein Werk wird den Schweinen zum Fraß hingeworfen! Nein, so weit lassen wir es nicht kommen, da machen wir nicht mit. Wir ziehen ab und latschen in die »Münze«, bestellen Flammkuchen und Käse, guten Appetit!

DIND DONG, wieder der Zweiton. Wir werden ihn irgendwann nicht mehr hören wie das Signal des Türenschließens in öffentlichen Verkehrsmitteln, die man oft benutzt. Nächster Ort, nächstes Schloss, erbaut dann und wann, jetzt genutzt als dies und das. Ende der Durchsage. Einige Kilometer weiter fliegt uns flach ein Hubschrauber entgegen, dreht eine enge Kurve, dreht ab auf einen Wingert zu und verteilt dort, Schleifen fliegend, Schädlingsbekämpfungsmittel. Die meisten Passagiere sitzen in Liegestühlen und dösen, hören Musik, lesen. Der Franke, der es gestern Abend gut fand, dass Muttersöhnchen bei der Bundeswehr geradegestellt werden, torkelt mit einem Bierglas in der Hand unter den Piratenflaggen aus Plastik um 12:10 Uhr Ortszeit gegen einen Pflanzenkübel. Eine durchaus präzise Leistung, da es überhaupt nur drei Pflanzenkübel an Bord gibt. Ein ICE scheppert auf römischer Seite, auf der barbarischen Seite werden dreihundert fabrikneue Volkswagen in Kleinfamiliengröße transportiert.

Was muss es für ein Bild gewesen sein, als hier unter Kaiser Julian die Schiffe einer der umfangreichsten Flottenverbände des Römischen Reiches, die »Classis Germanica«, entlangfuhren und die Sicherheit der Handelsschiffe überwachten. 600 Schiffe zählten dazu.

Auf dem romantischen Mittelrhein

Steuerbord ein kleiner Campingplatz direkt am Wasser, 15 Dauer-camper, einige kleine Zelte, 7 Fahnen, Deutschland übertrumpft Holland mit 6:1. Wir stellen uns für einen Moment vor, wie es wäre, für ein oder zwei Tage dort zu wohnen, abends am romanti-schen Mittelrhein zu sitzen, auf das Wasser zu sehen. Eine herr-liche Vorstellung. Aussteigen, wir würden hier so gern aussteigen! In dem Rotweindorf Assmannshausen zwischen den Rebstöcken spazieren, die Hänge hinauf, die Sonne im Nacken und das Rhein-gau allein entdecken, einen kleinen Gasthof aufsuchen, in dem die Welt, und zwar die ganze, noch in Ordnung ist, die Tischdecken weiß und rein und unschuldig. Wo wir morgens von der Sonne geweckt werden. Aber nein, die MS Regina fährt und fährt, Kilo-meter für Kilometer mit stetigen 10,6 km/h Richtung Schweiz, und wollen wir etwas allein sein, suchen wir unsere Kabinen auf.

In der ersten Reihe der aufgereihten Liegestühle liegen drei Frauen. Die Dünnste redet auf die anderen beiden ein: »Ah, schaut mal, jetzt fahren wir an einem Lokal vorbei, könnt ihr nicht sehen, geht da leicht den Berg hoch und dann rechts. Da hatte ich ne Feier, da waren dreißig, das is ja nich viel bei ner Hochzeit. Die meisten wissen ja mit sich gar nichts anzufangen und da musste Stimmung machen. Na ja, und dann war die Braut weg. So ne Hochzeit kos-tet Geld, ein Schweine-Geld, und dann sind die Gäste weg. Die wollten nicht warten. Bei denen paar, die ich noch hatte, ging der eine am Stock, der andere hatte was an der Hüfte. Na, dann mach ma was mit so'n paar Leutchen, mach mal mit denen was! Unmög-lich! Die waren eh schon stinkig, dass die Braut weg war, die war aber nicht nur eine Stunde weg, drei Stunden war die weg, vier Stunden. Der Bräutigam war auch weg, und als die wieder kamen, hatte die in ihrem teuren Kleid so ein großes Brandloch, könnt ihr euch vorstellen, wad dat für ne Stimmung war. Und das Geld ist weg, ne? Der Brautvater kam dann irgendwann zu mir und sagte: ›Machen se Schluss, hat ja keinen Zweck!‹«

»Oh«, sagen die beiden anderen.

DING DONG, Mittagessen. Wir sehen zu acht aus dem Fenster. Eine steile Weinlage zieht vorbei.

»Schau mal«, sagt der Kölner zu seiner Frau und zeigt mit dem Finger nach draußen, »ein Weinberg!«

»Ja, schön«, sagt seine Frau.

»Das ist wirklich sehr schön«, sagt eine Fränkin und die andere nickt.

»Wirklich sehr, sehr schön, wie das aussieht, schön«, sagt der Kölner.

»Jaaah«, sagt seine Frau in sehr warmer Stimmlage.

»Schön«, sagen auch beide Franken und nicken.

Wir zwei, die wir gegenübersitzen, sehen uns an und müssen uns gar nicht mehr zusammenreißen, nicht laut lachend vom Stuhl zu kippen. Diese Art von Gespräch ist uns schon derart vertraut, dass wir fast darauf warten, dass jeder mal, der an diesem Tisch das Besteck benutzt, mindestens ein Mal während der eingehenden Betrachtung eines Hügels oder Tieres das Wort »schön« benutzt, weil wohl alles andere auch etwas zu viel wäre und einer Öffnung seines Innenlebens gleichkäme.

»Gefällt es Ihnen an Bord?«, fragen wir. Ach ja, na klar, es ist schön. Wir, sagen wir, finden es auch schön. Die sechs nicken.

Hatto und der Mäuseturm

Kurz vor Bingen fahren wir auf einen Turm zu. Er steht fast mittig auf einer kleinen Insel. Mainz, das nahe Mainz, war seit langen Zeiten eine wohlhabende Stadt, die von Handel und Gewerbe lebte. Hatto I., der dort vor über 1100 Jahren lebte und Bischof war, wusste die Händler und Handwerker zu schröpfen. Die Landbevölkerung hatte ihm ein Zehntel seiner Erträge zu überlassen, selbst bei Missernten. Da die wenigsten über Geld verfügten, brachten sie ihre Steuern in Form von Getreide und Wein in die Stadt. Diese Güter, die sich geradezu stapelten, wurden in einer riesigen Scheune gesammelt. Hatto war so gierig, dass er beschloss, auch die an Mainz vorbeifahrenden Schiffer abzukassieren. An der kleinen Insel, an der wir vorbeifahren, reichen zu beiden Flussseiten Felsstufen unter dem Wasser in die Fahrtwege. Viele der Schiffer machten dort fest, stiegen aus und beteten um eine gute Fahrt, bevor sie sich auf den wilden Rheinabschnitt wagten, in dem immer wieder Boote an den Felsen zerschellten oder kenterten. Hatto ließ auf dieser Insel einen Turm errichten, in dem er Zöllner postierte. Die Schiffer waren darüber wütend und schimpften. Hatto fuhr von Mainz nach Bingen und auf das Inselchen, stellte sich auf den Turm und lauschte schadenfroh dem Geschimpfe. Einige Jahre nach Einführung dieser Maut kam es zu wochenlangem Starkregen, der das Getreide und die Weintrauben vergammeln ließ. Die Landbevölkerung hungerte, doch Hatto bestand auf die ihm zustehenden Abgaben. Kinder und Alte starben, Krankheiten brachen aus. Wütend und verzweifelt zogen die Menschen nach Mainz und forderten von Hatto Korn und Wein. Hattos Lagerräume waren prall gefüllt, er saß bei Tisch, speiste, trank Wein und rief: »Lieber füttere ich die Mäuse damit, als Euch etwas davon abzugeben!« Die versammelte Menge wurde rasend vor Wut. Sie sammelten Balken und Mistgabeln, um den Bischofspalast zu stürmen. Die Menge war so groß und gewaltig, dass Hatto die Befürchtung hatte, sie könnte in den Palast eindringen. Er ging auf den Balkon und rief der Menge zu: »Bevor Ihr verhungert, geht zu der Scheune und nehmt so viel, wie Ihr tragen könnt!« Die Menge jubelte und machte sich auf den Weg. Die Menschen trauten ihren Augen nicht. Berge aus Getreide, Pyramiden aus Weinfässern. Sie waren gerettet! Doch sobald alle die Scheune betreten und sich

Hatto ließ auf der Insel einen Turm errichten.

gegenseitig mit Nahrung und Wein beladen hatten, ließ Hatto die Scheune von außen verriegeln und anzünden. Die Menschen heulten vor Angst und Wut. Sie wurden von brennenden, herunterkrachenden Dachbalken erschlagen, erstickten oder verbrannten bei lebendigem Leib. Die Mäuse jedoch, die zu hunderten und tausenden in der Scheune lebten und sich von dem Korn ernährten, flüchteten durch die schmalsten Ritzen, die noch so kleinsten Löcher. Auf der Suche nach Futter drangen sie in den Palast ein und fraßen alles leer. Hatto bekam Angst, ihm fiel der Turm in der Mitte des Flusses ein. Er flüchtete nach Bingen, rannte zum Ufer, doch die Mäuse folgten ihm. Selbst in den Kahn, mit dem Hatto hinübersetzte, sprangen sie zu hunderten. Tausende folgten ihm schwimmend, viele ertranken, weitere folgten. Sie sollen ihn im Turm bei lebendigem Leib gefressen haben. Seither wird der Turm Mäuseturm genannt.

Bingen

Feuer, Luft, Wasser, Erde sind im Menschen,
aus ihnen besteht er. Vom Feuer hat er die Wärme,
Atem von der Luft, vom Wasser Blut und von
der Erde das Fleisch; in gleicher Weise auch vom Feuer
die Sehkraft, von der Luft das Gehör, vom Wasser
die Bewegung, von der Erde das Aufrechtgehen.

Hildegard von Bingen

Als wir mit dem Schiff in Bingen anlegen, regnet es. Es ist einer dieser Frühsommertage, die plötzlich unerwartet in den Herbst kippen, denn es ist von einem Moment auf den anderen kühl geworden. Wir ziehen die Regenjacken an, schlüpfen in festes Schuhwerk. Unter einem grauen Himmel liegt jetzt die Innenstadt, die in zwei Teile geteilt ist, zwischen denen die Nahe fließt. Zwei Brücken verbinden die Stadtteile Bingen und Bingerbrück miteinander. Auf der Promenade, an der die Fähr- und Ausflugsschiffe ankommen, stehen Touristengruppen unter Schirmen; der Regen, der seit den frühen Morgenstunden gefallen ist, hat den Horizont verändert, die Sicht auf die Dinge und das Dahinterliegende. Über den Weinbergen liegt ein dunstiger Film, der Frühnebel ist nicht gänzlich verflogen.

Was uns als Erstes ins Auge sticht, dahin wenden wir uns. Gleich hinter den Anlegestellen steht ein großer Gedenkstein, eine mächtige Stele für die Soldaten des Ersten Weltkriegs, drei übereinandergesetzte Quader mit der Aufschrift:

»Res. Inf. Regiment 17
(das Reichskreuz)

1914 – 1918

76 Offiziere
2764 Unteroffiziere
und Mannschaften
fielen für das
VATERLAND«

Wie viele Menschen, die in den Krieg gezogen sind, starben vollkommen sinnlos für das Vaterland. Dieses Vaterland zettelte zwei Kriege an, so müsste es eigentlich heißen. Das Vaterland schickte diese meist jungen Männer in einen verheerenden Tod durch Granaten, Giftgas und Gewehrschüsse, durch das Bajonett oder einfach durch Erfrieren und Verhungern; gestorben an der Ruhr, an Fieber, tödlich verwundet, oder wenn einer überlebte, zum Krüppel gebombt, seelisch zernarbt und innerlich abgestorben. All dies könnte ein Denkmal erzählen, es wäre die Erinnerung wert. Ein Gedenkstein, der nicht an Helden erinnert, denn es waren keine Helden. Es waren Menschen voller Hoffnung, Angst und Schrecken, die einem martialischen Tod ins Auge sahen. Die Stadtväter von Bingen scheinen dies vergessen zu haben – oder verleugnen sie den Grund für Krieg und Gewaltherrschaft?

Wir ziehen die Kapuze über den Kopf und gehen Richtung Marktplatz. Wir passieren den Bahnübergang, der sich an der »Hindenburganlage« befindet, bleiben plötzlich wie angewurzelt stehen. Wir sind noch entsetzt von der Gestrigkeit des eben gesehenen Kriegerdenkmals. Und nun dies: »Hindenburganlage«. Jeder halbwegs Gebildete weiß, dass Reichskanzler Paul von Hindenburg die Nazis an die Macht gehievt hat, indem er Adolf Hitler zum Reichskanzler ernannte. Er hat sich von Hitler ausnützen, manipulieren oder zumindest verführen lassen. Er hat mehr Schuld als Verdienst auf sich geladen. Wie kann ein öffentlicher Platz oder eine Grünfläche heute noch seinen Namen tragen? Wie kann es sein, dass Kinder in einem kleinen Park am Rhein spielen müssen, der den Namen eines solchen Mannes trägt?

Wir stehen da, nicht sprachlos, aber beinah fassungslos über so viel Gedanken- und Taktlosigkeit der hiesigen Politiker. Über so viel fehlende Einsicht und die mangelnde Sensibilität gegenüber den Opfern des Dritten Reichs. Wir schreiben das Jahr 2016 – seit dem Ende des Zweiten Weltkriegs sind über siebzig Jahre vergangen und doch gibt es ihn immer noch: den alten Geist der Restauration und der Verdrängung, wie kann das sein?

Auf der Suche nach Stefan George

Nachdem wir eine Altstadt-Gasse durchquert haben, stehen wir auf dem kleinen Marktplatz, vor uns ein Café und linker Hand eine Filiale der Drogeriekette Müller. Mittelpunkt des Platzes ist der Marktbrunnen, von seinem Relief blicken Hildegard von Bingen und Stefan George.

Nicht weit vom Markt, wir sind vielleicht fünf Minuten zu Fuß unterwegs, erreichen wir die Basilikastraße, von der eine kleinere Gasse abgeht, um plötzlich die Skulptur des Dichters Stefan George zu entdecken. Sie blickt ernst und gefasst, das Abbild des Mannes ist nicht ohne Leid gezeichnet, aber stolz und würdevoll. Der Torso von der Größe eines Oberkörpers, wir gehen um ihn herum und betrachten ihn von der Seite.

Der Dichter hält ein Buch in der rechten Hand, sein Kopf ist leicht nach oben gestreckt; erhobenen Hauptes, so könnte man es vielleicht deuten. Wohin er blickt, bleibt der Fantasie des Betrachters überlassen. Er blickt nicht in den Hades, aber womöglich in ein verklärtes Reich, in einen Olymp göttlicher Ideale. Wir können nicht bestimmt sagen, was in George vor sich ging, als er seinen Kreis von Jüngern immer fester um sich zog, Knaben und junge Männer, die ihn ausnahmslos bewundern sollten. Alle, die ihn nicht genug anhimmelten, wurden ausgeschlossen, rausgeekelt. Wie der Schriftsteller Max Kommerell, der vier Jahre sein Sekretär war, und den die Jünger aufgrund seines Äußeren »Kröte« nannten. George war *der* Meister, der Überlehrer – bei dem Gedanken schaudert uns kurz, doch dann denken wir weiter: Es kann eine Form von Gemeinschaft sein, Lehrer und Schüler, die einem Ideal huldigen, die nach Höherem streben. Es kann gleichwohl doch nicht beglückend sein, sich einem Meister zu unterwerfen, sagen wir uns und treten in den Innenhof eines Hauses. Am Eingang hängt ein Schild: STEFAN GEORGE MUSEUM. Öffnungszeiten: Dienstag, Donnerstag und Sonntag: 14–17 Uhr.

Wir sind an einem Freitag hier, das Museum ist geschlossen. Trotzdem ist die Haustür geöffnet, so dass wir hineingehen können, die Treppe hinauf.

Wir blicken in ein buntes Fenster mit seinem Abbild, gelb und blau. Farben finden sich immer wieder in seinen Gedichten. Georges Name liegt immer noch auf der Zunge nicht ohne geschmeidigen Glanz. In unserer Jugend lasen wir seine Verse mit Bewunderung und bei der Zeile »komm in den totgesagten Park und schau:« regte sich sogar Begeisterung. Diese Gedichte, um die Jahrhundertwende entstanden, hatten eine große Strahlkraft und zogen einen in den Bann. Wir stehen vor der abgesperrten Museumstür, im Gang hängen einige Plakate aus den 1990er Jahren. Es wirkt, als ob schon lange niemand mehr hier gewesen wäre.

Nur knapp hundert Meter weiter, direkt am Ufer der Nahe, befindet sich die Stefan-George-Straße, wo wir nach dem ehemaligen Wohnhaus des Dichters suchen. Nach wenigen Minuten erblicken wir ein vierstöckiges Mehrfamilienhaus, an der weiß verputzten Außenwand im Parterre hängt eine Tafel, die besagt, dass an dieser Stelle sein Elternhaus gestanden und George hier seine Jugend verbracht habe. Das Haus wurde 1944 von Bomben zerstört. Die Tafel sei »eine Erinnerung an den großen Sohn der Stadt Bingen«. Wir würden gern wissen, ob die Menschen, die heute in Bingen leben, auch so denken. Wir gehen zurück in die Altstadt und treten in einen Buchladen, der mit dem üblichen Sortiment aufwartet: Bestseller, bunte Bücher, Krimis und Unterhaltung. Eine Verkäuferin steht hinter der Kasse, auf die wir zusteuern.

»Entschuldigen Sie, wir hätten da eine Frage: Kommen noch öfter Kunden, die nach einem Gedichtband von Stefan George fragen?«

Die Frau macht ein leicht verdutztes Gesicht und antwortet unsicher:

»Also, das kommt nicht mehr so häufig vor«... Nach einer kurzen Pause:

»Vielleicht drei oder vier Mal im Jahr, höchstens...«

»Haben Sie denn etwas von George im Laden?«, haken wir nach.

Die Verkäuferin ruft durch das Geschäft:

»Gabi, haben wir etwas von Stefan George?«

Gabi antwortet:

»Nicht dass ich wüsste, aber vielleicht an der Treppe.«

Die Verkäuferin nimmt uns mit zur Treppe, und wir blicken auf zwei Reihen von Büchern über die Region und suchen nach einem Band von George. Erfolglos, wie sich herausstellt.

»Sehen Sie, wir haben nichts da von George«, sagt die Buchhändlerin. »Bei dem Ruf kein Wunder, also wissen Sie...!«

Wir nicken und sie spricht weiter:

»Meine Tochter habe ich auf das Hildegardis-Gymnasium geschickt, nicht auf das Stefan-George-Gymnasium!«

Sie klingt plötzlich entschlossen.

Um das Thema zu wechseln, sagt einer von uns:
»Das George-Museum hat nur drei Mal die Woche für drei
Stunden geöffnet, gehen da eigentlich noch Leute hin?«
Sie schüttelt den Kopf.
»Das interessiert kaum einen mehr, alle wollen etwas erfahren
über Hildegard von Bingen und die Stadt vermarktet sie. Sie war
eine große Frau, eine Heilige, eine Visionärin und taugt als Vorbild.«
Wir nicken. Kaufen jeder eine Postkarte in Schwarzweiß, auf
der man die Binger Stadtkirche sehen kann. Die Karte stammt aus
der Mitte des zwanzigsten Jahrhunderts.
»Herrlich, diese alten Aufnahmen!«
Jetzt nickt sie, und wir gehen.

Draußen fällt immer noch leichter Regen. An so einem Tag sieht
Bingen aus wie eine zu oft bei sechzig Grad gewaschene Jeans.
Mehr grau als blau oder sonst was. Wir haben nicht mehr viel Zeit,
unsere Eindrücke zu präzisieren, ein treffenderes Bild zu finden. In
einer halben Stunde legt unser Schiff ab. Ganz in der Nähe der
Anlegestelle befindet sich »Das Museum am Strom«, das dem
Leben von Hildegard von Bingen gewidmet ist – ein Neubau aus
Glas und Stahl. Wenn man das Museum verlässt, gelangt man in
den »Hildegarten« und kann in Kräutern schwelgen.
Als wir vor dem Garten stehen, wird es heller am Horizont.
Wir spazieren zurück zum Schiff, lassen die Hindenburganlage
rechts liegen. Es hat aufgehört zu regnen, die Sonne rückt vor.
Zwei junge Mädchen sitzen am Fuße des monströsen Krieger-
denkmals und reden miteinander. Es scheint, als würde sie das in
Stein gehaune Gedenken an tapfere deutsche Soldaten nicht wei-
ter kümmern. Sie sitzen, reden und lächeln, wahrscheinlich sind es
Freundinnen, die sich Wichtiges zu erzählen haben.
Die gegenüberliegenden Weinberge schimmern im Licht, der
Fluss reflektiert Millionen Sonnenstrahlen. Wir schauen in Rich-

tung »Binger Loch«, der einstmals gefährlichsten Engstelle für alle Rhein-Schiffer, am rechten Ufer. Beim Durchbruch des Flusses durch das Rheinische Schiefergebirge war an dieser Stelle ein quer zum Fluss verlaufendes Riff aus Quarzit stehengeblieben. Im Mittelalter konnten Lastkähne- und Schiffe die Stelle nicht passieren: Weinfässer mussten bei Lorch entladen werden und wurden über den Niederwald auf dem Landweg transportiert. Karl der Große hat vergeblich versucht, das Riff zu durchbrechen. Erst fünf Jahrhunderte später gelang es dem Gefolge der Mainzer Kurfürsten, mit dem neu erfundenen Schießpulver das Riff im oberen Bereich neun Meter breit aufsprengen. So entstand das »Binger Loch«. Für die Schiffe, die jetzt passieren konnten, wurde ein Wege-Zoll erhoben. Die Fürsten ließen sich das Loch vergolden.

Im 17. Jahrhundert erfolgte aufgrund der zunehmenden Flößerei eine Sohlenvertiefung auf vier Meter, an der Wasserlinie auf vierzehn Meter Breite. Die Folgen waren dramatisch: die Wasserburgen im Rheingau verlandeten. Von den ehemals zweiunddreißig Inseln gibt es heute nur noch sechs. Drei Inseln wurden weggeschwemmt, die anderen sind verlandet.

Wenn man an der Mündung steht, dort, wo die Nahe in den Rhein fließt, kann man ins »Binger Loch« blicken. Hier verlässt der Strom das Tal zwischen Rheingau und Rheinhessen und tritt mit einem scharfen Knick nach Norden ins Schiefergebirge ein. Es ist ein selten berückender Anblick von einer Weite, die zuläuft und scheinbar alles mitnimmt: das Ufer, die Bäume, die Terrassen. All dies scheint nur so, die Optik täuscht für einen Augenblick. Dann schwimmen die Blicke sich frei. Die Perspektive stimmt, es läuft nach vorn. Das Wasser fließt geradeaus. Und alles, alles ist noch immer da: das Ufer, die Bäume, die Terrassen. Darüber der Auwald, sogar die Burg Ehrenfels, eine Ruine, wie der brüchige Zahn im Mund eines Riesen. Vor uns der Mäuseturm, stehend auf seinem Inselchen. Kippt er nicht um? Nein, er steht da wie aus einem Märchen, aber das wissen wir ja.

DING DONG. Eine Geldbörse wird vermisst. Der ehrliche Finder möge sich bitte bei Toni melden. Mit einem dumpfen Röhren legt die MS Regina ab. In der Schweiz hätte es, wie uns Torte zuraunte, als sei es ein Geheimnis, heftige Unwetter gegeben. Das Hochwasser wird also bleiben, vielleicht sogar steigen, das wisse er noch nicht genau. Spätestens bei Budenheim beginnt die industrielle Realität. Wir bemerken mehr Frachter und Schubleichter auf dem Strom, am Ufer dutzende Krane, Containerplätze und Lagerhallen, Kraftwerktürme, Betonwerke, den Industriehafen von Mainz. Wir steuern, obschon das Schiff jetzt sehr langsam in Schritttempo fährt, gegen eine starke Strömung. Wir erreichen die Anlegestelle. Das Schiff macht seltsame Geräusche, ein Knarren und Ächzen, ein metallisches Schlurfen und Scharren. Einer der Männer der nautischen Crew zieht ein an Land geworfenes Stahlseil, legt es sich um die Schulter. Er zieht und zerrt, um das jetzt straffere Seil an einem Poller festzumachen. Ein zweiter Mann zieht ein zweites, anscheinend leichteres Seil und kommt dem ersten zu Hilfe. Ein drittes Seil dient zum Vertäuen des Bugs. Das ganze Manöver dauert etwa fünfzehn Minuten, dann können die Passagiere an Land gehen. Unser Schiff liegt fest, die Maschine bleibt immer auf Sparbetrieb und wird nicht komplett abgeschaltet. Warum? Wenn wir wieder losfahren, steigt weißer Rauch auf. Wir werden von Treibstoffen angetrieben, die wir nicht berühren wollen. Sonne, Wind und Wasser, wir kommen ständig mit ihnen in Kontakt. Der »Pegel Mainz« steht auf 439. In den letzten Tagen ist er um fast einen Meter gesunken.

Mainz

Seit Jahren bin ich hier herumgelaufen,
wobei ich kalt an meiner Pfeife sog.
Ich lief zwei dreimal um den Häuserblock,
um Brot und Bier und warme Wurst zu kaufen.

Und zweimal dreimal viermal fünfzehnmal
lief ich in etwa achtundzwanzig Tagen
hinüber in das griechische Lokal

und saß danach mit angefülltem Magen
in Mainz im Müll im März ach: ganz egal,
im dritten Stock. Viel mehr ist nicht zu sagen.

Ror Wolf

Wir haben schon gestern an Bord Tickets für einen geführten Stadtrundgang durch Mainz gekauft. An der Rheinpromenade wartet eine Frau mit einem gelben Regenschirm und einem Namensschild an ihrer Regenjacke, auf dem »Frau Dering« steht. Frau Dering lächelt uns entgegen. Wir sind 30, der Rest bleibt auf dem Schiff und sitzt und sieht und wartet.

»Willkommen in Mainz!«, sagt Frau Dering. »Im goldenen Mainz! In einer der ältesten Städte Deutschlands!« Frau Dering lächelt nicht mehr, sie strahlt uns an.

»Ich kann Ihnen heute leider nur eine verkürzte Stadtführung anbieten, da meine Kollegin krank geworden ist, und ich kurzfristig eingesprungen bin. Ich bemühe mich, Ihnen trotzdessen die wunderschöne Stadt Mainz näherzubringen. Ich sehe, einige von Ihnen sind nicht mehr so ganz gut bei Fuß. Wir lassen uns Zeit, wir machen Pausen. Bitte, kommen Sie!«

Sie hält den Regenschirm in die Luft und geht voran. Durch die Karmeliterstraße laufen wir bergan und helfen einer Frau, die sich vorgenommen hat, einen Ausflug ohne ihre Laufhilfe zu machen, die jetzt an Bord in der Nähe ihres Mannes steht.

»Rechts und links ein junger Mann, wie schön! Und das in meinem Alter!«

Sie lächelt.

»Mainz bleibt Mainz, kennen Sie das?«, fragt sie, »Ich sehe es jedes Jahr im Fernsehen!«

Wir verneinen und denken an die Hip-Hop-Zeile: »Mainz bleibt meins, auch wenn es nicht singt und lacht!«

In der Schusterstraße bleiben wir kurz stehen, Frau Dering noch immer mit erhobenem Regenschirm. »Sie erkennen mich an dem Schirm«, sagt sie. »Sollten Sie unsere Gruppe verlieren, finden Sie auf jeden Fall immer zurück zu Ihrem Schiff. Alle kleineren Straßen führen hinunter zum Rhein. Wenn Sie dort sind, halten Sie sich nach rechts und dann sehen Sie es schon. Unsere erste Station ist der Markt.«

Wir sammeln uns, was einige Zeit in Anspruch nimmt, vor einem hübschen Brunnen aus der Renaissance. Kurfürst Albrecht von Brandenburg hat ihn gestiftet, zum Gedenken an das Ende des Deutschen Bauernkriegs und zur Ehrung von Kaiser Karl V. Im Querbalken des dreieckigen Gebälks steht in lateinischer Sprache etwas geschrieben. Frau Dering ist natürlich präpariert, fischt einen Zettel aus der Regenjacke und liest vor, was dort steht:

»Empfange die Nachwelt, was Albert, der Fürst seinen Bürgern gab, die er als eifriger Beschützer des Ehrwürdigen herzlich liebt und immer lieben wird, damit sie Liebe mit Liebe vergelten mögen. Zu den Zeiten als Kaiser Karl V., allzeit Mehrer des Reiches, den König der Franzosen bei Pavia geschlagen, ihn selbst gefangen hat und die unglückliche Bauernverschwörung in Deutschland vernichtet gewesen, hat der Kardinal Albert, Erzbischof von Mainz, diesen durch Alter verfallenen Brunnen zum Gebrauch seiner Bürger und der Nachkommenschaft wieder herstellen lassen. Im Jahr 1526.« So war ein jeder voller Dankbarkeit erfüllt und gedachte stets daran, Liebe mit Liebe zu vergelten, und holte frisches Wasser aus dem Brunnen. Gleich gegenüber steht der Dom zu Mainz. Frau Dering erklärt uns kurz und knapp, dass es sich um eine romanische Pfeilerbasilika handelt, die zudem Anbauten hat, die romanische, gotische und barocke Elemente aufweisen. Kurz und knapp, da sie, wie sie zugeben muss, gesundheitlich auch etwas angeschlagen sei, die Anzeichen einer Grippe. Sie hustet laut und zieht die Nase hoch.

Es ist eine einladende Kirche, eine, die nicht dasteht und prahlt. Wir greifen der Frau ohne Laufhilfe unter die Arme und folgen Frau Derings Schirm und ihrer heraufziehenden Grippe. Im Dom bleibt sie, bereit, Fragen zu beantworten, in der Nähe des Eingangs stehen. Niemand hat eine Frage, niemand möchte sich anstecken. Wir setzen die Frau in unserer Mitte auf eine der Bänke und sehen uns die Altare und Kunstwerke an, spazieren durch den hübschen Kreuzgang. Steinerne Figuren stehen an der Wand der vom Hof abgewandten Seite. Der heilige Alban von Mainz wurde während des Gebetes von Vandalen, als sie im Jahr 406 Mainz angriffen, enthauptet. Er soll seinen Kopf aufgehoben und ihn vor seiner Brust an die Stelle getragen haben, an der er beerdigt werden wollte. Vor dem steinernen heiligen Alban mit dem Kopf in seinen Händen steht ein Paar. Auf der Jeansjacke des Mannes, die schon Teile des letzten Jahrtausends erlebt hat, ist ein von Schulterblatt zu Schulterblatt reichender Motörhead-Schriftzug aufgenäht. Die Frau trägt mädchenhafte Zöpfe, die von rosafarbigen Geschenk-bändern zusammengehalten werden, und ein bodenlanges, schwar-zes Kleid mit glitzernden Pailletten. Sie zeigt auf den Kopf und sagt zu dem Mann: »Geil, Alter! Wie Störtebecker!«

Gutenberg und der Buchdruck

Wir pflücken die dankbare Frau von der Bank und folgen dem gelben Schirm. Die letzte Station sei das Gutenberg-Denkmal, und dafür müsse sie sich sehr entschuldigen, sie fühle sich wirklich nicht wohl. Zwei Herrschaften werden von ihren Damen vorgeschickt und bieten Frau Dering an, doch besser nach Hause zu gehen, sie sehe ja schließlich auch müde aus. Sie besteht darauf, uns zu dem Denkmal zu führen, und dann würde sie das freundliche Angebot annehmen und besser nach Hause gehen und sich ins Bett legen. Sie geht voran, den Schirm hebt sie gar nicht mehr. Vor dem Denkmal, einer verwitterten Büste, verabschiedet sie sich. Wir wünschen ihr alle eine gute Besserung und dann schleicht Frau Dering von dannen. Da ist er und trotzt den Jahreszeiten: Johannes Gutenberg, der 1450 den modernen Buchdruck mit beweglichen Lettern und die Druckerpresse erfand, mit denen es plötzlich möglich war, in größeren Mengen, schneller und preiswerter Schriften zu drucken. Es dauerte nicht lange und Druckerzeugnisse gehörten zum Alltag und lösten die Handschriften ab. Die Erfindungen Gutenbergs gelten nach der Ausbildung der Sprache und der Entwicklung von komplexen Schriftsystemen als dritte Medienrevolution. Die vierte ist natürlich auch schon passiert, Sie wissen es am besten, wenn Sie diesen Text gerade als e-book lesen. Doch in Mainz wird die Tradition des Buchdrucks weiterhin hervorgehoben und das ist gut und wichtig. Alle zwei Jahre findet die Mainzer Minipressen-Messe statt, zu der einige hundert Kleinverlage, Handpressen und Künstlerbuch-Verlage aus aller Welt ihre neuesten Druckerzeugnisse vorstellen. Hier findet man Liebe im Detail, den Geruch von Papier und bemerkt verwundert, aus wie vielen unterschiedlichen Papiersorten ein Buch, eine Broschüre, ein Heft bestehen kann. Wir loben das Büttenpapier, das Birkenrinden-Papier, das Kraftpapier und selbst den Aschegehalt in Papier.

Wir wollen uns von der Gruppe lösen und kümmern uns darum, dass die Frau in unserer Mitte gut zum Boot zurückkommt. Ein rüstiges Paar (»Jochen, das schaffen wir!«) greift nun nach der Frau, die mittlerweile müder und erschöpfter als Frau Dering aussieht. Wir spazieren durch die Innenstadt, sehen noch einige Denkmäler zu Ehren Gutenbergs und stellen uns an einer Eisdiele an. Wir bestellen jeder ein Eis, zwei Kugeln, drei, ach was, es sind keine Kinder, denen wir Vorbild sein müssten, zugegen, also nehmen wir gleich vier, und setzen uns in die Fußgängerzone auf eine Bank. Mainz bleibt Mainz, na gut, bitte gerne.

DING DONG. Das Abendessen ruft. Wir stellen uns nicht mehr in der Schlange an, sondern warten, bis niemand mehr vor dem Restaurant zu sehen ist, und desinfizieren unsere Hände.

»Wissen Sie«, sagt die Kölnerin, als wir uns zu ihr gesetzt haben, »man hat eben Pferdefleisch gegessen. Um auf Ihre Frage zurückzukommen, warum, weiß ich auch nicht genau. Wahrscheinlich waren alle anderen Tiere bereits gegessen und da blieben die Pferde übrig, Kavallerie, sozusagen. Keine Schweine mehr, keine Rinder, keine Hühner, nur noch Pferde. Dann gab es Pferdefleisch und wir Kinder haben das geliebt, Fleisch zu essen. Sie müssen sich vorstellen, dass es ja gar nichts mehr gab. Auf dem Land nicht, da war das sicherlich anders, aber in den Städten hat man Pferdefleisch gegessen. Natürlich nicht jeden Tag, selten, aber das liebten wir. So, wie es Kuchen nur zu Geburtstagen gab, nur dann. Oder Schokolade. Mir hat, da war ich sieben oder acht, ein amerikanischer Soldat einen Riegel Schokolade und eine Mandarine geschenkt, der war ganz in Uniform und auch noch schwarz, das war was! Ich hatte drei Geschwister und vor denen habe ich den Riegel versteckt. Ich habe ihn in Zeitungspapier eingewickelt und unter mein Kopfkissen gesteckt. Abends, wenn ich alleine war, habe ich ihn rausgeholt und habe daran geleckt, immer nur ein bisschen. Ich kann bis heute nur maximal einen Riegel Schokolade essen. Ich verstehe gar nicht, wie man mehr Schokolade essen kann, eine ganze Tafel, manche essen eine ganze Tafel. Mittlerweile sage ich nichts mehr dazu.«

Es nieselt noch. Wir sitzen unter den Plastikpiratenflaggen und sehen auf das Ufer, das an uns vorbeigleitet. Die Anekdote der Kölnerin hat uns berührt und wir unterhalten uns über die Generation unserer Eltern, deren Umgang mit Lebensmitteln und Essgewohnheiten, und wir erinnern uns an Kindergeburtstage, an denen es ein Spiel gab, das mit Schal, Mütze, Handschuhen, Besteck und auch mit Schokolade zu tun hatte. Eine Tafel wurde in Zeitungspapier eingeschlagen, mit Geschenkband verpackt. Alle Kinder setzten sich um einen Tisch, die eingepackte Tafel lag in der Mitte. Es wurde reihum gewürfelt. Wer eine Sechs würfelte, zog sich so schnell wie möglich die Wintersachen an, griff nach dem Besteck und versuchte, an die Schokolade zu gelangen. Die anderen Kinder würfelten weiter. Bekam jemand wieder eine Sechs, wurden die Utensilien so schnell wie möglich weitergegeben. Das Spiel war zu Ende, wenn es keine Schokolade mehr gab.

Eine blonde, langhaarige Frau um die fünfzig kommt zusammen mit einer alten Frau die Treppe zum Sonnendeck herauf. Sie brauchen eine ganze Weile, da die ältere ansonsten einen Rollator als Gehhilfe braucht. Die beiden sind uns schon aufgefallen. Wahrscheinlich sind sie auch allen anderen aufgefallen. An Bord befinden sich ansonsten nur gleichaltrige Paare. Die ältere setzt sich schnaufend auf einen Stuhl und sieht durch den Nieselregen in die Ferne. Sie ist erschöpft und atmet schnell und laut. Die Langhaarige kommt auf uns zu, nickt und sagt:»Hallo!«

Wir grüßen zurück. Wir sind die Jüngsten an Bord, dann diese Frau, die sich nun eine Zigarette anzündet und den Rauch langsam durch die Nasenlöcher stößt. Dann kommt der ganze Rest.

»Na?«, sagt sie.

»Na?«, sagen wir.

Wir mustern uns. Sie setzt sich an unseren Tisch.

»Macht ihr das hier freiwillig?«, fragt sie.

»Ja«, sagen wir und lachen.

Sie sieht uns irritiert an. Sie hat eine andere Antwort erwartet. Ihr Gesicht sagt, dass wir zwei lächerliche Typen sind, die in diesem doch noch einigermaßen frischen Alter nichts Besseres vorhaben, als eine Fahrt mit über 100 Rentnern zu unternehmen.

»Ich würde das nicht freiwillig machen«, sagt sie mit gedämpfter Stimme, nachdem sie kurz zu der älteren Frau herübersah. »Ich begleite meine Mutter. Sie wollte schon immer so eine Reise machen. Na ja, ein Gefallen. Ich bin jetzt schon froh, wenn ich hier wieder runter bin!«

»Geht doch einigermaßen!«, sagen wir.

»Ach, ich weiß nicht. Ich habe meine Bücher zuhause vergessen. Mal sehen, wie es hier weitergeht.«

»Machen Sie das Beste daraus!«, sagen wir.

»Das mache ich immer. Ich glaube, das geht hier einfach so weiter. Was soll hier auch passieren? Ist ja nicht Marrakesch oder Gomera. Wenn ich wieder zuhause bin, brülle ich erst mal laut!«

Wir lachen. Sie trägt einen goldenen Ehering und streift den langen Aschezylinder der Zigarette am blechernen Aschenbecher ab.

»Wollen wir »du« sagen?«

Und bevor wir reagieren können, sagt sie »Lisa!« und dreht an ihrem goldenen Stecker, den sie im rechten Nasenflügel hat.

»Tom!«

»Björn!«

»Tom, Björn, was um Gottes Willen findet ihr denn daran gut?«, sagt sie und wirft ihre Arme nach hinten.

»Wir schreiben an einem Buch über den Rhein, das ist alles.«

»Ach, so, okay.«

»LISA!«

»Wartet mal, meine Mutter, kleinen Moment!«

Als sie zurückkommt, sagt sie: »Tut mir leid, ich muss wieder runter, meiner Mutter ist kalt! Gomera, ich sag's euch! Knaller! Bis später!«

Dann kommt sie noch mal schnell zurück und sagt grinsend: »Wir sehen uns, logisch!«

Eine der Kellnerinnen, die für das Deck zuständig ist, räumt unsere Gläser ab. Die Leute, die an Bord arbeiten, sind zurückhaltend und freundlich. Wir haben immer wieder versucht, mit ihnen ins Gespräch zu kommen, und wurden freundlich angelächelt, hörten eine freundliche, gelächelte Floskel und bekamen ratzfatz ein neues Getränk.

»Wie heißen Sie?«, fragen wir die Frau.

»Milena.«

Sie zeigt auf ihr Namensschild, das sie an ihrer weißen Bluse trägt. Auf dem Schild steht »Milena«.

»Noch eine Cola?«

»Nein, vielen Dank. Sie sind den ganzen Tag hier. Haben Sie auch mal frei?«

»Einen Tag in der Woche.«

»Da sind Sie auch an Bord?«

»Nein, ich bin an Land.«

»Wie kommen Sie dann wieder auf das Schiff, das fährt ja weiter!«

Sie lächelt und ihre Augen sagen: Das geht euch überhaupt nichts an, warum fragt ihr überhaupt? Sie wartet ab, wir warten auch.

»Mit dem Auto fahre ich zu dem nächsten Stopp.«

»Und das Auto bleibt da stehen?«

»Das nimmt der nächste. Ein Kollege, der frei hat.«

»Das ist ziemlich praktisch. Ich stelle mir das anstrengend vor, die ganze Zeit hier zu arbeiten. Sind Sie das ganze Jahr auf dem Schiff?«

Sie hält inne und stößt dann ein leises, asthmatisches Lachen aus. Sie muss denken, was für eine bescheuerte Frage.

»Nein, nein, nur, wenn Saison ist. November, Dezember bis Februar habe ich frei.«

»Zigarette?«

»Ich darf hier nicht rauchen.«

»Kommen Sie, es ist niemand hier. Rauchen Sie eine mit uns!«

»Es ist ein Geheimnis.«

»Ja, natürlich.«

Sie stellt das Tablett auf den Boden, nimmt drei Züge in schneller Abfolge, behält dann die Zigarette im rechten Mundwinkel und streicht ihre halblangen, wasserstoffblondierten Haare hinter die Ohren.

»Wo kommen Sie her?«

»Aus Berlin!

»Berlin ist schön. Charlottenburg. Kennen Sie das? Schöne Straßen und alles so sauber. Mein Schwager arbeitet da. Im Winter kommt er auch nach Hause.«

»Wo kommen Sie her?«

»Aus Tschechien.« Sie zeigt auf ihr Namensschild, als wäre es völlig klar, dass eine Milena aus Tschechien kommt. »Aus Zupanovice. Das kennen Sie nicht, oder? Ganz klein. Es liegt an der Moldau. Es ist sehr schön. Mit Badestelle. Im Sommer schwimmen wir in der Moldau.«

»Im Rhein kann man auch schwimmen!«

Sie verzieht ihr Gesicht etwas angeekelt.

»Sie nicht, oder?«

»Nur in der Moldau. Zu viele Fabriken hier.«

Sie drückt die bis auf den Filter heruntergerauchte Zigarette in den Aschenbecher und winkt, als würden wir nicht direkt vor ihr sein.

»Ich muss weiterarbeiten! Hier!«

Sie reicht uns das Tagesprogramm, das wir bereits in unseren Kabinen vorfanden. Jetzt spielt Zlatko rheinische Trinklieder auf der Bühne im Bord-Salon. Wir hören es leise wummern.

Derweil passiert einiges in der großen weiten Welt, die derzeit nicht ganz unsere ist, weil unsere Welt hier an Bord weder groß noch weit ist: Die Fußballnationalmannschaften von Deutschland, Frankreich und der Schweiz bereiten sich ernährungstechnisch auf die bald beginnende Europameisterschaft vor, die Flut trifft auf die ostfriesischen Inseln und jemand lädt ein Foto seiner kostümierten Katze bei facebook hoch und 60 000 Menschen, die sicherlich alle über ein Gehirn verfügen, klicken auf den Button »Gefällt mir«. In Mainz pinkelt ein Touristenkind, weil es einfach nicht weiß, wo es sonst hinpinkeln soll, gegen eins der parallel platzierten Fachwerkhäuser auf dem Kirschgarten. In Basel sitzt ein Mann in seiner Küche, raucht Kette, während er auf seinen Ehering sieht, der völlig sinnlos ist, und überlegt, wie er sich an Terroranschläge gewöhnen kann. In Koblenz steht eine Gruppe Arbeitnehmer auf Arbeitnehmergruppenfahrt, allesamt individuell-uniformiert, und unterhält sich darüber, ob es nicht einen größeren Effekt hätte, wenn hier, direkt vor ihnen, am Deutschen Eck, weniger Fahnen hingen. Im kleinen Örtchen Oberkestert sitzt ein Paar mit müden Wanderbeinen vor »Uschis Wanderstation« und denkt sich: Alles richtig gemacht. Und hier bei uns? In unserer kleinen und engen Welt, die gerade mal knappe 16 Meter Tiefgang hat und in der man maximal 103,2 Meter in eine Richtung laufen kann, feuert der gedrungene Zlatko unten auf seiner kleinen Bühne in einem Hawaii-Hemd, das alle Herrgottsfarben hat, einen Trinklieder-Hit nach dem anderen ab, ein Medley ohne Ende:»Wir kommen alle, alle, alle in den Himmel!« Hin und wieder, wenn der Beat ihn und alle anderen mitnimmt, reckt er die rechte Faust Richtung holzgetäfelter Salon-Decke, so dass die Sammlung von goldenen Armreifen an seinem Handgelenk ein Stück zum Herzen rutscht. Gegen 23 Uhr legt die MS Regina röhrend ab.

Gegen sechs Uhr früh legt das Schiff wieder mit den üblichen Geräuschen an. Bis es fest vertäut ist, dauert es eine halbe Stunde. DING DONG.»Meine sehr verehrten Damen und Herren, es ist 7:53 Uhr, das Frühstück steht schon im Panorama-Restaurant für Sie bereit!« Schienbein stoßen, duschen, Gardine beiseiteziehen, der Blick auf den Fluss und auf Speyer.

Die Kölner sitzen schon in Erwartung des Kaffees und die Frau sagt, als wir uns setzen:»Da sind Sie ja, nun geht aber die Sonne auf!«, und lächelt uns an und wir lächeln zurück, weil es sicherlich nett und charmant gemeint ist, uns aber mitten in eine Müdigkeit trifft, in der noch niemand zugange ist, der angemessen reagieren könnte. Also lächeln, weiter lächeln, das hilft meistens. Vielleicht waren sie schon bei dem täglichen Earlybird-Kaffee, der ab sieben Uhr in großen, massiven Metall-Behältern bereitsteht, wer weiß. Vielleicht brauchen sie auch nicht mehr so viel Schlaf. Die Franken kommen, und wir stehen alle auf, treten auf den Gang, damit ihre korpulenten Körper zu ihren Plätzen gelangen können.

Ludwigshafen *Ein 64-jähriger Iraner hat laut Polizei am Donnerstag kurz nach 21 Uhr einen 42-jährigen Ludwigshafener aus dem Rhein in Höhe des Einkaufs- zentrums Rhein-Galerie gerettet. Der 42-Jährige hatte nach Angaben der Beamten zu tief ins Glas geschaut und war am Treppenabgang zum Rhein ausgerutscht und in den Fluss gestürzt.*

Der 64-Jährige reagierte sofort und zog ihn aus dem Wasser.

Die Rheinpfalz, Samstag, 4. Juni 2016

Altrhein und Flotzgrün

Wir sparen nicht auf Kosten der Sicherheit –
Sicherheit geht immer vor.

Uwe Liebelt, Werksleiter BASF-Ludwigshafen

Wir leihen uns Fahrräder aus, denn nach drei Tagen, die wir überwiegend an Bord verbracht haben, melden sich die agilen Knochen. Die Körper möchten Auslauf oder wenigstens mehr Bewegung. Wir schwingen uns auf zwei himmelblaue Gazelle-Räder und erkunden die Gegend um Speyer, dessen Wahrzeichen der Dom ist, dieses gigantische Gotteshaus, die größte romanische Kirche der Welt. Vorerst zieht es uns in die Natur, zu den Auen, die seit ein paar Tagen Schwemmwiesen gleichen. Wir fahren die Rheinpromenade entlang, bis es nicht mehr weiter geht. Wir wechseln auf eine Umgehungsstraße, sehen einen Industriehafen, streifen ein Gewerbegebiet und landen nach zehn Minuten auf dem Damm, der auch »Rheinhauptdeich« heißt. Schnell ebben die Fahrgeräusche ab, wir hören die Stimmen der Vögel. Dutzender, ach was hunderter Vögel, die ein Konzert geben. Ein Jogger kommt uns entgegen. Wir biegen links in ein Naturschutzgebiet ab, als wir das Schild erkannt haben: HIER ENTSTEHT EIN NATURWALD.

Ein morastiger Weg, dem wir folgen – und der Blick, so scheint es: auf einen See. Ein kleiner See, auf dem ein einzelnes Ruderboot mit einem Pärchen treibt – ein Schwan, der wenig später ins Bild schwimmt. Der kleine See ist der Altrhein und was hinter ihm liegt, die Insel Flotzgrün. Wir sind berührt und blicken gebannt auf das Wasser, das über die Ufer getreten ist und sich noch nicht ganz zurückgezogen hat. Zwei alte Boote liegen unter Bäumen, eines davon kaputt, mit einem großen Leck am Bug. Das andere wirkt fahrtüchtig, für uns liegt es jedoch außer Reichweite, stellen wir fest. Wir können nicht auf den Altrhein-Arm hinausrudern und die Insel erreichen. Den Polder, eine künstliche Aufschüttung mit Toren, die man öffnen kann gegen das Hochwasser. Wir radeln zurück auf den Damm. An einer Weggabelung treffen wir auf eine Frau mit Hund – wir halten an.

»Wollen Sie zum Sportplatz?«, fragt sie.

»Sie können auch links runterfahren an den Altrhein, doch Vorsicht, die Wege sind überschwemmt… Geradeaus gehts nach Römerberg.«

Wir nicken und steigen ab.

»Einen schönen Hund haben Sie!«

Die Frau lächelt. Ihr Gesicht wirkt auf eine bestimmte Art jung, sie mag zwischen sechzig und siebzig sein.

»Eine Mischung aus Border-Collie und Huskies«, antwortet sie.

»Ein selten schönes Tier!… Aber sagen Sie, wir möchten zur Insel und an die BASF-Deponie, kommt man da irgendwie ran?«

Die Frau schüttelt mit dem Kopf, sagt:

»Das ist momentan unmöglich, das Hochwasser… Sie bräuchten ein Boot.«

Nach einer kurzen Pause fährt sie fort:

»Aber versuchen Sie, mit den Rädern so weit wie möglich an den Alt-Rhein zu kommen…«

Sie folgt uns mit ihrem Hund, wir treten in die Pedale und verlieren sie rasch aus dem Auge. Noch einmal schauen wir zwischen den in Wasser stehenden Bäumen auf die Insel. Wir kommen nicht da hin, wo die Badische Anilin- und Soda-Fabrik seit Jahrzehnten hochbelasteten Sondermüll lagert. Es ist einfach nicht zu begreifen – hier, in dieser prächtigen Flusslandschaft. Einem

Paradies für Stechmücken, Buchfinken und Frösche, die nicht aufhören zu quaken. Wir kehren um, treffen wieder auf die Frau, die ihren schönen Hund ruft, der im Wasser paddelt.

»Lulu, komm raus!«

Wir können nicht anders, als noch einmal anzuhalten.

»Sagen Sie, die Deponie, wie lange geht das noch so weiter?«

Die Frage klingt vielleicht etwas naiv. Sie blickt plötzlich ernst und gefasst:

»Ich weiß nicht, aber die Deponie ist eine Schande, ... und erst recht das Atomkraftwerk Philipsburg, hier sterben jährlich deshalb Leute an Krebs... Die haben doch jahrelang verstrahltes Wasser eingeleitet... Eine Schande ist das... In den achtziger Jahren gab es im Nachbarort eine große Malzfabrik, als die abgerissen wurde, hat man den ganzen Müll in den Rhein geschmissen... Da hat sich der Fluss einen anderen Weg gesucht.«

Wir verstehen nicht gleich: einen anderen Weg. Die Frau dreht sich um, nimmt den Hund an die Leine und läuft...

Wir stehen da mit unseren blauen Gazelle-Rädern und verschwitzten Gesichtern.

Deponie und BASF

»*We create Chemistry*« – mit diesem Slogan wirbt der globale Konzern BASF. Chemie zu erschaffen, das klingt in der heutigen Zeit nach Risiken und Nebenwirkungen. In den letzten, von der BASF bezahlten Studien, die man lesen kann, beispielsweise über die Belastung des Wassers und Bodens durch die Mülldeponie Flotzgrün, wird von, wenn überhaupt, geringen Belastungen gesprochen, die alle unter einem bestimmten Grenzwert liegen. Eine Gefährdung oder Schädigung könne man nicht feststellen, aber auch, das ist die Tücke des Nebensatzes, für die Zukunft nicht gänzlich ausschließen. Dies alles klingt wie bestellt. Wir erschaffen Chemie, dies ist ja schließlich kein Hexenwerk, müssen Sie wissen! Da bleibt kein

Schon immer zog der Fluss Industrie an.

Platz für ethische Grübelei, da bleibt das Auge trocken. Etwas für Menschen Gutes zu erschaffen, ginge das für einen Industriezweig schon zu weit?

In unserer Kindheit war der Chemieunterricht immer ein Erlebnis, wir bastelten an Substanzen, kippten das eine oder andere zusammen, rührten und sahen es aufwallen und blubbern. Es brodelte und zischte, und wir jubilierten. Natürlich war dies alles nur Spielerei. Säuren, Basen, ätzende Lösungen, Kochsalz und Nitrat. Hauptsache, es roch angebrannt und schweflig, dann war die Kinderseele glücklich. Man durfte sich dabei nicht ins Auge fassen oder dem Nachbarn den Inhalt des Reagenzgläschens einflößen. »Erst das Wasser, dann die Säure, sonst geschieht das Ungeheure«, skandierten wir johlend.

Wir saßen in unseren Reihen auf den alten Holzbänken und unser Chemielehrer, ein Mann um die vierzig, der Herr Zauber hieß, sprang vor der Tafel herum wie Rumpelstilzchen. Er trug einen weißen Kittel mit Flecken und Farbresten. Herr Zauber konnte zaubern, dachten wir mit neun. Mit zwölf wußten wir, er kann Qualm aufwirbeln und Rauch entfachen. Herr Zauber und seine Zauberküche, das war unser Ideal für ein Leben mit chemischen Experimenten. Wenn es zu Unterrichtsbeginn klingelte, war von ihm meistens nichts zu sehen. Er saß in seinem Hinterzimmer, wähnte sich unbemerkt und rauchte. Zauber, der hat Zähne wie ein Pferd, rief eines der Mädchen, wenn er länger nicht kam. Herr Zauber trat immer drei oder fünf Minuten später, in seinem gebrauchten Kittel, halb ein Regimentsarzt und halb Metzger, vor die Klasse. Er hatte wirres Haar und in seine Rede mischte sich der Spott über die Schüler, von denen er wusste, das sie ihn verhöhnten. Von denen er wusste, dass sie in Chemie Nullen waren. Der hat einen an der Waffel, einen Sprung in der Schüssel – sagten wir. Herr Zauber kündigte jede Stunde mit den Worten MÜNDLICHE LEISTUNGSKONTROLLE an. Er stand dann vor der

Tafel, setzte sich, griff das Klassenbuch und ging genüßlich die Namensliste durch, als wüsste er die Namen nicht. Dabei bewegte er die Zunge im Mund hin und her. Das war nicht schön anzusehen, wie er sie hin und her schob, speichelte und dabei die Zähne bleckte. Nach einer gefühlten Minute Stille, die Zunge ruhte wieder im Mund, sprach er in seiner ungepflegten Aussprache: »Ich hätte gern, äh…« Auch hier machte er eine absichtliche Pause von einigen Sekunden. »Ich hätte dann gern… die…«, dabei musterte er die Klasse, ging die einzelnen Reihen ab und schaute grimassierend. »Äh,… ich hätte gern den… äh,… Maik Kohlmorgen gehört.« Wir feixten innerlich, der Kelch war wieder einmal an uns vorübergegangen, zumindest für heute. Herr Zauber bohrte mit der Zunge in seinem Mund herum, während der arme Tropf Maik Kohlmorgen wie ein begossener Pudel vor der Tafel stand und herumstammelte. Wie wir wusste er nicht die richtige Formel und wurde vorgeführt. Herr Zauber ließ die Zunge im Mund hin und her schnellen, dann sagte er. »Da hätte ich mir mehr erwartet, äh… also… gerade noch so…«

Er machte wieder eine Pause…:»Äh, eine Vier minus, setzen!«

Später, auf einem der Klassentreffen, zwanzig Jahre danach, fragten wir einander, wie wir es geschafft hatten, in Chemie nicht durchzufallen. Dabei erinnerten wir uns an Herrn Zauber, dessen Zunge verrückgespielt hatte, und wie er in seinem schmuddligen Kittel, wenn er den Mund öffnete, zwischen seinen gelben Zähnen Fliegen zermalmte. Wie kurz darauf hintereinander Breschnew, Andropow und Tschernenko starben, die großen Vorsitzendenden und Generalsekretäre der KPdSU. Wie wir Tränen lachten während der Schweigeminute, uns die Hand vor den Mund halten mussten, um nicht laut loszulachen.

Seitdem habe ich nie wieder ein Chemielabor betreten und bin keinem Mann mehr begegnet, der Zauber heißt, und seine Zunge nicht beherrschen kann.

Zurück in die Gegenwart. Am 17. Oktober 2016 kam es bei der BASF in Ludwigshafen um die Mittagsstunden am Hafen Nord zu einem Brand, der wenig später eine Explosion in einem Rohrgraben auslöste, in dem sich acht Leitungen mit verschiedenen Chemikalien befanden. Das Feuer konnte nur mühsam gelöscht werden, in den Abendstunden des Unglückstages war es »unter Kontrolle« – wie die Feuerwehr mitteilte.

Bei diesem Unfall starben fünf Menschen, vier Mitarbeiter der BASF und ein Matrose, der sich auf einem Tankschiff in unmittelbarer Nähe aufhielt. Etliche Menschen wurden teils schwer verletzt. Bereits in den Jahren zuvor war es zu Unfällen gekommen. Wir wollen wissen, was die BASF zu diesen Vorkommnissen sagt, und gehen als Erstes auf die Website des Unternehmens. Geben im Suchfeld »Unfall 2016« ein. Kein Treffer. Dann »Unfall«. Wieder kein Treffer. Unter der Rubrik »Publikationen« finden sich Quartalsberichte über Absatzzahlen und Gewinne, Preissteigerungen werden angekündigt.

Es liest sich wie eine fortlaufende Erfolgsgeschichte. Auch hier kein Bericht über die Vorkommnisse. Erst bei der letzten Suche unter »Presse« findet sich ein schmallippiger Beitrag, in dem keine Gründe und Ursachen genannt werden. Auch keine weitreichenden Veränderungen angekündigt werden, die die Sicherheit erheblich verbessern könnten.

Das große Schweigen im Walde. Dabei hatte es erst im Juni 2013 bei einem BASF-Dienstleister in Ludwigshafen einen Großbrand gegeben. Eine 9 500 m² große Lagerhalle brannte, ein Wohngebiet musste evakuiert werden. Zum Zeitpunkt des Brandes lagerten dort nach BASF-Angaben etwa 4800 Tonnen Material, größtenteils Styropor-Granulat, das eigentlich nicht leicht entflammbar ist. Beschäftigte seien nicht in der Halle gewesen. Ein Augenzeuge beschreibt in Anbetracht der Feuerwälle: »Es sieht aus wie beim Weltuntergang.« Die Welt ist nicht untergegangen und die BASF produziert Tag für Tag in Ludwigshafen und anderswo hochgefährliche Güter.

Zurück in den Herbst 2016 und dem Schweigen im Walde. Es gab eine Trauerminute der gesamten Belegschaft für die fünf Toten und die Schwerverletzten. Die Rauch- und Rußwolke, die über Ludwigshafen hing, sei »keine Gefahr für die Bevölkerung«, ließ die Feuerwehr prompt verlauten. Obwohl man nicht wusste, welche Chemikalien Feuer fingen, bestand »keine Gefahr«. Die Schadstoffe in der Luft waren »kaum über den Grenzwerten«. Das Wort »kaum« klingt wie ein Dumdum-Geschoss. »Etwas über die Ursachen des Unglücks zu sagen, käme zu früh.« Es ist immer zu früh und geschieht kaum. Was muss noch passieren, bis ein Umdenken einsetzt? Bis man anfängt zu kommunizieren und nicht weiter zu vertuschen? Ein Experte, das Mitglied der Kommission für Anlagensicherheit beim Bundesumweltministerium, Oliver Kalusch, kommentierte dies so: »Die Anlage der BASF ist etliche Jahrzehnte alt und natürlich nimmt dann die Häufigkeit von Ereignissen zu. Ich kann überhaupt nicht erkennen, dass die BASF im Moment ein vernünftiges Management in dieser Richtung hat.«

Ein vernünftiges Management, was ist das? Wäre das nicht unter ethischen Prämissen eine Grundvoraussetzung. Die BASF hat in den letzten Jahren immer wieder die Medien beschuldigt, sie würden falsch berichten und die Ereignisse nicht richtig darstellen. Aber warum stellt die BASF diese sogenannten Falschaussagen nicht selbst richtig bzw. korrigiert die mangelhafte Berichterstattung?

Noch im September 2016, also wenige Wochen vor dem katastrophalen Unfall, als kleinere Unfälle in den Medien gemeldet wurden, bei denen gesundheitsschädliche Gase austraten, heißt es: »Die BASF distanziert sich von der Art und Weise dieser Darstellungen. Sie stehen im Gegensatz zu Selbstverständnis und

Anspruch der BASF in Sicherheitsfragen und im Umgang mit Behörden und Öffentlichkeit«, so das Unternehmen in einer Pressemitteilung. Man werde jedoch »den Behauptungen entschieden nachgehen.« Behauptungen, die sagen, dass die BASF gezielt Zwischenfälle vertuscht habe.

Speyer – Thomas Coryat, der erste Tourist

*Speyers Lage ist lieblich, es steht in einer fruchtbaren
Ebene, durch die das Flüsschen Spira fließt, nicht weit
vom Rhein, obgleich dieser seine Mauern nicht bespült.
Es ist von starken Mauern umgeben mit Türmen, die
hoch sind wie unsere Kirchtürme, die höchsten Türme
in einer Mauer, die ich auf meiner Reise sah.*

Thomas Coryat: »Coryates Crudities« (1611)

Der englische Reiseschriftsteller Thomas Coryat, der im Jahre
1608 in einer fünfmonatigen Reise Europa zu großen Teilen zu
Fuß durchquerte, gilt heute als der »Erste Tourist«. Mit dem Schiff
setzte er im Mai 1608 von Dover nach Calais über. Von dort reiste
er durch Frankreich mit der Kutsche bis nach Paris. Ritt von hier
aus auf einem Pferd nach Fontainebleau. Für diese 28 Meilen be-
nötigte er 19 Stunden, das Pferd war krank oder bereits verletzt
und brach zusammen. Ein Mitreisender soll das lahme Tier mit
einem Degen abgestochen haben. Er überquerte die Alpen mit
zwei Helfern und reiste über Turin und Mailand nach Venedig,
das er mit dem Boot erreichte. Hier blieb er sechs Wochen. In
Bergamo, wo er kein Quartier fand, soll er in einem Stall übernachtet haben.

   In der Nähe von Zürich verirrte er sich und wurde von zwei
Einheimischen aufgefunden, er konnte sich nicht mit ihnen ver-
ständigen. Im Wald, nah am Neckar, verlief er sich und irrte umher. In der Stadt Heidelberg war er begeistert von den riesigen
Weinfässern. Er muss mit Wein abgefüllt worden sein, so wie es

üblich war, Gäste aufs Fass zu bitten und ihnen in Bechern und Pokalen immer wieder nachzuschenken. Er warnt in seinem Buch vor der Trinkwut der Deutschen. Er ist auch auf dem Rhein gefahren von Basel via Strasbourg bis an den Oberrhein. Er fand unterwegs immer wieder Leute, die ihm halfen. Aber manchmal geschah es auch anders: Ein Winzer erwischte ihn beim Traubenklauen und Coryate konnte gerade noch, dank Hilfe zweier Bauern, einer Schlägerei entgehen. Große Strecken lief er am Rhein entlang und gelangte so bis nach Mainz. Hier nahm er ein Boot bis Köln, später den Fluss hinab in die Niederlande. Anfang Oktober 1608 kehrte er nach England zurück, wo er bald berühmt wurde. Besonders seine Reise nach Italien wurde zum Vorbild für viele wohlhabende Briten, die es ihm gleichtun wollten.

Teile seines Buches sind auf Deutsch unter dem Titel »Ein Engländer in Heidelberg« erschienen.

Wir passieren mit den Rädern die Altstadt von Speyer, setzen uns vor ein Eiscafé und trinken einen Espresso. Wir sind müde von der Radtour durch das Naturschutzgebiet am Flussarm und die umliegenden Dörfer.

Auf dem Weg zum Schiff entdecken wir an der Rheinpromenade einen Gedenkstein mit bronzener Platte für den großen französischen Romancier Victor Hugo, der auf seiner Rheinreise im Oktober 1840 die Stadt besuchte.

Als »Hommage an den Europavisionär« wurde 1992 ein Baum gepflanzt, die »Victor-Hugo-Eiche«. Sie ist gut gewachsen, stämmig, eine deutsch-französische Eiche, gestiftet vom Freundeskreis Speyer – Chartres.

1839 war Hugo zum ersten Mal auf einer Rundreise durch das Elsass an den Rhein gefahren. Für seine zweite Reise im Jahr 1840 hegt er Ambitionen, die Reise literarisch zu beschreiben. Vom 29. August bis zum 1. November 1840 ist er mit seiner Geliebten

Juliette am Mittelrhein und in Süddeutschland unterwegs. Seine Ehefrau duldete das Verhältnis von Hugo zu Juliette Drouet und so verbrachten beide zusammen die gut zweimonatige Reise. Am 29. August 1840 waren sie von Paris aufgebrochen. Bereits einige Jahre zuvor schrieb Hugo an den Verleger Sauerländer nach Frankfurt:»Deutschland gehört zu den Ländern, von denen ich fest glaube, dass mein gesamtes Denken dort verstanden wird. Es ist eine tiefgründige Nation, ein edles Volk von Denkern, ein Land, wo alles ernsthaft und, als Folge davon, alles groß ist. Ich liebe Frankreich wie meine Mutter, ich liebe Deutschland wie meine Urmutter. Wenn ich nicht Franzose wäre, so möchte ich Deutscher sein.«

Hugo war es ernst damit, auch wenn sich in diese Sätze eine elegante Schmeichelei mischt. Erst mit dem Krieg von 1870 bis 1871, dem Sieg der preußischen Truppen und der damit einhergehenden Demütigung Frankreichs, änderte sich seine Idealisierung und Verklärung, die er den Deutschen entgegengebracht hatte.

Von Speyer bleiben uns nur ein paar Impressionen, man muss es nicht sehen und sterben, man kann es besuchen und beruhigt weiterleben.

Rheinebene und Haardt – das deutsche Weintor

»Deutsches Weintor – dieser Name steht für Qualitätsgenuss pur! Jahrzehntelange Tradition und Erfahrung garantieren ein Höchstmaß an Qualität und Geschmack. Tauchen Sie mit uns ein in die Welt des Weines bei Deutsches Weintor. Lassen Sie sich am ›Tor der Freundschaft‹ inspirieren und genießen Sie unsere ausgezeichneten Weine.«
www.weintor.de

Die Rheinebene, auch Oberrheinische Tiefebene genannt, erstreckt sich über 300 Kilometer von Hessen im Norden bis nach Basel im Süden. Sie ist bis zu 40 km breit und an ihren Rändern beginnen Landschaftsformationen wie der Schwarzwald oder die Haardt, der »harte Bergwald«, der in den Pfälzer Wald übergeht. Drei Monate später fahren wir mit dem Auto über die Dörfer der Pfalz, schnell sind wir an der Südlichen Weinstraße, von hier aus nehmen wir einen kleinen Umweg, um das »Deutsche Weintor« zu besuchen. Es befindet sich direkt an der Grenze zu Frankreich, in dem kleinen Ort mit Namen Schweigen-Rechtenbach, der für gute Burgunderweine bekannt ist. Wir halten auf dem Parkplatz, es stehen etliche Reisebusse geparkt. Wir haben nicht viel Zeit und laufen direkt auf das »Deutsche Weintor« zu. Das Tor, das im neoklassizistischen Stil 1936 gebaut wurde, sieht aus wie ein schlechter Nachbau eines mittelalterlichen Tors mit pagodenartigem Dach. Wir sind enttäuscht, denn es zeugt nicht nur von schlechtem Geschmack, den die Nazis hatten, sondern auch von einer architektonischen Minderleistung. Es wirkt komplett lächerlich. Dieses Betongrau mit Brauntönen, natürlich braun. Auf der Rückseite, nach Süden hin, sehen wir den Reichsadler, das verhasste Tier. Anstatt ihn ganz zu entfernen, hat man nur das Hakenkreuz aus den Fängen und dem Kranz geschlagen. Dieser blöde Reichsadler, was hat er hier noch zu suchen? Man erinnere sich an die Worte des Gauleiters Bürckel, der 1935 zur Eröffnung der »Deutschen Weinstraße« von sich gab: »Der Wein ist wahr – das Gelöbnis echt: Hier stehen Deutsche und nichts als Deutsche – im Westen die Feldwache der Nation.« Eine riesige Hakenkreuzfahne hat damals über dem Tor geweht, die man kilometerweit sehen konnte. Wir wenden uns ab, blicken in Richtung große Nation, ins nördliche Elsass. Das kleine Städtchen Wissembourg, nur einen Kilometer entfernt, zieht uns mehr an als jede deutsche, nationale oder völkische Phantasie.

Also rein ins Auto und rüber nach Frankreich: der sanfte Grenz-verkehr. Keine zwanzig Minuten später sitzen wir vor einem Bistro und trinken starken Kaffee, blicken auf den Platz vor der Kirche. Alles scheint plötzlich leicht, um uns sitzen Menschen, die freundlich aussehen und miteinander reden. Der Mief von Schweigen und dem deutschen Weintor – wie weggeblasen. Wir hören Kinder lachen, und die Mütter sind schön! Uns gefallen die elsässischen Fachwerkhäuser, wir atmen auf. Auch wenn wir nicht jedes Wort verstehen, wird klar, dass die menschliche Stimme Wärme enthält. Wir bilden die Worte nach, ihren Klang, und beginnen zu verstehen. Es ist nicht wichtig, alle Worte zu kennen, aber das Gefühl, die Stimmung, den Moment einzufangen! Wir laufen die hundert Meter bis zur Kathedrale. Als wir die schwere Tür öffnen, hören wir Orgelmusik. Wir blicken hinauf, sehen das große Instrument mit seinen Pfeifen. Wir setzen uns in eine der hinteren Reihen und lauschen. Ein Organist übt für seinen Auftritt am nächsten Sonntag, erfahren wir später. Er wird Buxtehude, Bach, Fauré spielen, und Stücke von Marcel Du-pré, einem der letzten großen Komponisten für Orgelmusik. Prä-ludium und Fuge in B-Dur, die wie zwei Kontinente durch ein stürmisches Meer verbunden sind. So klingt jetzt das Präludium, ein reißender Strom. Dann die Fuge, wie eine klärende Ansprache. Das reinigende Idiom der Kirchentonarten. Zum Schluß ein ge-waltiges Finale sich überlagernder Stimmen, das Hereinbrechen von anschwellendem Gesang, ein Ringen um eine mögliche Har-monik, die immer wieder gestört wird. Thema und Gegenthema, wir sind beeindruckt und erfüllt von sakralem und zugleich welt-lichem Klang.

Das Konzert werden wir nicht miterleben können, aber gerne möchten wir wieder nach Wissembourg fahren.

Südliche Weinstraße

Wir leben mit den Schädlingen und fördern
die entsprechenden Nützlinge.

Winfried Seeber, 1991

Die Dörfer der Südpfalz, durch die wir jetzt fahren, sind miteinander verbunden und eingefasst in die Landschaft der Weinberge und des Pfälzer Waldes. Eines der Dörfer reiht sich an das andere, eines schöner als das andere! Dazwischen die Wingerte, grün bewachsen, Alleen mit Obstbäumen. Die Dörfer und Städtchen heißen Pleisweiler, Klingenmünster, Heuchelheim, Göcklingen, Nussdorf und Siebeldingen, Burrweiler, Hainfeld und Edesheim. Überall gibt es die Höfe der Winzer und Straußwirtschaften, die zur Einkehr einladen. Die Straßen, eher Gassen, sind schmal und für Fuhrwerke gebaut und nicht für den stetig zunehmenden Auto- und Lastwagenverkehr. Dies mag der einzige Wermutstropfen sein, die vielen oft rasenden PKWs, die dieser Idylle nichts entgegenzusetzen haben als Abgase und Lärm. Die Einsicht, dass man des Öfteren auf das Auto verzichten könnte oder sogar ganz, um sich fortzubewegen, ist kaum verbreitet. Jeder Haushalt besitzt zwei oder drei Fahrzeuge. Die Mutti fährt mit ihrem Kleinwagen zum Supermarkt und kauft Wasser in Glasflaschen. Wer achtzehn wird, bekommt ein Auto geschenkt und heizt mit ihm durch die Botanik. Der Papa hat eins und die Onkels. Selbst Großvater, mittlerweile fünfundachtzig und schwerhörig, holt jeden zweiten oder dritten Tag seinen schneeweißen Daimler aus der Garage. Wie soll das weitergehen? Wo soll das enden?

Deutschlands Schicksal hängt vom Wohl und Wehe der Automobillobby ab, glaubt das wirklich jemand?

Wir halten in Rhodt, einem zauberhaften alten Ort, in dem schon die bayerischen Könige und Prinzregenten samt Gefolge Rast machten. Auf der Theresienstraße mit ihren gut erhaltenen Fachwerkhäusern, die von Reben bewachsen sind, mit gepflasterten Höfen und Weinlauben. Uns geht das Herz auf, als wir die Gasse hinauflaufen, unter noch jungen Platanen und Erlen stehen. Wenn man die Theresienstraße bis an ihr Ende läuft, führt der Weg hinauf nach Weyher, einem Weindorf. Wir laufen weiter, vergessen das abgestellte Auto und sind bald Teil dieser Landschaft, die mit fruchtbarer Erde gesegnet ist. An den Rebstöcken hängen bereits Trauben, die in einigen Wochen geerntet werden. Die Kirschbäume sind voll roter süßer Früchte, von denen wir einige pflücken. Vom Baum schmecken sie am besten, von der Hand in den Mund. Wir laufen die Höhe hinauf durch ein Labyrinth der Weinhügel, bis wir die südliche Oberhaardt erreichen, eine teilweise mit Löss bedeckte breite Vorhügelzone des Pfälzer Waldes zwischen Landau und der deutsch-französischen Grenze bei Schweigen-Rechtenbach. Hier, am Rande des Rheingrabens liegt die eigentliche geologische Bruchzone vor, die aus einem Mosaik von verstürzten Schollen verschiedenster Gesteine besteht, die ehemals auf dem Gebirge lagerten, sowie späterer Ablagerungen wie Mergelschichten, Sande, Schotter, Hangschutt, Kalkmergel, Buntsandstein und Löss. Das Gelände der südlichen Oberhaardt ist durch die zahlreichen aus dem Gebirge tretenden und zum Rhein strebenden Bäche und Flüsschen stark gewellt. Die Höhenunterschiede zwischen Talsohlen und Hügelkuppen betragen zum Teil mehr als hundert Meter. In den Hängen befinden sich an einigen Stellen Terrassen und Böschungsabsätze. Wir sind in einem kleinen Paradies angekommen, dass touristisch Denkende auch die

»Toskanapfalz« nennen. Alles ist grün und summt, eine Ruhe breitet sich aus, als wir über dem Dorf Weyer in den Weinbergen für eine Viertelstunde Rast machen, die Wasserflaschen herausholen und Brezeln. Wir setzen uns auf eine Bank und blicken auf die umliegenden Dörfer und Städte in den Tälern, die als Grünland genutzt werden und vereinzelt auch von Wäldchen in der sonst waldfreien Gegend umgeben sind. Fließende Gewässer sind hier kaum industriell ausgebaut und teilweise sogar naturnah erhalten. Vereinzelt gibt es noch Mühlen wie die alte Mühle in Burrweiler. Einzelne Streuobstflächen tauchen weiter südlich auf. Im Tal gibt es neben dem Wein- und Obstanbau auch Ackerbau-Flächen. Wir lassen den Blick ruhen über der Rheinebene, die sich vor unseren Augen ausbreitet. Hier in diesem fast schon südlichen Mikroklima, einem günstigen Klima für Wein und Obst, gedeiht vieles prächtig. Hier, auf der tertiären Kalkscholle des beinah subkontinentalen Rheingrabens, sitzen wir, haben die Schuhe ausgezogen und begreifen die Schönheit dieser Landschaft – die, wenn man vieles so belässt, wie es ist, gleichermaßen pittoresk und ertragreich sein kann – eine rurale Schönheit, die abhängig ist vom schonenden Umgang der Menschen mit ihr, dem wachsenden Verständnis für Ökologie und Nachhaltigkeit.

Wir wollen den Winzer Winfried Seeber besuchen, der als einer der ersten Weinbauern in der Südpfalz seinen Betrieb auf ökologischen Anbau umstellte. Wir möchten mehr erfahren über die Arbeitsweise und die Prinzipien, die hinter dieser Form der Bewirtschaftung stehen. Von Weyer aus sind es nur zwei oder drei Steinwürfe weit, eine knappe Stunde Fußweg nach Sankt Martin, dieser Pilgerstadt für Wein- und Pfalz-Besessene. Auf dem Pfad queren wir die weitläufigen Wingerte, die sich zwischen Edenkoben und Sankt Martin hinstrecken. Woran erkennt man einen ökologischen Rebgarten, was sind die sichtbaren Unterschiede zum konventionellen Anbau? Auf dem Weg sehen wir einen Winzer auf einem kleinen Traktor, der mit einer Gasmaske über dem Gesicht durch die Fläche zwischen den Rebstöcken fährt. Wir sind erstaunt und fragen uns kurz darauf, mit welchen Giftstoffen er nicht in Berührung kommen will?

Kurz vor dem Ortseingang spazieren wir durch einen Weinlehrpfad, der Auskunft gibt über Geschichte und Geologie, über Böden, Klima und Mineralien, über Sorten und Erträge. Doch kein Wort von biologischem Weinbau und Ökologie.

Wir klingeln am Haus und eine Frau öffnet uns.

»Hallo, ich bin Jenny, die Frau vom Winfried.«

»Wir haben einen Termin mit Ihrem Mann.«

»Na dann kommen Sie mal rein«, antwortet sie.

Wir treten in das hintere Gebäude, das sich in Lagerräume und eine Probierstube teilt. Wir sehen einen Mann in Jeans und Hemd im Gespräch mit einem Ehepaar. Flaschen und Gläser stehen auf einem Holztisch. Das Ehepaar tuschelt und überlegt, ob es noch einen zweiten Karton Wein mitnehmen soll. Wir treten näher:

»Guten Tag!«

»Hallo, ich bin der Winfried!«

Er wirkt freundlich, ein wenig gestresst. Die Gäste aus Hessen entscheiden sich für den zweiten Karton.

»Mir nehme sechs von de Grauburgunder, sechs von de Secco und de Riesling traditionell.«

Winfried gibt seiner Frau einen Wink, die alles einpackt und mit den Kunden abrechnet. Die Hessen sind froh und glücklich und ziehen mit ihren beiden Kartons ab, die sie im Kofferraum ihres Audis verstauen.

»Entschuldigen Sie«, sagt Winfried zu uns, »wir haben ein bisschen Probleme mit den Reben wegen der vielen Niederschläge im Frühjahr.«

»Das bringt den Ablauf ganz schön durcheinander«, ergänzt er.

Wir setzen uns an einen der Holztische.

»Möchten Sie etwas probieren?«

Er kredenzt uns einen Weißwein und sagt mit der notwendigen Bedeutsamkeit:»Dieser Riesling wird traditionell im Holzfass gekeltert, riechen Sie mal und schmecken.«»Im Holzfass«, wiederholt er,»den machen nur wir so.«

Wir riechen ein feines Fruchtaroma, Beeren- und Steinobst – nehmen einen kleinen Schluck und nicken zustimmend. Wir blicken uns um und sehen erst jetzt an den Wänden Tafeln mit Abbildungen von Schädlingen; auf einer steht: DIE REBENFEINDE. Wir treten näher heran und erkennen Käfer und Falter, lesen unter den Zeichnungen: Reblaus, Milbenspinne, Dickmaulrüssler, Näscher, Rebenstecher, Kugelrüsselkäfer, Reben-Schildlaus, Springwurm-Wickler, Reben-Laubkäfer, Weinzikade, Traubenwickler, Grauer Obststichler. Die Liste geht weiter. Wir sehen Stengel mit verfaulten Trauben, verfärbte und angefressene Blätter. Es sind die durch pflanzliche Schädlinge entstehenden Krankheiten wie Blattfall- und Lederbeerenkrankheit, Schwarzfäule, Graufäule, Weißfäule, Wurzelschimmel, Roter und Schwarzer Brenner, und natürlich der Mehltau.

Winfried kommt zurück, er schaut bedenklich auf seine Armbanduhr.

»Wenn es heute nicht so gut passt, kommen wir morgen noch einmal wieder…«

»Nein, wir können jetzt noch sprechen. Ich nehme mir gern für Sie noch eine halbe Stunde Zeit.«

Winfried nimmt uns mit in den Gärkeller. Es geht eine Treppe hinab, dann blicken wir in einen etwa sechs Meter breiten Gang, der vielleicht zwanzig Meter lang ist. Auf jeder Seite Stahltanks und Holzfässer. Alles wirkt viel größer, als wir dachten, ein Betrieb von mittlerer Größe, kein Klein- oder Nebenerwerbswinzer, aber auch keine Riesenkellerei. Keiner der Großen, die den Tankwagen vorfahren lassen. »Gepanscht wird schon lange nicht mehr in der Pfalz«, sagt Winfried, als wir ihn auf die Vergangenheit ansprechen, den Skandal mit Glykol in den 1980er Jahren.

»Das waren andere Zeiten, heute gibt es jede Menge frischen Wind und Innovation. Die neue Generation, Winzer um die dreißig bis vierzig, führen das fort, was wir mühselig vor über dreißig Jahren begonnen haben.«

Er zeigt auf eines der Holzfässer und sagt lächelnd:

»Der Wein wird im Keller gemacht, sagen einige meiner Kollegen gern. Aber ich denke, es kommt auch darauf an, wie man die Rebstöcke pflegt und den Boden bepflanzt und kultiviert. Wir möchten organisches Wachstum ohne Chemie.«

Wir gehen zurück in die Probierstube, blicken wieder auf die Tafeln mit den Rebfeinden. Wir haben noch das Bild vor Augen, wie der konventionelle Winzer mit einer Gasmaske über dem Gesicht, auf seiner Arbeitsmaschine sitzend, durch den Wingert preschte. Das Bild von den braunen BASF-Hülsen, die in den Rebzeilen hängen.

»Wir möchten im Einklang mit der Natur leben«, sagt Winfried. Wir stimmen ihm zu und fragen direkt:

»Wann haben Sie angefangen, ökologischen Weinbau zu betreiben, und was war der Grund?«

Er überlegt eine Weile, sagt dann:

»Das ist eine längere Geschichte, wenn Sie die hören wollen?«

»Das möchten wir unbedingt!«

Er lächelt, wir sehen ihn an. Ein Typ wie der grüne Landesvater Winfried Kretschmann, nur wirkt er sympathischer, irgendwie authentisch.

»Ich belieferte ein Studentenlokal in Heidelberg, das war ein gutes Geschäft. Eines Tages, ich war noch ein junger Mann, fragte mich eine der Studentinnen: Warum machst du keinen ökologischen Wein?‹ Ich antwortete: Das geht nicht, das ist Monokultur.‹ Sie schüttelte mit dem Kopf. Das war Anfang der 1970er Jahre. Von Bio sprach damals kaum einer. Die Frage blieb irgendwie im Hinterkopf. Ein paar Jahre später kam ich auf dem Sommerfest der Hochschule in Landau mit einem Absolventen ins Gespräch. Er sagte, er hätte angefangen, auf kleinen Flächen ökologisch Wein anzubauen. Wir trafen uns und er zeigte mir seinen kleinen Wingert. Ich war plötzlich überzeugt, dass es ginge. Wir wurden Freunde und ich fand die Idee toll, es anders zu probieren. Es gründete sich ein Arbeitskreis, in dem die Erfahrungen über ökologischen Weinanbau ausgetauscht wurden, man half sich untereinander.«

»Wann haben Sie begonnen, Biowein zu produzieren?«

»Es ging nicht von heute auf morgen. Ab 1981 haben wir schrittweise unsere Weinberge auf ökologischen Anbau umgestellt.«

Er blickt auf die Uhr.

»Ich muss jetzt leider unser Gespräch unterbrechen, aber wenn Sie mögen, kommen sie an einem der nächsten Tage noch einmal vorbei, dann zeige ich Ihnen unsere beste Lage, die Terrasse über Sankt Martin.«

Er reicht uns die Hand und sagt:

»Der Wingert ruft, ich muss gleich noch einmal raus…«

Am nächsten Tag stehen wir wieder auf der Matte. Winfried begrüßt uns in der Einfahrt.

»Wir fahren zur Terrasse«, sagt er, »und ich zeige euch den Wingert am Weinlehrpfad.«

Wir laufen mit ihm die schmale Gasse entlang. Er bleibt stehen, zeigt auf ein Gebäude:

»Unsere Sektkellerei. Wenn ihr wollt, schauen wir mal kurz rein…«

Wir gehen rein. Im Kellergewölbe stehen einige Tanks, Berge von Kisten.

»Unser Außenlager, fertiger Sekt und teilweise die gelagerten Weine.«

»Machen Sie hier den Sekt, wird er maschinell hergestellt?«

»Nein, der Rohsekt wird hier per Hand gerüttelt.«

Hinter dem Haus steht ein Oldtimer. Weißer Mercedes.

»Baujahr 75«, sagt Winfried.

Wir steigen ein und fahren zum Ortsausgang. Laufen über den Weinlehrpfad, der an einer kleinen Flurkapelle ausgeschildert ist. Auf etwa 1,5 km Länge erfährt man Genaues über die Beschaffenheit der Böden und des Gesteins, über die verschiedenen Weinsorten. Muschelkalk, Quarz, Buntsandstein und Schiefer – die Geschichte des Erdzeitalters. Die unterste Gesteinsschicht, der dunkle Gneis, ist über 400 Millionen Jahre alt. Es folgen Buntsandstein und Kalkstein aus der Trias und dem Tertiär, das abgelagerte Meer. Auf dem Boden des Kalksteins wachsen die Reben und nehmen mit ihrem Wurzelwerk Wasser und Nährstoffe aus dem Mergel auf. In ihnen sammelt sich die gespeicherte Zeit. Im Wein steckt nicht Wahrheit, sondern eine Ewigkeit, eine Ewigkeit aus Werden und Sein. Im gekelterten Wein steckt ein Seinsgrund aus Mineralien und Krusten, aus dem lebendigen Gestein und der verdichteten Erde.

Winfried weist mit der Hand in Richtung Wald und Cobsburg. Wir setzen uns auf eine Bank. »Die habe ich aufgestellt, hier an unserem Wingert. Als ich Mitte zwanzig war, hatte ich die Idee, den Betrieb hierhin auszusiedeln, direkt in die Weinberge. Im Ort war alles sehr beengt. Die Stadt hat den Plan abgelehnt. Im Nachhinein denke ich, es war richtig so. Wir konnten später das Nachbarhaus erwerben, wo heute der Weinkeller ist. Man hätte hier ja ein Stück Landschaft durch die Bebauung zerstört.«

Wir schauen Richtung Burg, lassen die Blicke wandern. An der Rebzeile steht ein Schild mit dem Wappen des Weinguts. Mit etwas Phantasie kann man darauf den »Ritter Seeber« erkennen.

»Was stellt das Wappen dar«, fragen wir.

»Traube und Handwerk. Ein Vorfahre von uns war im 18. Jahrhundert Bürgermeister in St. Martin, er hat das Wappen besiegelt.«

»Das ist doch der Ritter Seeber?«

»Es ist kein Ritter!«

Winfried lacht. Seine Augen leuchten.

»Wir erkennen deutlich einen Ritter …«

»Den Heiligen Martin, vielleicht?«, haken wir nach.

»Das könnte sein, wenn man will …«, antwortet er.

»Ein guter Ritter von wackerer Gestalt!«, entgegnen wir.

»Jetzt zeig ich euch die Terrasse!«

Wir fahren zurück durch St. Martin, es geht leicht den Berg hinauf. Biegen in ein Waldstück, fahren einen Forstweg entlang. Eine Idylle, Weinberge in den Wald verpflanzt. Stille, und ein Summen.

»Schaut mal hier!« sagt Winfried.

Die Terrasse liegt über dem Kirchberg. Steilhänge, sanft gezeichnet.

Im Weinberg von Winfried blühen in den Gassen und auf den Furchen Blumen, Disteln und Mohn. Das Auge erstrahlt bei dem Anblick, alles ist üppig und voller Farben. So muss das Paradies aussehen, wenn dort Wein angebaut wird. Rot und gelb, ein sattes, auch helles Grün, Töne ins Violette und Orangene. Wir laufen um die Rebzeilen, atmen die warme Luft.

»Wir lassen alles wachsen in den Gassen, erst wenn es zu stark wuchert, nehmen wir etwas weg.«

Keine hundert Meter weiter sehen wir den Unterschied:

Der Boden, karg und leicht versäuert, mit dürftigem Moos bewachsen. Keine einzige Blume, kein wirkliches Grün. Die Gänge wirken wie abgekärchert. Als wäre jemand mit Spitzhacke und Hochdruckreiniger durch den Wingert gegangen. Dass hier mit Pestiziden gearbeitet wird, ist kein Geheimnis. Die konventionellen Winzer fahren mit dem Trecker durch die Gassen und sprühen das giftige Zeug. Ein absurder Anblick, ein für die Natur unfreundliches Spiel.

»Wir spritzen nur mit Backpulver oder Gesteinsmehl, auch mit Frischalgen«, sagt Winfried, als wir ihn nach der Schädlingsbekämpfung fragen.

»Manchmal mit gepressten Algen, die in Fässern geliefert werden. So wird die Rebe geschützt und vitalisiert, ohne den Einsatz von Chemie.«

Wir stehen auf dem leicht abschüssigen Plateau über dem Kirchberg, blicken auf die alte kleine Stadt St. Martin.

»Hier oben ist die beste Rieslinglage, wir stehen auf dem Rotliegenden«, sagt Winfried.

In zwei Monaten wird Winfried mit seiner Familie, den zwei Angestellten und einigen Helfern die Ernte einholen.

»Wir hatten im Frühjahr zu viel Regen, im Frühsommer auch. Es gab eine Pilzepidemie. Das bedeutet Einbußen. Es trifft uns härter als die konventionellen Winzer…«

Er blickt nachdenklich, dann sagt er:

»Die Natur verändert sich, das Klima. Auf unserem Wingert bei Edenkoben treffe ich immer wieder auf eine Invasion von Störchen. Wo kommen die alle her? Die Population hat rapide zugenommen. Als ich auf dem Traktor saß, um den Boden umzubrechen und zu lüften, hab ich dreizehn Störche gezählt. Die standen da um mich rum oder liefen um die Rebzeilen. Der Boden war trocken, es gab wenig zu holen, paar verletzte Kröten und Mäuse. Hin und wieder auch einen Maulwurf. An einem anderen Tag folgten mir zwei Störche, sie liefen hinter mir, als ich auf der Maschine war. Die rannten hinter mir her, stellt euch das mal vor!«

DING DONG. Die MS Regina legt am frühen Abend ab. Kurz hinter Speyer steht eine Gruppe Jugendlicher am Ufer. Sie brüllen so lange »Hallo« und »Hier« und winken, bis das halbe Sonnendeck zurückwinkt.

»Die kommen bestimmt aus Westfalen, sture Hunde, die Jungs!«, sagt ein Mann, der über der Reling lehnt. Dann wieder ein Rufen vom Ufer. Die Jugendlichen zeigen uns ihre Mittelfinger und haben einen riesigen Spaß dabei.

Der Wind weht Pollen aus den Pappeln und treibt sie über das Wasser. Die Pappeln säumen hier über Kilometer die Ufer, eine phalanxhafte Ballung großer grüner, ineinandergreifender Kugeln, und alle haben sie die gleiche, nahezu exakte Höhe, als wären sie am selben Tag gepflanzt worden. Überall treiben diese Pollen in der Luft, vor unseren Augen, um uns herum. Der Dichter Richard Dehmel, der sicherlich auch mal am Rhein war oder einen Brief von hier bekam, schrieb folgende Zeilen:

In gelben Pollen reist der Samen,
Unendlichkeiten ahnen mir,
und selig ruf' ich einen Namen –
du Mutter meiner Kinder, Amen,
mein Leben Du, ich danke dir!

Wie gut, dass die Pappeln andersfarbige Pollen absondern, sonst würde uns seltsam bei dem Gedanken an diese Verse. Und so niesen wir nur hin und wieder und wedeln mit den Händen vor unseren Gesichtern herum. Zlatko widmet sich heute schon vor dem Abendessen den Evergreens, so steht es auf dem Tagesprogramm.

Als die Tür zum Unterdeck aufschwingt, hören wir »Da steht ein Pferd auf'm Flur« und wir hören es gesungen von 100 Stimmen. Nach einigen Kilometern legt sich der Wind und wir sehen wieder in ganzer Klarheit die Pappeln, Eichen, Birken und Weiden, die ihre Wurzeln in das Wasser tunken. Welches berauschende, wuchernde, üppige Grün. Welch wunderbare Farben, alle sind sie grün und dennoch sehr verschieden. Goethe hat in seiner Farbenlehre davon gesprochen, dass wir das Grün einer Wiese mit Zufriedenheit betrachten würden, obgleich es nur eine unbedeutende Fläche sei. Die Natur kleide sich in ein allgemeines grünes Gewand und viel reizvoller seien doch bunte Tiere, Vögel, Schmetterlinge, die diese unentschiedene Farbe etwas aufpeppen würden. Doch dieses grüne Gewand ist wundervoll und keinesfalls unentschieden! Man trete nur näher heran an ein Gewächs seiner Wahl und betrachte es aufmerksam, offen und neugierig und bewege den Kopf leicht und sehe, wie sich die Farbe ändert. Das lässt sich selbst bei unserem mitreisenden Oleander beobachten, der sicherlich kein normales Oleanderleben führt.

Grün, ach, grün. Was verbinden wir nicht alles mit dieser Farbe, wo nicht taucht sie überall auf: Der grüne Tee, der grüne Daumen, die grüne Tonne, der grüne Star, wir fahren ins Grüne, ach was, wir fahren durch das Grüne und gehen bestenfalls bei Grün über die Straße und laufen, wenn wir flüchten müssen, der Pfeilrichtung grüner Schilder nach. Die grüne Hölle, man denkt sofort an einen alles verschlingenden Dschungel. Die Hoffnung ist grün, grün ist die Hoffnung, manchmal auch die Sehnsucht. Wäre sie andersfarbig, wäre es keine Hoffnung mehr, keine Sehnsucht. Wir waren grün hinter den Ohren und sind es nur noch bisweilen. Nicht wir, aber manche singen:»Mädle, ruck, ruck, ruck, an meine grüne Seite«. Drachen sind grün, fast immer, giftgrün. Das Giftgrün gibt es erst seit 1800. Ein Wiener entwickelte ein Grün, das es in dieser

Intensität bisher nicht gab. Er mischte Grünspan mit Kupferarsenit und diese Mischung war hochgiftig. Es wurde unter anderem gerne als Dekorationsfarbe genutzt. Napoleon soll sie zum Verhängnis geworden sein. Er hatte es an den Wänden seiner Zufluchtsstätte auf St. Helena. Die Räume waren sehr feucht und so soll die Feuchtigkeit in Verbindung mit der strahlenden Farbe eine flüchtige Arsenverbindung eingegangen und die Luft vergiftet haben. So wird gemunkelt. Gemunkelt wird viel und Verschwörungen werden hinter jedem zweiten Totholzhaufen vermutet. Sehr lange wurde die Farbe Grün in der Malerei vermieden, sie war verpönt. Erst für die Impressionisten wurde sie wieder wichtig. Sie begaben sich mit ihren Arbeitsutensilien mitten in die Natur, ins Grüne, berauschten sich daran, entdeckten die unterschiedlichsten Nuancen und Facetten dieser Farbe und malten sie. Befragt man uns nach dieser Farbe, so halten wir uns ausnahmsweise an die Genesis, in der es heißt: »Es lasse grünen die Erde grünes Kraut!« Das war am dritten Tag, und dann, verflixt, hat der liebe Gott erst die Sonne gemacht.

Da der sich erholende Mensch auch an Bord eines Schiffes ein bisschen Grün braucht, fahren Pflanzen mit. Im Panorama-Salon stehen mehrere sich bis zur Decke windende Gewächse und einige Bäume. Auf dem Sonnendeck zwei schmächtige Buchsbäume und der kleine Oleander, der nicht blühen wird. Entweder kann er nicht oder er will nicht. Am Ende der Reise werden ihm zwei Äste fehlen. Er wird es verkraften. Alle drei Gewächse reichen dem sich erholenden Rentner bis zur Gürtellinie. Vor dem Oleander steht ein Paar und die Frau sagt mit einer schrillen Stimme, mit der sich selbst ein Trupp hormongesättigter Heranwachsender vertreiben ließe: »Boah, Lutz, eben die Pollen, weißt du noch, auf dem Campingplatz damals, so hoch wie Schnee!«

Bisher haben wir kein einziges Tier vom Boot aus gesehen. Nun, an diesem ersten lauen und sonnigen Abend sehen wir Möwen, Kraniche, Reiher, Kormorane, Grau- und Ringelgänse. Ein Fuchs läuft eine ganze Weile zwischen Pappeln und Wasser neben uns her. Es ist ein schönes Tier, ein wirklich schönes Tier, ein über alle Maßen schöner fuchsig-aussehender Fuchs. Die Franken wären begeistert, sie hätten gar nicht reden müssen. Während wir auf der Grenze zwischen Rheinland-Pfalz und Baden-Württemberg fahren, ragt steil das Atomkraftwerk Philippsburg mit seinen beiden monströsen Türmen vor uns auf. Die Anlage sieht aus, als wäre sie von menschenverachtenden Außerirdischen zurückgelassen worden. Direkt davor eine kleine Badestelle, an der eine Frau mit zwei kleinen Kindern im Wasser steht. Sie winken uns zu. Nicht weit davon entfernt biegt der Philippsburger Altrhein ab, an dem ein Campingplatz liegt. Verlässt der hartgesottene, campende Mensch am Morgen seine temporäre Unterkunft, sieht er gleich auf das Wasser. Möchte er wieder in seine Behausung, sieht er auf die Meiler, die vielleicht hundert Meter in den Himmel weisen. Der Mensch, der ja an sich schon bisweilen ein Abgrund, ein Jammer, ein Widerspruch ist, der ist hier in seiner Eigenschaft als Atom-Camper ein weiteres in dieser Aufzählung bisher fehlendes Substantiv. Wir richten unsere Blicke wieder auf die Wasserstraße. Der Pegel scheint weiter gestiegen zu sein. Das Wasser strömt in die Polder. An einigen Stellen ist der Rhein aus seinem Bett getreten und hat den dahinterstehenden Wald geschwemmt.

DING DONG. Abendessen. Die Franken haben sich heute Abend entschlossen, auf Hochdeutsch zu verzichten, und die vier sind schwer zu verstehen. Auch öffnen sie, während sie reden, kaum ihre Zahnreihen. Ein Konsonanten-Schleudergang. Einige Tische weiter sitzt ein Ehepaar. Der Mann ist sehr alt und hat große Mühe, den Löffel zu seinem Mund zu bewegen. Kraftbrühe tropft von seinem grauen Bart. Seine Frau nimmt ihre Servierte, tupft damit

»… ragt steil das Atomkraftwerk Philippsburg mit seinen beiden monströsen Türmen vor uns auf.«

den Bart ab, streichelt ihm die Wange und wird sich während des Abendessens wie auch zu allen anderen Mahlzeiten liebevoll um ihn kümmern. Vielleicht wird es die letzte gemeinsame Reise der beiden sein. Der französische Schauspieler Maurice Chevalier soll gesagt haben:»Ein Mann mit weißen Haaren ist wie ein Haus, auf dessen Dach Schnee liegt. Das beweist aber noch lange nicht, dass im Herd kein Feuer brennt.« Sehen wir dann auf unseren Mann mit den grauen Haaren, so sind wir uns nicht sicher. Und wie mies ist es doch, wenn das ganze Jahr über Schnee auf dem Dach liegt. Und was liegt bei einer Frau auf dem Kopf? Ach nein, machen wir uns nicht weiter darüber lustig, sehen wir der Sache des Alters ins offene Auge. Wir sind seit drei Tagen von reifen, betagten, hochbetagten, angejahrten, hochbejahrten, das gehobene, gesegnete, vorgerückte Alter erreicht habenden Menschen umgeben. Man könnte auch sagen: klapprig, verbraucht, verblüht, abgenutzt und ausgeleiert. Wir sehen Gehhilfen, Hörgeräte, Tablettendosen, zitternde und gleichwohl konzentrierte Hände, die die Medikamente neben dem Besteck ordnen. Wir sehen, wohin wir geraten werden. Wir sehen und wissen, was uns blüht. Und wenn mal wieder ein Prominenter, der gerade seinen 60. Geburtstag mit der Weltpresse feiert, zu Protokoll gibt, dass er sich eigentlich wie 17 fühlt, dann wundert man sich schon sehr, was in einem Kopf so alles passieren kann, dass das morgendliche Spiegelbild so wenig mit der Realität zu tun haben soll und das eigene Erleben so fern aller Dinge geschieht. Ach, nein, das Altwerden ist eine Zumutung und die niederträchtigste, obszönste und größte Gemeinheit eines Lebens.

Wir sehen aus dem Fenster, während wir Lamm, Forelle und Gemüsespieße essen, und beobachten ein Rehkitz. Ein Storch segelt auf Höhe der Fenster. Eine der Fränkinnen sagt, nun wieder in Hochdeutsch:»Störche! Die haben bei uns die Goldfische aus dem Gartenteich geholt.«

Am Ufer stehen zwei Männer in hüfthohen Neopren-Hosen und halten lange Angeln über das Wasser.

»Schön«, sagt der Kölner.

Lisa kommt an uns vorbei, zwinkert und klopft kurz mit den Fingerknöcheln gegen die Tischplatte.

»Sie kennen die Dame?«, fragt eine Fränkin.

»Wir kennen die Dame. Sie begleitet ihre Mutter«, sagen wir, und ehe es weitere Nachfragen geben könnte, deutet einer von uns aus dem Fenster und sagt: »Schön!« Doch unsere Tischnachbarn lassen sich nicht ablenken. Mutter, das bedeutet Familie, und die sechs, die in Mann-Frau-Kombinationen leben, Eheringe tragen und die Mahlzeiten mit uns einnehmen, wälzen nun offensichtlich in ihren Köpfen die bisher unausgesprochene und sich ihnen vehement aufdrängende Möglichkeit hin und her, dass sie es hier mit uns mit einem homosexuellen Paar zu tun haben könnten, das nur aus Wahrung der Contenance zwei Einzelzimmer gebucht hat. Vor jeder Mahlzeit wurde der von uns, der als Erster am Tisch Platz nahm, umständlich nach dem richtigen Wort suchend, gefragt, ob denn der Freund, Reisegefährte oder die Begleitung auch bald komme. Die sechs sehen uns an, als wäre es nun an uns, das für sie Beunruhigende zu lösen. Und so erzählt einer von uns, als wäre jetzt Anekdotenstunde, wie lange seine Tochter manchmal morgens zum Frühstücken brauche. Die Körperhaltung der sechs ändert sich schlagartig. Sie sinken ein wenig in sich zusammen und schmunzeln. Die Kölnerin erzählt von ihren zwei Söhnen, die immer eine Ewigkeit brauchten, bis sie endlich in den Schuhen waren. Ach, was für ein Schmunzeln, eine Gelöstheit, fast Fröhlichkeit. Wie gut, dass doch alles beim Alten bleibt.

Lisa und ihre Mutter kommen auf unseren Tisch zu. Die Mutter arretiert mit einer flinken Handbewegung den Rollator und sieht uns neugierig an.

»Mutter, das ist Tom, das ist Björn. Das ist meine Mutter.«

Es ist so eng, dass wir uns nicht aufrecht hinstellen können und deshalb halb über dem Nachtisch gebeugt das Gleichgewicht ausbalancieren und Lisas Mutter die Hand geben.

»Wir sind gleich in der Bar, wenn ihr wollt!«, sagt Lisa.

Die Mutter nickt und sagt: »Leisten Sie uns Gesellschaft!«

Der Wasserspiegel ist so stark gestiegen, dass das Sonnendeck samt Reling abgebaut wurde, damit das Boot unbeschadet unter den Brücken durchkommt. Für einige Minuten prasselte dichter Regen nieder. Die Ufer gerade, der Wald kultiviert, als würden wir einen Kanal befahren. Wo ist nur der wilde, unbändige Rhein, der allein durch die Hänge des Riesengebirges in Zaum gehalten wurde, der Schiffe zum Kentern bringen kann. Hier, wir passieren den Frachthafen von Karlsruhe, könnten wir mit einer Schwimmweste ins Wasser steigen und uns zurück bis nach Speyer treiben lassen und kämen unbeschadet an. Wir stehen neben dem hochgerollten Anker am Bug. Es ist kühl, die Haare liegen im Fahrtwind. Der Regen ist weitergezogen, über Frankreich hängen noch schwere, katholisch-violette Wolken. Das hier ist der einzige Ort außerhalb der Kabine, an dem es gelingt, für einige Zeit allein zu sein. Wir stehen und sehen auf den Rhein. Ein Mann gesellt sich zu uns und sieht durch sein Fernglas.

»Wollen Sie auch mal?«, fragt er.

»Was beobachten Sie denn?«

»Den Rhein!«, sagt er.

Wir nehmen das Fernglas und sehen uns das einige hundert Meter vor uns fließende Wasser an. Wahrscheinlich gibt es kaum langweiligere Tätigkeiten.

»Ich mache die Fahrt ein Mal im Jahr. Seit ich nicht mehr arbeite. Ich war Lehrer. Geschichte und Sport. Zeigen Sie mir mal eine Landschaft in Deutschland, die so viel erlebt hat!«

»Vielleicht noch«, sagen wir, »das Elbtal, bei Dresden!«

»Ja, ja, kommen Sie, das haben die Sachsen verspielt. Bauen die einfach eine Brücke! Das zeugt nicht gerade von Kulturverständnis, oder?«

»Sie meinen die Waldschlösschenbrücke?«

»Natürlich, wie konnten die das machen? Kultur, das ist so wichtig!«

»Fahren Sie immer mit diesem Boot hier?«, fragen wir.

»Ja, ja, ich mag das. Alles bleibt gleich. Ich kenne das Personal gut. Ich musste mich in meinem Leben an so viele Umstellungen gewöhnen, auch beruflich, das möchte ich nicht mehr. Das Einzige, was sich verändert, ist der Rhein. Der wird irgendwie älter, wie ich, obwohl er auch der Alte bleibt. Ich beobachte ihn gern. Ich weiß, dass das bestimmt schrullig ist, aber ich mag es. Aber, sagen Sie mal, Sie sind viel zu jung für so eine Kreuzfahrt. Sie müssten auf der AIDA sein!«

Im Salon spielt Zlatko wieder Evergreens. Eine musikalische Einfachheit nach der anderen, ein Grauen im immer gleichen 4/4-Takt. Nur nicht abschlaffen, müde werden, ins Grübeln geraten. Hinter der Pappelreihe sinkt die Sonne, während auf der anderen Seite des Flusses ein Starkregen niedergeht. Nach einer Weile gehen wir in die Panorama-Bar und setzen uns zu Lisa und ihrer Mutter. Zwei Tische weiter sondiert ein Ehepaar die Cocktail-Karte, dann ruft die Frau den drei Kellnern, die in Habachtstellung an der vier Meter entfernten Bar stehen, zu: »Ich will einen Cocktail. Bei wem kann ich den bestellen?«

Zlatko, der unermüdliche Zlatko, spielt einen Hit nach dem anderen, die auch in die Bar übertragen werden. »Pigalle, Pigalle, das ist die große Mausefalle«. Nebenan werden zwei, drei oder vier Paare Foxtrott tanzen. Mehr passen auch nicht auf die Tanzfläche.

»Gefällt es Ihnen auf dem Boot?«

Lisa grinst. Ihre Mutter sieht uns neugierig an.

»Es ist doch etwas gewöhnungsbedürftig, es ist alles sehr eng und man hat zu wenig Platz für sich, wenn man allein sein will.«

»Da haben Sie recht. Ich teile mir mit meiner Tochter eine Kabine. Abends will sie noch immer Fernsehen und ich will schlafen. Wir einigen uns schon, aber eigentlich bin ich viel zu müde für diesen Quatsch. Zuhause habe ich auch keinen Fernseher. Da läuft gar nichts mehr, was mich interessiert. Du hättest an deine Bücher denken sollen!«

»Es war wirklich blöd von mir. Sie liegen auf der Kommode, na ja, da liegen sie gut.«

»Hast du mal in der Bordbibliothek nachgeschaut?«, wenden wir ein.

»Habt ihr euch die angesehen? Drei wacklige Regalbretter. Da steht der letzte Schmodder! Strick-Anleitungen, Liebesromane und Agententhriller. Ich muss ja nicht gleich wichtige Literatur lesen, das ist mir auch zu anstrengend, aber ein bisschen Nivea ist nicht schlecht.«

Ja, sie hat tatsächlich Nivea gesagt. Es ist so abgeschmackt und wir haben es drei Mal zu oft gehört, um auch nur irgendeine Reaktion zu zeigen.

»Beim nächsten Ausflug gehst du in eine Buchhandlung, die werden sicherlich etwas Gutes haben!«

»Mutter, das entscheide ich selbst!«

Lisas Mutter greift nach ihrem Cocktail und trinkt aus dem Strohhalm, dann sieht sie sich, nervös an dem Saum des Pullovers zupfend, um.

»Wie gefällt es Ihnen denn?«, fragen wir sie.

»Ach!« Sie lehnt sich zurück. »Es ist wundervoll! Ich träume, seit ich ein Mädchen war, davon, eine lange Schifffahrt auf dem Rhein zu machen. Einmal von der Mitte bis nach unten und wieder zurück. Wo wir überall vorbeikommen. Das ist fantastisch. Schade ist nur, dass wir nicht zur Quelle kommen.«

Sie lacht hysterisch auf.

»Sehen Sie mich an. Mit einer Krücke!«

»Mutter, das ist keine Krücke!«

»Lisa, es fühlt sich an wie eine Krücke und es ist eine. Rollator ist ein hübsches Wort, aber eigentlich ist es eine Krücke, eine Krüppel-Krücke!«

Sie hält inne.

»Tut mir leid. Das ist mir rausgerutscht! Es ist nicht schön, wenn man nicht mehr alles machen kann. Ich würde so gern zu der Rhein-Quelle gehen, aber da müsste man mich schon einfliegen. Die liegt oben in den Schweizer Bergen. Im Tomasee in Graubünden. Die werde ich nicht mehr sehen. Das habe ich verpasst.«

Sie zieht an ihrem Strohhalm. Sie sieht traurig aus.

Das Sonnendeck ist wieder geöffnet worden. Da sitzen wir nun müde in der Dämmerung an einem der Biertische und gehen die Notizen des Tages durch. Wir lesen sie wieder und wieder und wundern uns, warum nach einem so ereignisreichen Tag, der weit weg von unserem Alltag ist und schon deshalb besonders ist, darin so wenig Brauchbares zu finden ist. Allein der Himmel nach einem solchen Unwetter wäre doch zu beschreiben. Seine unschuldige Ruhe. Aber taten wir das nicht schon? Allein der Rhein und seine Strömung! Tausendmal berührt, tausendmal gespürt, tausendmal fotografiert, mit den Kameras, den Augen. Die Bilder des Tages scheinen sich in unseren Köpfen zu stapeln, doch finden sie keine Entsprechung in der Sprache. Wir haben Zahlen notiert, Zitate, den Tagesablauf. Wie viele Güter in diesem und jenem Hafen umgeschlagen werden, der bei Rheinkilometer XY lag. Wie viele Reiher an uns vorbeiglitten. Wie viele Weintrauben der eine Franke sich gleichzeitig in den Mund steckte. Wir haben »Da geht aber die Sonne auf« gehört und es notiert, wie wir es jeden Tag notieren.

Die Tage verschwimmen, ja, das tun sie wortwörtlich. Sind wir wirklich erst seit drei Tagen an Bord? Oder doch schon eine Woche? Liegt es an uns, an unseren Notizen oder an den Mitreisenden oder sind wir Gefangene unserer Mitreisenden, gefangen in deren Phrasen? Gefangen in unseren Reaktionen? Eingefügt in die immer ähnlichen Tagesabläufe? Die Notizen gleichen den Notizen von gestern und vorgestern. Was passiert hier? Löst sich unsere Wahrnehmung auf? Sind wir nicht mehr wach genug? Sind wir zu denen geworden, die wir beschreiben? Etwas lethargisch, etwas gelangweilt, etwas egal, müde, alt? Ist es das, was »Entschleunigung« genannt wird, langsames Reisen? Wie lieb und reglos die Landschaft an uns vorbeizieht oder wir an ihr? Wer in wenigen Tagen zwei Mal durch ein Viertel eines Landes fährt, ein anderes streift, in einem dritten ankommt, sich mehrere Städte ansieht, der reist nicht langsam. Wer wandert, wer sich auf ein Fahrrad setzt und in einer gemütlichen Geschwindigkeit fährt, der reist entschleunigt.

Das Wasser, vielleicht sollten wir mehr über das Element Wasser schreiben? Wie viele Kubikmeter sind bisher an uns vorbei-, unter uns hindurch- und auch beim Duschen oder wenn es regnete über uns geflossen? Es wären Zahlen, Zahlen, Zahlen, nichts als das! Ach, wären wir doch Weltverschwörungstheoretiker, wir hätten nun genügend zu erzählen. Sicherlich, ganz sicher würden wir jemanden ausfindig machen, der die erste Mondlandung im Fernsehen sah und mit der Hand den Bildschirm berührte, der die gleiche Fluggesellschaft nutzte, deren Flugzeuge in das World Trade Center gesteuert wurden, und Jahre später dieselbe Hand, mit der er erst den Mond aus Pappmaché und dann die Gabel der Fluggesellschaft berührte, nun bei Remagen in den Rhein hält. Und dann wären die Zusammenhänge klar. Aber wir haben keine Projektionen, keine Vernichtungsfantasien dieser Größenordnungen. Wir tragen nicht mal Alu-Hüte, um uns gegen die Chemikalien, die aus tiefliegenden Flugzeugen auf die Menschheit gespritzt werden und die manche schlichtweg für Kondensstreifen halten, zu schützen. Nein, auch das nicht. Auch Tiere essen wir, zwar nur tote, mitunter rohe, aber immerhin. Wir sind, verflixt noch mal, sogar geimpft! Da sitzen wir nun. Die Sonne ist hinabgestiegen und wie zum Hohn zerreißt es den Himmel in die zartesten Farbnuancen, die man sich nur denken kann. Was soll's! Das muss doch genügen. Das Wasser, der Rhein, wir halten uns an ihn. Vater, so wird immer von ihm gesprochen. Der Dadaist Kurt Schwitters sagte: »Eigentlich ist der *Vater Rhein* gar kein *Vater*, sondern ein Fluss.« Und das können wir bezeugen. Schließlich hat jeder einen.

Die Sonne ist fast verschwunden. Das Licht reicht nicht mehr. Wir klappen die Notizbücher zu. Heute gibt es nichts mehr zu holen. Müller kommt die Treppe zum Deck hoch, sieht uns und winkt. Während er auf uns zuläuft, zieht er eine Zigarette aus seiner Jackentasche, dreht sich – nun rückwärts laufend – von uns weg, zündet sie im Fahrtwindschatten seiner geöffneten Jacke an und steht dann – nach gelungener Choreografie – grinsend vor uns, einen großen Fleck in der Größe einer Teetasse auf seiner Stirn.

»Was ist denn mit Ihnen passiert?«
»Ich bin gegen den Pudding gestoßen. Schön hier!«, sagt er und nickt Richtung untergehender Sonne. Wir stehen zu dritt in einer Reihe und sehen eine Weile auf den geröteten Horizont. Dann tritt Müller seine Zigarette aus, tippt sich gegen die Stirn und sagt: »Ach was. So ein Quatsch!«, und geht wieder die Treppe hinunter. Müller sollte in einem Western mitspielen. Er würde mit seiner Rache für ein mieses Leben eine ganze Provinz überziehen, die Städte ausräuchern, das Vieh essen, Gemüsegärten verwüsten, den Kindern das Spielzeug wegnehmen, währenddessen Zigaretten rauchen und sich hin und wieder an die Stirn tippen. Er würde es gut machen.

Wir sitzen noch eine Weile an Deck, bis der Fahrtwind zu kühl wird, und steigen die steile Treppe hinab. Vor der Desinfektionsmaschine, auf dem Weg zu unseren Kabinen, treffen wir wieder Müller. Müller, Lisa und wir sind die Außenseiter an Bord. Wir sind zu jung, Lisa ist eine Begleitung und will nach Gomera und Müller ist allein, das schweißt uns zusammen.

»Kennt ihr die Zuckerpuppe aus der Bauchtanzgruppe?«, fragt er.

Wir sehen ihn irritiert an.

»Ach, egal, ist auch so ein Lied aus den Sechzigern. Könnt ihr vergessen!« Er tippt sich an die Stirn und geht. Unsere Handys piepen fast synchron. Es sind Willkommens-Nachrichten eines französischen Mobilfunkunternehmens. Wir fahren nun auf der Grenze, morgen früh werden wir in Straßburg sein, und Zlatko hat, wahrscheinlich als krönenden Abschluss seiner Darbietung, selbst die Stimme erhoben und singt: »Über den Wolken muss die Freiheit wohl grenzenlos sein.«

Strasbourg – oder das Rätsel um General Kleber

ich bin in der natur geboren.
ich bin in straßburg geboren.
ich bin in einer wolke geboren.
ich bin in einer pumpe geboren.

Hans Arp

Am Morgen liegen wir am Belgischen Kai von Strasbourg, die nächtliche Bergfahrt, den Rhein hinauf, blieb nicht geräuschlos. Wir passierten Brücken und Schleusen, während wir schliefen, oder einschlafen wollten. Der Schlaf kommt auf dem Schiff, wie er will, und geht ebenso. Das Knarren der Seile reißt uns aus dem Schlaf, während die langsame ruhige Fahrt durch Brücken, an Pontons vorbei, uns wieder sanft eindämmern lässt. Manchmal scheint es wie das Plätschern in einer Lagune, in der sich der Geist, ermattet nach einem langen Tag, zur Ruhe legt, die Glieder strecken sich aus – das Plätschern klingt wie ein gleichmäßiger Wohllaut. Die Nacht ist ein Tier auf und unter dem Wasser, wir sehen es nicht, und was wir hören, wird übertönt von einem gedämpften Motorenlärm. Wir kriechen auf dem Wasser durch die Nacht, die vorübergeht. Der Morgen kommt auf, es brummt aus dem Maschinenraum.

Das Wetter ist günstig, wir gehen am Kanal entlang an diesem Morgen. Laufen an einem Park vorbei, der sich mit ersten Spaziergängern füllt. Es ist Samstag. Wir erreichen die Altstadt, steuern auf den Platz zu, wo das Denkmal für den Feldherrn Kleber steht, und schauen zu ihm herauf. Wie er dasteht, den Kopf leicht nach links gedreht, den Blick nach oben gerichtet. In diesem Blick liegt eine selbstsichere, vielleicht auch herablassende Größe. Jedenfalls Stolz, Ehre und unantastbare Größe. Die Größe eines Kriegsherrn, der Schlachten schlug und diese gewann. Während wir darüber nachsinnen, welcher Ausdruck noch aus seinem Gesicht abzulesen wäre, entdecken wir einen älteren Herrn, der in zwanzig Metern Entfernung durch ein Fernglas auf das Denkmal schaut. Wir wundern uns und lächeln, bis wir uns ihm zuwenden. Er setzt das Fernglas ab und geht ein paar Schritte in unsere Richtung, sagt, als wir gerade abdrehen wollen:

»Seid ihr Franzosen oder Deutsche?«

Er sieht freundlich aus – ein Mann um die siebzig, in hellgrauem Anzug mit einem blauen Pullover über dem Hemd, braune Lederschuhe. Ein kluges Antlitz, das sehen wir sofort.

»Wir kommen aus Berlin, wir sind Deutsche.«

Er hält sich nicht lange mit Vorreden auf und kommt zur Sache:

»Ich muss herausfinden, was auf dem Brief steht, der in Klebers Hand liegt! Die ersten paar Worte konnte ich entziffern, aber der Schluss…« Wir treten näher zu ihm heran, er reicht uns das Fernglas:

»Können Sie versuchen, es zu entziffern?« sagt er.

»Warum möchten Sie das wissen?«

»Es ist eines von zehn Rätseln über Strasbourg, die es zu lösen gilt«, antwortet er.

»Gut, versuchen wir es… Die Schrift ist wirklich sehr klein, aber vielleicht so was wie…. Maison… D'Ambert…«

»Ja, das könnte es sein…«

»Wissen Sie, was der Inhalt des Briefes ist?«

»Ich verstehe nicht genau«, antwortet er.

Unser kleiner elektronischer Freund hilft uns schnell.

»Im Brief steht die Aufforderung des englischen Admirals Keith zu kapitulieren.«

Er schaut ungläubig.

»Was Kleber nicht getan hat«, ergänzen wir.

»Der Brief ist aus dem Jahre 1800.«

»Ja, das stimmt«, entgegnet er. »Aber was sind die letzten drei Worte in dem Brief?«

»Warum wollen Sie das unbedingt wissen?«

»Ich muss dieses Rätsel lösen«.

»Und wenn Sie das Rätsel lösen, was gewinnen Sie dann?«

»Wenn man alle Rätsel gelöst hat, kann man 100 Euro gewinnen.«

»Wie viele Rätsel haben Sie schon gelöst?«

»Theoretisch alle, aber sie aufzuschreiben… Ich fange wieder von vorn an, denn neun von zehn reichen nicht aus.«

Er blickt uns an, seine blaugrauen Augen blitzen auf. Fast scheint es, ein Schelm stünde vor uns, der uns hinters Licht führen will.

Als würde er diese Vermutung ahnen, sagt er in ruhigem Ton:

»Wissen Sie, seit fünf Jahren bin ich pensioniert, ich muss etwas tun gegen das Verschwinden.«

»Waren Sie Lehrer?«

»Ich war Mikrobiologe«, er macht eine kurze Pause, »eigentlich bin ich ein Sucher.«

»Also, Sie wollen im Preisausschreiben gewinnen?«

»Das ist nur der Anfang«, erwidert er, »eine kleine Geschichte, die großen Sachen laufen anders… Es ist wie eine Jagd nach einer Trophäe!«

»Wie meinen Sie das?«

»Es gibt diese Jagd, die Suche nach einem versteckten Schatz. Es läuft über eine Ausschreibung. Da machen eine ganze Menge Leute mit, hier in Frankreich. Beispielsweise wird die Nachbildung einer Eule, ein wertvolles antikes Stück, irgendwo im Wald vergraben. Nur keiner weiß ganz genau wo. Es gibt vorher ein paar Hinweise. Wer sie findet, erhält die originale Bronzefigur.«

»Sie suchen wirklich danach?«

»Ja, sicher, seit drei Jahren suche ich diese Nachbildung, die im Wald versteckt wurde. Ich weiß auch ziemlich sicher in welchem, hier im Elsaß. In der Nähe von Hagenau. Ich bin mehrmals mit dem Auto dorthin gefahren, habe eine Schaufel mitgenommen und an verschiedenen Stellen im Wald gegraben. Sie glauben nicht, was das für ein Kitzel ist, wenn man plötzlich auf etwas Hartes im Boden trifft. Es könnte die Eule sein... Bisher hatte ich noch nicht den richtigen Erfolg.«

»Aber jetzt wissen Sie, was auf dem Brief in der Hand des Feldherrn steht, oder?«

»Ich glaube schon... Damit habe ich heute zwei Rätsel gelöst, das andere in der Kirche...«

Wir blicken über den Platz, auf dem Verkaufsstände stehen, die heute, an einem Sonntag, leer stehen, und während wir uns vom Denkmal entfernen, sehen wir den Mann noch einmal durch das Fernglas in Richtung Kleber schauen.

Zwei Punks haben sich ihm genähert, die ihn argwöhnisch beäugen.

Sie nehmen am Sockel Platz, hocken sich hin und reden. Der eine trinkt aus einer Flasche Rotwein, sie rauchen.

Der rätsellösende Mann verharrt noch einen Augenblick, dann dreht er sich um und läuft langsam in Richtung der Einkaufspassage.

Auf dem Platz vor dem Münster drängen sich die Leute, es herrscht ein reges Kommen und Gehen. Jeder möchte rasch hineingehen in die Kathedrale, die in der Mittagszeit für anderthalb Stunden geschlossen wird. Vor dem Eingang sitzt eine Bettlerin, die jedem die Hand mit der Schale entgegenschiebt und wortreich um ein paar Münzen bittet. Es ist mehr ein Wimmern, ein geübtes dumpfes Klagen, das sie mit dem entsprechenden Gesichtsausdruck illustriert. Vor einem Jahrzehnt hätte man die Frau eine Roma genannt, heute heißt sie einfach wieder Zigeunerin. So wie das Betteln eine Art Kleinunternehmen geworden ist, ein unscheinbares Gewerbe, das zum Glück von der Steuer befreit ist. Der Mensch, nackt, ist ohne Taschen vor dem Heiland geboren worden. Und wenn er dem Bettelnden nichts gibt, weil er sich selbst den Urlaub oder die Wochenendfahrt vom Munde abgespart hat, weil er im Schweiße seines Angesichts sein Brot verdient und sich keiner für ihn und den anderen erbarmt, so bleiben doch beide ohne die Nächstenliebe.

Wir stehen wie die anderen bewundernd vor dem einzigartigen Bauwerk, das, seit wir es vor über zwanzig Jahren das erste Mal sahen, einen leuchtenden Platz in der Erinnerung behalten hat. Wie kann etwas so schön sein, so ergreifend wie das Hauptportal mit den Figuren und Heiligen, die allesamt in ihrem Leiden unbegreiflich anbetungswürdig sind? Es gibt fünf Portale, erfahren wir bei einem Rundgang. Auf dem Mittelportal der Westfassade ist die Passion Christi in mehreren Darstellungen zu erkennen. Im Bogenfeld des linken, nördlichen Portals sehen wir Szenen aus der Kindheit Jesu. All dies ist von unglaublicher kunsthandwerklicher Präzision und Meisterschaft gemacht.

An den Seiten des Portals erscheinen die allegorische Statuen der Tugenden. Die Statuen des rechten Portals stellen das Gleichnis von den klugen und törichten Jungfrauen dar. Zehn Jungfrauen, die aufbrachen, den Bräutigam zu finden. So heißt es in Matthäus 25,1: »Dann wird es mit dem Himmelreich sein wie mit zehn Jungfrauen, die ihre Lampen nahmen und dem Bräutigam entgegengingen. Fünf von ihnen waren töricht und fünf waren klug. Die törichten nahmen ihre Lampen mit, aber kein Öl, die klugen aber nahmen außer den Lampen noch Öl in Krügen mit. Als nun der Bräutigam lange nicht kam, wurden sie alle müde und schliefen ein. Mitten in der Nacht aber hörte man plötzlich laute Rufe: Der Bräutigam kommt! Geht ihm entgegen! Da standen die Jungfrauen alle auf und machten ihre Lampen zurecht. Die törichten aber sagten zu den klugen: Gebt uns von eurem Öl, sonst gehen unsere Lampen aus. Die klugen erwiderten ihnen: Dann reicht es weder für uns noch für euch; geht doch zu den Händlern und kauft, was ihr braucht. Während sie noch unterwegs waren, um das Öl zu kaufen, kam der Bräutigam; die Jungfrauen, die bereit waren, gingen mit ihm in den Hochzeitssaal und die Tür wurde zugeschlossen. Später kamen auch die anderen Jungfrauen und riefen: Herr, Herr, mach uns auf! Er aber antwortete ihnen: Amen, ich sage euch: Ich kenne euch nicht. Seid also wachsam! Denn ihr wisst weder den Tag noch die Stunde.«

Hans Arp

In das Innere der Kathedrale, das wir wenige Tage vor der Sonnenwende besuchen, fließt ein unglaubliches Licht, ein sanfter magnetischer Strom. Durch die Buntglas-Fenster dringen Sonnenstrahlen, die sich in mehrfarbiges Licht verwandeln, an manchen Mittsommertagen soll es grün sein. Ein Lichtfleck, der am Boden wandert. Wir sehen das kreisrunde Fenster zur Welt. Das riesige Rosetten-Fenster scheint uns wie ein Auge, das alles sehende Auge, durch das wir sehen können. Das Glasauge eines Sehers, einer Seherin. Das wie das Auge eines Huskies Grün und Blau beinhaltet und wie ein Strahlenkranz leuchtet.

Beglückt treten wir wieder hinaus und sehen Menschentrauben.

Eine Reiseleiterin hält ihren gelben Schirm in die Luft, die Touristen rücken aneinander und lauschen gebannt den Worten der Frau.

Eine Schulklasse oder eine Gruppe Pfadfinder sammelt sich vor dem Eingang zum Turm.

Wir gehen weiter, an Souvenirläden und Cafés vorbei. An der nächsten Straßenecke blicken wir auf einen Platz mit einem Karussell. Auf dem Karussell sind Löwen, Elefanten, Nashörner – und ein Kind.

Wir sind beschwingt, denn diese elsässische Helligkeit tut dem Gemüt gut, die Sprachen und Gedanken mischen sich. Von allem etwas, nichts ausschließlich, das ist beruhigend. Wie Schweinerippchen mit Schokoladensauce und Erdbeerrotkraut. Wenn es ein passendes Gericht gäbe, neben den bekannten elsässischen Spezialitäten, wäre es dieses.

Wir stehen am Alten Fischmarkt, in der »Rue du Vieux Marché aux Poissons« und entdecken eine Tafel, die an einer Hauswand angebracht ist, auf der zu lesen steht:

DANS CETTE MAISON EST NÉ
JEAN HANS ARP
POÈTE SCULPTEUR PEINTRE
1886–1966

In diesem Haus wurde Hans (Jean) Peter Wilhelm Arp am 16. September 1886 im damals deutschen Straßburg geboren. Er wächst mehrsprachig auf und verbringt seine Kinder- und Jugendjahre im Elsass. Nach den Studien der Bildenden Kunst in Weimar und Paris, die er enttäuscht abbricht, zieht er 1909 in die Schweiz. Er lernt spätestens 1915 die Dadaisten kennen und arbeitet mit ihnen zusammen. Mit Hugo Ball, Tristan Tzara und Richard Hülsenbeck gründet er das »Cabaret Voltaire« in Zürich. Arps Gesuch, die Schweizer Staatsbürgerschaft zu erlangen, wird 1925 endgültig abgelehnt. Im Jahre 1926 kehrt er mit Sophie Taeuber, die er 1922 geheiratet hat, zurück nach Straßburg. Beide werden französische Staatsbürger. Kurz drauf ziehen sie in einen Pariser Vorort, wo nach Entwürfen von Sophie ein Wohn- und Atelierhaus entsteht. Sophie gibt ihre Stellung an der Kunstgewerbeschule in Zürich auf. Das Paar ist nun finanziell unabhängig, die Auftragslage ist gut. Ausstellungen in Paris und Łódź folgen, Werke von Arp werden im MOMA in New York gezeigt. Arp lässt sich nach der Machtergreifung der Nazis mit Jean Arp anreden, seine Gedichte schreibt er fortan auf Französisch. Mit dem Beginn des Zweiten Weltkrieges spitzt sich die Lage für Arp und Taeuber zu, sie fliehen zu Peggy Guggenheim an den Lac d'Annecy, dann nach Grasse in Südfrankreich. Der Versuch, gemeinsam in die USA zu emigrieren, scheitert 1942. Sie gehen zurück in die Schweiz. Am Morgen des 13. Januar 1943 finden Freunde Sophie Taeuber-Arp tot im Bett. Sie ist an Kohlenmonoxid erstickt, das statt durch die Lüftungsklappe des Kanonenofens ins Schlafzimmer strömte. Zu Gast im Hause ihres Freundes Max Bill in Zürich, entfachte die Künstlerin nach einer fröhlichen Feier im Ofen das Feuer und vergaß, die Lüftungsklappe zu öffnen. Der tragische und plötzliche Tod von Sophie, die 53 Jahre alt wurde, versetzt Hans Arp in eine tiefe Schaffenskrise. Erst vier Jahre später entstehen neue Plastiken. Arp findet in Marguerite Hagenbach eine neue Gefährtin, die er 1959 heiratet. Er ist jetzt einer der erfolgreichsten und angesehensten Künstler seiner Zeit. Das Paar kauft ein Anwesen in Locarno. Sie pendeln zwischen der Schweiz und Paris. Die große Retrospektive seiner Werke wird in Paris, London, Stockholm, Kopenhagen und Basel gezeigt. Arp stirbt am 7. Juni 1966 in Basel an einem Herzinfarkt.

DING DONG. Der Kapitän bittet zu einer wichtigen Information in den Salon. Das Schiff könne leider nicht bis nach Basel fahren. Der Hochwasserpegel betrage dort mittlerweile 7,26 Meter und man könne das Schiff ja schließlich nicht kleiner machen und so käme man schlichtweg unter manchen Brücken nicht mehr durch. Aber, aber, die Sonne scheine doch, und zwar nur für uns! Lachen, lautes Lachen. Ja, klar, den meisten hier ist es egal, ob sie nach Basel, nach Mainz, Rotterdam oder eine Woche lang zwischen Speyer und Mainz hin und her fahren. Sie wollen essen, sich ausruhen, raussehen und Schluss. Wie gern wären wir mit dem Schiff in die Schweiz gefahren! Es ist sehr enttäuschend. Wir sind morgen Vormittag mit Matthyas Jenny und Hansjörg Schneider in Basel verabredet und überlegen nun, wie wir von Breisach nach Basel gelangen können. Breisach ist die südlichste Station, die das Schiff erreichen kann. Von dort könne man mit einem Reisebus weiterfahren, der um 10:30 Uhr starten würde. Wir werden also mit dem Zug über Freiburg fahren, um pünktlich um 11 Uhr in Basel zu sein.

Wir trotten wie zwei Besiegte auf das Sonnendeck. Es ist niemand sonst hier, also lassen wir unserem Ärger lauthals freien Lauf. Wir fluchen und schimpfen, wie uns gerade die Köpfe verbogen wurden. So ein Mist! Wir wollten in die Schweiz! Mit dem Boot! Mit dem Boot in die Schweiz, nach Basel! Zwei Frachter kommen uns entgegen, in weitem Abstand voneinander. Wir winken den drei Männern zu, die auf dem letzten Frachter an Deck sitzen und brüllen:»So eine Scheiße!« Sie winken zurück. In der Ferne kommen weitere Frachter. Täglich kommen sie uns entgegen, täglich überholt die MS Regina Frachtschiffe, die beladen sind mit Containern, mit Sand, mit Schutt, mit Öl. Hinter jeder Kapitänsbrücke steht ein PKW, daneben meist ein Fahrrad. Es ist eine Straße, auf der wir fahren, nein, es ist eine Fernverkehrsstraße, und wir fahren auf ihr in dem Wissen um eine lange Geschichte. Keine 10 Minuten von der Stelle entfernt, an der unsere Reise begann, am heutigen Niederländer Ufer in Köln, wurden die Waren, die auf flachkieligen Segelschiffen transportiert wurden, auf Lastkähne umgeladen. Pferde und Menschen treidelten sie stromaufwärts weiter. Bei Karlsruhe war das Rheinufer von zahlreichen Seitenarmen so zerfranst, dass das Treideln mit Pferden unmöglich war. Männer mussten, das Wasser bis zu den Bäuchen, die Schiffe an den Seitenarmen des Rheins entlangziehen.

Um das Jahr 50 v. Chr. wird der Transport von Menschen und Gütern durch Flöße und Einbäume erwähnt. Doch erst im 17. Jahrhundert wird die Flößerei in größerem Maßstab betrieben. Die aus bis zu fünf Lagen Baumstämme bestehenden Flöße waren bis zu 500 Meter lang und 70 Meter breit und fuhren nach Holland. Dort bestand eine große Nachfrage nach Holz, um den Bau der Städte und der Wasserbauvorhaben vorwärtszutreiben. Für einen solchen Transport waren 500 Mann nötig, die auf dem Floß in Hütten wohnten. Ein kleines, allerdings nur homogen bewohntes Dorf. Unglaubliche Mengen an Proviant mussten mitgeführt werden, so z. B. von einer Fahrt von Andernach nach Dordrecht 20 000 Kilo Brot, 10 000 Kilo Fleisch, teilweise in Form lebender Tiere, und 90 000 Liter Bier. In der Mitte des 18. Jahrhunderts wurden kleinere Dampfschlepper eingesetzt, um die Personalkosten zu senken. Die Besatzung verringerte sich auf 25 Mann. Auf alten Fotografien sieht es aus, als würde ein kleines Boot ein riesiges Brett hinter sich herziehen. Es war eine durchaus effektive Art des Transports, und doch wurde sie Mitte des 20. Jahrhunderts nicht mehr genutzt. 1968 fuhr das letzte Floß mit gewerblichen Gütern auf dem Rhein.

Es ist ein mitunter absurdes Bild, wenn ein Fahrradfahrer an einer städtischen Kreuzung neben einem Auto hält, das ein paar hundert PS hat. Und so muss es ähnlich gewesen sein, als neben der Flößerei 1816 das erste Dampfschiff, die englische »The Defiance«, bis nach Köln fuhr, ein Jahr später – allerdings noch mit gelegentlicher Unterstützung von Treidelpferden – die englische »Caledonia« gar

von England kommend bis nach Koblenz, und 1827 die erste
Schiffslinie in Betrieb genommen wurde. Die Reisezeiten wurden
kürzer, die Schiffe schneller und bequemer. Jahre später zog der
erste Raddampfschlepper namens »Herkules« bis zu sechs Segel-
schiffe. 1817 wurde der Oberrhein, der sich serpentinenartig
schlängelte, umgeben von seinem Hochufer, begradigt, um ihn für
die Schifffahrt passierbarer zu machen. Seit dem Mittelalter ist der
Rhein die wichtigste Wasserstraße in Europa, aber erst mit der
Mainzer Rheinschifffahrtsakte von 1831, die die Umschlagsrechte
aufhob, und der Mannheimer Akte von 1868, die weitere nationale
Beschränkungen abschaffte, wurde der Rhein, der so eng mit der
europäischen Geschichte verbunden ist und auch immer eine
Grenze war, zu einem europäischen Fluss und weder Zölle noch
Stapelrechte behindern den Verkehr, der deswegen noch im
19. Jahrhundert zeitweise fast zum Erliegen kam.

Wie wichtig der Rhein als Transportweg für Massengüter und
Container ist, wurde deutlich, als im März 2007 nach der Havarie
eines Containerschiffes der Fluss für mehrere Tage gesperrt werden
musste. Das Containerschiff »Excelsior« hatte 103 Container in
vier Lagen geladen. Bei Rheinkilometer 677 auf der Höhe von
Köln-Zündorf hatte das Schiff am Nachmittag eine heftige Schräg-
lage nach Steuerbord und bei einem Manöver, das das Schlimmste
verhindern sollte, fielen 32 Container über Bord. Wie gerade frei-
gelassene und darüber noch etwas verwunderte Tiere trieben sie
eine Weile neben dem Schiff und nahmen dann langsam Fahrt auf.
Fast 500 Schiffe mussten für Tage ihre Fahrt unterbrechen, und als
die Sperrung einer der zentralen Verkehrswege Europas aufgehoben wurde, blieben noch immer drei Container vermisst.

Auf dem Wasser treiben Zweige und Äste, die auf ihrer Reise zur
Nordsee zusammengefunden haben, und hin und wieder Plastik-

müll. Es gibt ja nicht viele Bewegungsmöglichkeiten an Bord und so laufen wir, um überhaupt zu laufen, mehrmals täglich zwischen Bordrestaurant, Kabine, Sonnendeck und Bug hin und her, auf und ab und so begegnen wir der auffällig gekleideten Frau, die jeden Tag einen anderen Hut trägt. Ihre Begleitung dagegen, mit der sie zumeist schweigend und ihr gegenübersitzend die Mahlzeiten einnimmt, sieht so aus, als habe er sein bisheriges Leben in einem dunklen Büro mit zwei Topfpflanzen am Fenster und einem Delfin-Poster verbracht. Heute wippen oberhalb ihrer Stirn zwei Pfauenfedern.

»Das erinnert mich hier an Island.«

Sie deutet hinter sich, Richtung Frankreich, und während wir uns noch fragen, was dieses üppige Grün mit der Kargheit Islands zu tun haben könnte, sagt sie: »Wissen Sie, Island, waren Sie mal in Island?«

»Nein«, sagen wir.

»Müssen Sie hin! Das ist traumhaft. Sie haben fast nichts als Himmel und Land. Fahren Sie hin! Müssen Sie machen! Die Berge! Das Meer! Die Steine! Allein sind Sie! Keine Menschen! Traumhaft! Und wenn Sie doch welchen begegnen, ich sage Ihnen, eine Herzlichkeit und Offenheit! Da geht alles ganz anders. Eine Ruhe, sage ich Ihnen! Als würde man seinem Schöpfer begegnen. Wenn Sie draußen sind, wo sonst keiner ist, da werden Sie wirklich gottesfürchtig. Ich bin nicht gläubig eigentlich, Kirche, können Sie vergessen, damit brauchen Sie mir nicht kommen, aber da draußen, wenn der Wind weht und Sie sehen nur Steine, Steine, Steine, Mann, Mann. Traumhaft! Die Uhren ticken da völlig anders. Die Leute sind herzlich, Sie begegnen einer echten Herzlichkeit. Das haben die Leute innen. Ich glaube, das haben die innen, weil die Bevölkerung sehr klein ist. Das ist völlig anders als hier bei uns und den Gartenzwergen. Das ist da nicht so deutsch, verstehen Sie. Da ist Platz und Zeit. Und da kommt keiner und malt die Zwerge am

Sonntag neu an oder mäht den Rasen. Können Sie vergessen. Fahren Sie hin. Ein Paradies! Mein Mann, wo ist mein Mann?«

Wir wissen es auch nicht. Sie wird hektisch, ihr Kopf schnellt vogelartig nach allen Seiten. Grußlos und schnellen Schrittes geht sie davon.

Es ist Galadinner. Die vier Franken und die Köllnerin sitzen schon. Die meisten Männer haben sich ein kurzes, kariertes Hemd angezogen, die Frauen tragen gestreifte Muster. Lisa und ihre Mutter, die einige Tische weiter Richtung Bug sitzen, winken uns zu. Wir winken zurück. Der Kölner verspätet sich, und als er sich gesetzt hat, zeigt seine Frau auf sein kariertes Hemd und sagt: »Du hast dich aber hübsch gemacht heute!«

Der Mann, dem dieses Kompliment vor uns sichtlich unangenehm ist, sagt »ja«, entfaltet die Serviette und legt sie sich über den Schoß. Tom steht bald wieder auf, wortlos, und kommt nicht wieder. Dann, nach der Vorspeise, steht er plötzlich wieder vor dem Tisch und sagt, er habe eine dicke, mit Blut vollgesogene Zecke im Bein, die er nicht rausbekäme, und er würde jetzt mit einem Taxi, das vom Boot aus gerufen wurde, nach Kehl ins Krankenhaus fahren. Das Boot legt in fünfzehn Minuten ab. Er würde bei der nächsten Schleuse wieder einsteigen. Er hebt kurz den rechten Arm und geht. Wir erzählen uns, während die MS Regina Fahrt aufnimmt, eine Weile die schrecklichsten Zecken-Geschichten. Sie reichen von verbliebenen Hirnschäden bis zu dem Schwager der einen Fränkin. Der Schwager, da war er noch jung, der habe die Zecke mit den Schneidezähnen zerbissen, da er sie nicht mit der Pinzette entfernen konnte, und da sei dann der Kopf der Zecke in der Wade des Schwagers verblieben und nach ein paar Tagen konnte der Schwager nicht mehr laufen, dann Krankenhaus, Operation und nun schaffe er wieder im Edeka. Ich erzähle davon, wie ich als Kind eine Zecke in der Brust hatte und ein Arzt sie mit einem kleinen Schnitt entfernen musste. Wir waren auf der Nordseeinsel Juist, und weil ich so tapfer war, durfte ich danach einen riesigen Kiwi-Eisbecher essen. Es hilft nicht richtig. Ich sehe unruhig auf das Handy. Ich bin nun allein auf diesem Boot, allein auf einer Kreuzfahrt, allein zwischen Rentnern und Pensionären.

»Und?«, fragt die Kölnerin und zeigt auf mein Handy.

»Solange es nicht klingelt, läuft der Notfallplan«, sage ich und bin mir unsicher. Die sechs lachen. Das werde schon, sagen meine Tischnachbarn, die ich schlagartig sehr nett finde, und froh bin, dass sie da sind.

»Ihr Freund ist bestimmt gleich wieder an Bord und die Küche, die wird sicher auch noch etwas zum Essen warm halten«, sagt die Kölnerin und lächelt.

Eine SMS kommt: »Die Zecke ist raus, komme an Bord, bis gleich.«

Ich lese sie dem Tisch vor und es gibt ein großes und lautes »Wie gut!« und »Da weiß man ja auch gleich, dass einem hier beim Notfall geholfen wird!«

Eine SMS von Tom: »In 10 Minuten.«

Ich schreibe zurück: »Noch 3 km.«

Nach zwanzig Minuten stehe ich am Bug und schreibe: »Bist du da?«

An der übernächsten Schleuse stehen zwei Jungs und winken. Kein Taxi. Ich rufe Tom an und frage, wo er bleibt. Der Taxifahrer wisse nicht, wo die Schleuse sei, noch zehn Minuten. Auch nach zwanzig Minuten sind sie nicht da. Der Kreuzfahrtmanager Toni, ein hagerer, großer und dennoch leicht geduckter Mann mit Schnurrbart, der Chef des Bootes, der Mann im Hintergrund, der die Abläufe koordiniert, die Fäden zusammenhält, zögert die Abfahrt heraus.

»Der Kapitän muss weiter, weitere Schiffe kommen hinter uns!«, sagt Toni. Ich diskutiere mit ihm, während ich immer wieder zu dem Kapitän, der vom Deck heruntersieht, rufe: »Warten! Bitte warten Sie!« Der Kapitän, dessen Gesicht aussieht wie eine Mischung aus Popeye und Bud Spencer, bewegt nicht mal die Mundwinkel. Er beobachtet uns eine ganze Weile, spricht hin und wieder leise in sein Walkie-Talkie, dann brüllt er »Es geht weiter, los!«

Ich versuche Tom zu erreichen. Keine Verbindung.

»Keine Verbindung«, sage ich zu Toni.

»Tja, Oberrhein, hier kannste mit einem Handy nichts anfangen.«

»Und jetzt?«, frage ich.

Das Taxi fährt zur nächsten Schleuse. Nächste Schleuse klappt es, 272!«, sagt Toni

»Was ist 272 und wie heißt die?«, frage ich.

»Die Rhein-Kilometer.«

»Okay. Und wie heißt die Schleuse?«

»Das weiß ich jetzt nicht.«

»Dann gucken Sie doch bitte mal nach.«

Toni sieht mich genervt an. Ich hebe die Arme, öffne die Hände, als hielte ich einen Gymnastikball in der Hand, eine Geste, die sagt: Kümmere dich darum, das ist dein Job. Toni geht zu seinem Schreibtisch, der gegenüber von der Rezeption steht, und sieht in einem zerfledderten Buch nach.

»Gut, wie geht's jetzt weiter. Weiß der Taxifahrer Bescheid?«

»Weiß ich nicht!«

»Rufen Sie bitte das Taxiunternehmen an, Mann, das kann doch nicht wahr sein! Wann ist das Boot an der Schleuse?«

»Muss ich nachsehen.«

Ich erreiche Tom, ich stehe vorne am Bug, der Empfang ist dort am besten. Ich halte ihn auf dem Laufenden und höre, wie er zwischendurch den Fahrer anmotzt und dann sehr artikuliert sagt: »Nicht Schlosserei! Schleuse!«

Der Rhein ist hier sehr breit und schön. Einer der drei Reederei-Mitarbeiter, der von der Elfenbeinküste kommt und nur Englisch spricht, steht neben mir.

»It's a beautiful place. Very peaceful.«

»Yes!«, sage ich.

Er legt mir kurz seine rechte, breite Hand auf den Rücken.

Im Restaurant laufen die Kellner mit zwei riesigen Torten, auf denen Wunderkerzen brennen, klatschend zwischen den an den Tischen sitzenden Passagieren hindurch. Zwei Plätze sind nicht besetzt. Mein Handy hat kaum noch Energie. Ich gehe in meine Kabine, schließe es an die Steckdose an und lese in dem Mafia-Thriller weiter. Draußen wird es dunkel.

Eine Stunde später treffe ich Lisas Mutter auf dem Flur. Ich presse mich eng an die Wand, so dass sie gut mit ihrer Laufhilfe an mir vorbeikommt.

»Und? Ich habe gehört, ihr Freund ist nicht an Bord?«

Ich erzähle ihr alles kurz und bündig.

»Oh je!«, stößt sie hervor.

»Ja«, sage ich.

»Das wird schon«, sagt sie.

»Sicherlich!«

»Hat er denn Essen dabei?«

Wenig später, die Lichter der Schleuse sind bereits in Sicht, stehe ich vor Tonis Schreibtisch. Die Rezeptionistin sagt, dass Toni in seiner Pause sei. Der Moment, das Siezen aufzugeben und zum Duzen überzugehen.

»Hol ihn aus der Pause. Mein Freund ist mit einem Taxi unterwegs und der muss wieder an Bord!«

Der Mann von der Elfenbeinküste steht wieder neben mir.

»Angry man«, sagt er.

»Yes«, sage ich.

Das Boot fährt in die Schleuse, das Tor wird geschlossen, die Kammer füllt sich. Toni kommt mit einer Kaffeetasse in der Hand.

»Und, ist er da? Was gehört?«

»Hast *du* was gehört? Hey, *ihr* habt einen Passagier, der gerade Taxi fährt, verstehst du das?«

»Ja, schon gut. Hast du Kontakt zu ihm?«

»Nein, kein Empfang. Du probierst es jetzt!«

Ich diktiere ihm Toms Telefonnummer.

»Geht nicht ran«, sagt Toni.

»Ruf den Taxifahrer, das Taxiunternehmen an, ist mir scheißegal!«

Der Mann von der Elfenbeinküste berührt meine Schulter.

»Yes, angry man!«, sage ich.

Toni telefoniert mit dem Taxifahrer: »Du siehst die Schleuse. Schlosserei? Was für ne Schlosserei? Schleuse, Mann, wir sind ein Schiff! Siehst du die Schleuse? Bitte bestätigen!«

Er hört eine Weile zu, sagt dann zu mir: »Das ist ein Inder, der versteht nichts, der hat überhaupt keinen Plan, wo der ist, so eine Scheiße!«

Dann wieder ins Handy: »Siehst du die Schleuse? Bitte bestätigen! Königsstraße? Was weiß ich! Schleuse! Siehst du die Schleuse? Bitte bestätigen. Jetzt ist der weg.«

Er hält mir das Handy entgegen, als müsste ich mich selbst überzeugen.

Das Schiff ist bereits auf dem Höhenniveau der Weiterfahrt. Einer von der Reederei läuft über das dunkle Schleusengelände, um notfalls das Taxi abzufangen. Der Kapitän steht auf dem Sonnendeck und ruft: »Was ist jetzt? Weiter?«

»Nein«, brülle ich, »Sie warten!«

»Kann er nicht«, sagt Toni, »der verliert seine Lizenz!«

Der von der Reederei kommt wieder an Bord und sagt: »Kein Mann!«

Die Schleuse öffnet sich, das Boot gewinnt an Geschwindigkeit. Ich interveniere wieder, das Boot stoppt und wartet fünf Minuten, das ist der Deal mit dem Kapitän. Dann verlässt die MS Regina den Schleusenbereich.

»Wie geht's weiter?«

»Übernächste Schleuse.«

»Rede mit dem Kapitän, ruf bei der Schleuse an, rede mit dem Taxi, das muss jetzt klappen, verstehst du das?«

Toni nickt. Ein anderer Reedereimitarbeiter mit einem Tau in der Hand kommt zu uns und fragt: »Mann da?«

Ich gehe wieder in meine Kabine und lade das Handy auf. Ich schreibe gegen halb zwölf an Tom: »Gib Bescheid, wenn du da bist!«

Er antwortet »Wir suchen es.«

Zehn Minuten später: »Wir sind da.«

»Wie heißt die Schleuse? Wegen Nummer sicher.«

»Rhinau. Der Schleusenwärter sagt, alles klar.«

»Ok, hier auch, sind in ca. 30 min. da.«

Ich gehe wieder zu Toni und teile ihm die Neuigkeiten mit. Er wirkt erleichtert und regt sich über die Taxifahrer auf, die überhaupt keine Ahnung hätten, alles Türken und Inder, kein Wunder, und das sagt er auf einem Boot, auf dem fast ausschließlich Menschen aus Niedriglohnländern arbeiten. Er steigert sich weiter hinein, dass die keine Ahnung hätten, nicht richtig Deutsch sprechen könnten, und dann sagt er was von dämlichen Asylanten, und merkt im selben Moment, auch weil ich ihn ansehe, als könnte ich ihn lebenslänglich in eine seiner Kabinen sperren, dass er eine Grenze überschritten hat. Er lacht kurz unsicher, verstummt und setzt sich geschäftig hinter seinen Tisch.

Es ist kurz vor Mitternacht. Die MS Regina drosselt ihre Geschwindigkeit und fährt langsam in die Schleuse ein. Die Mauern sind hoch. Es wirkt unheimlich. Wasser tropft herab. Gelbes, spärliches Licht von zwei Laternen, die ihre Köpfe wie stille, teilnahmslose Beobachter über das Becken hängen. Ich stehe wieder am Bug und hoffe, dass ich gleich Tom sehe. Ich sehe nach oben. Da entdecke ich seinen Kopf. Wir winken uns zu. Die Schleuse schließt sich, das Wasser strömt ein und langsam wird das Boot nach oben gedrückt. Im Bord-Salon sitzen nur noch zwei Paare, die nun von Toni einen Kuchen mit brennenden Kerzen überreicht bekommen, dazu eine kleine Ansprache. Vielleicht ein doppelter Hochzeitstag. Gestern und vorgestern sind bereits Geburtstagskuchen überreicht worden, am ersten Tag eine zweistöckige Torte zur goldenen Hochzeit. Bevor ich hier Geburtstag feiere, springe ich lieber in den Rhein, schwimme an das Ufer und setze mich in die nächste Wirtschaft, die mir sicherlich erst nach 30 Kilometern begegnen wird.

Der Typ von der Reederei lächelt mich an, zeigt nach oben:

»The man?«

»Yes!«, sage ich.

Von Strasbourg nach Kehl und weiter. Ein Bericht

Da vorne ist Schlosserei!

Indischer Taxifahrer

Zum abendlichen Galadinner habe ich mir mein gutes schwarzes Jackett übergeworfen, darunter ein frisches schwarzes T-Shirt gezogen und bin in die schwarzen, frisch geputzten Lederschuhe geschlüpft. Um kurz nach 19 Uhr ist das Restaurant fast vollständig besetzt und ich steuere auf den mir zugewiesenen Platz an Tisch 9, begrüße die bereits Sitzenden und mir mittlerweile bekannten Gesichter freundlich. Gerade möchte ich einen Spruch zum Besten geben, der sagen soll, wie sehr ich mich auf diesen Abend, nicht ohne eine gewisse Skepsis, freue – da genau in diesem Augenblick, bevor ich die Worte so oder so ähnlich aussprechen kann, spüre ich ein Jucken und Brennen am linken Bein. Erst denke ich, es ist ein ehemaliger Mückenstich, der nun verschorft, sich wider Erwarten zurückmeldet, und ich spüre einen Drang, ihn aufzukratzen. Nach dem Hinlangen an die juckende und brennende Stelle stelle ich allerdings fest, dass es sich vermutlich um keinen verschorften Mückenstich handelt. Ich sehe unauffällig, indem ich das Bein im Sitzen hebe, in einem günstigen Moment nach, wie die juckende Stelle aussieht. Ich sehe einen größeren rötlichen Kreis um eine Einstich- oder Bissstelle. Ich stehe prompt auf und sage halblaut in die Runde, so dass man es eigentlich kaum verstehen kann, dass ich gleich wiederkomme. Auf der Restauranttoilette entdecke ich, als ich das Hosenbein hochgezogen habe, den Kopf einer Zecke, die sich mit ihrem Körper schon recht weit hineingebohrt hat. Ich trete an die Rezeption, die zu dieser Minute nicht besetzt ist, spreche jedoch ein vorbeieilendes Zimmermädchen an, die nach der Rezeptionistin ruft. Ich erkläre ihr zügig die Umstände und bitte sie um eine Zeckenzange.

»So etwas haben wir nicht, aber eine Pinzette kann ich Ihnen geben.«

Ich eile auf meine Kabine und versuche, die Zecke herauszuziehen, was vorläufig misslingt. Immer wieder rutscht die Pinzette ab oder ich kriege das Insekt nicht richtig am Kopf zu fassen. Nach mehreren Versuchen, bei denen ich Teile der Zecke herausziehe, muss ich ich einsehen, dass dieses Unterfangen nicht zum Ziel führt. Ein Teil des Insektenkörpers steckt weiter unter der Haut.

Ich steuere wieder auf die Rezeption zu und sage, dass es mir nicht gelungen ist, die Zecke ganz herauszuziehen. Der Kreuzfahrtmanager tritt hinzu und erkundigt sich, dann sagt er:

»Besser, Sie fahren ins Krankenhaus nach Kehl, oder wenn Sie bis morgen warten wollen, dann sind wir in Breisach…«

Ich falle ihm ins Wort:

»Ich fahre am besten sofort ins Krankenhaus…«

»Gut, ich rufe ihnen ein Taxi, das ist in fünfzehn Minuten da… Packen Sie ein paar Sachen zusammen, falls es länger dauert«, ergänzt er.

»Wie komme ich danach wieder aufs Schiff«, frage ich.

»Der Taxifahrer, der Hans, wir arbeiten schon länger zusammen… Er kennt sich sehr gut aus hier in der Gegend… der Hans ist Taxiunternehmer und Bootskapitän… er wird Sie zur nächsten oder übernächsten Schleuse bringen, je nachdem wie lange es dauert.«

Zehn Minuten später steige ich in ein dunkelblaues Taxi mit drei Sitzreihen, ich setze mich neben den Fahrer und nenne das Ziel…

In der Notaufnahme der Klinik stehen drei Krankenschwestern um den Schalter der »Anmeldung« und unterhalten sich, bis ich direkt vor ihnen stehe. Mit einer von ihnen spreche ich und sie füllt den Zettel aus, nach dem ich ihr meine Versichertenkarte gegeben habe. Dann sagt sie:

»Das haben wir gleich.«

Ich blicke mich um, außer mir gibt es keine weiteren Patienten. An diesem Sonntagabend wartet niemand weiter in der Notaufnahme des Klinikums Kehl.

»Am Mittag hatten wir ein paar Fälle, aber heute Abend ist es ruhig…«

Keine zehn Minuten später streckt mir ein jüngerer Chirurg seine verschwitzte Hand entgegen. Unter Einsatz einer speziellen Zange und Nadel entfernt er die Reste der Zecke. Ich stehe prompt wieder auf dem Gehsteig und nach nur einem Anruf mit dem Schiffsmanager, der, wie ich aus seinem Mund erfahre, Toni heißt, scheint alles klar zu sein.

»Ich schicke Ihnen denselben Fahrer und der fährt Sie zur Rheinschleuse Strasbourg«.

Statt des blauen fährt ein weißes Taxi vor, der Fahrer wirkt hektisch und sagt im badischen Dialekt:

»Dr Hans schickt mi, dem sein Fahrer isch bsetzt… Sie wollet zur Schleuse, des wär mer scho finde…«

Ich denke mir nichts bei diesem Satz und sehe mich schon zum Galadinner zurückkehren, bevor das Dessert serviert wird. Nach zwei, drei Minuten babbelt der Fahrer mehrmals etwas, das ich erst nicht genau verstehe. Dann jedoch recht deutlich. Auf Hochdeutsch klänge das in etwa so: Wieso schickt der mich, na ja, wir finden das schon… eine Schleuse, meinen Sie, die Südschleuse von Strasbourg, ah ja, sicher…

Er biegt von einer größeren Straße in eine Art Betonweg und brabbelt etwas von einer Steinbrücke:

»Do muss es sei… hinta dr Brücke.«

Dann hält er an und sagt:

»Hier hätt es sei müsse, aber Sie sehe ja...«

Was sehe ich? Ich sehe nichts von einer Schleuse. Eine Art kleine Gewerbestraße, vermutlich eine Stichstraße, die nach nirgendwo führt... Dann greift er zum Handy und drückt eine Nummer, über die Freisprechanlage meldet sich nach mehrmaligen Tuten eine Stimme:

»Taxiruf Kehl...«

»Saach ma dem Hans, der soll mich zurückrufe, mir stehe hier, wir finde die Schleuse net...«

Wir, denke ich, welches wir, das königliche oder das kollektive Wir?

Er fährt zurück auf die größere Straße, dann klingelt es, die Freisprechanlage meldet sich:

»Dr Hans hier, wieso findscht du die Schleuse net, die Südschleuse, die kennscht doch, hinterm Zementwerk, dann links nei...«

Der Fahrer antwortet:

»Isch dächt bei dr Steinbrücke, da bin i nei, da isch die Schleuse aber net...« »Ja, jetzt fahr halt da hin und schwätz net...«

Er stellt das Taxometer aus und brabbelt:

»Isch fahre sie jetzt do hin...«

Kurz darauf rollen wir über eine Brücke und sehen plötzlich eine Schleuse..., in der tatsächlich ein Schiff liegt. Verwundert reibe ich mir die Augen, als ich den Schriftzug MS VIRGINIA lese...

»Das ist nicht das richtige Schiff, das ist nicht die MS REGINA...«

Der Fahrer, sichtlich irritiert, hält am Fahrbahnrand an:

»Aber hierher sollt isch fahre, der isch de Stadtschleusee...«

Er dehnt das e.

»Moment«, sage ich und wähle die Nummer, um Toni zu fragen, wo sich unser Schiff befindet... Ein Freizeichen, ein zweites, ein drittes... Niemand nimmt ab.

»Isch muss weider, die nägschte Fahrt…«, drängelt er.

»Wir müssen warten, sage ich…«

Beim nächsten Versuch springt die Mailbox an:

»Ihr Teilnehmer ist momentan nicht erreichbar. Bitte versuchen Sie es zu einem späteren Zeitpunkt wieder…«

Er hebt die Arme und brabbelt jetzt lauter:

»Isch müsste längscht auf dem Weg sein…«

Dann wiederholt er die Sätze von vorhin:

»Wieso schickt dr mich, und net sein Fahrer, der wo weiß… Isch bin bloß eingsprunge für dene Fahrer!«

Ich bitte ihn, direkt an die Schleuse zu fahren. Er lenkt das Fahrzeug widerwillig ans Ziel. Plötzlich ruft Toni vom Schiff an, ich reiche das Smartphone weiter. Es fallen Sätze, gegenseitige Schuldzuweisungen. Die Schleuse, an der wir stehen, ist nicht die richtige. Aus dem offenen Fenster blickt der Schleusenwärter, der uns bestätigt, dass dies die Kanalschleuse ist und nicht die den Rhein aufwärts in Richtung Basel. Ich berappe 15 Euro, stehe binnen einer Minute in einem Mückenschwarm und rudere mit den Armen, um die Viecher zu verscheuchen.

Mein neues Taxi wird mein altes Taxi sein, das dunkelblaue und nicht das weiße, mit dem babbelnden badischen Fahrer. Mein altes treues Taxi, das mich zum Krankenhaus nach Kehl gefahren hat, wird in einer halben Stunde eintreffen, erfahre ich über eine Sprachmitteilung. Ich setze mich an den Straßenhang und warte. Die ersten Mücken kommen zu Besuch, ich schließe die Wetterjacke und ziehe die Kapuze über den Kopf.

Für das Galadinner ist es bereits zu spät, stelle ich fest. Ich habe eine Tüte Weingummi im Rucksack, eine Flasche Mineralwasser. Ich kann warten, denke ich.

Als die halbe Stunde verstrichen ist, rufe ich beim »Taxiruf Kehl« an, um mich zu vergewissern. Die mir bekannte Stimme antwortet, das Taxi käme in zehn Minuten. Und wirklich, das dunkelblaue Taxi fährt vor, ich steige ein. Wir müssen zur Schleuse Gerstheim, das wurde dem Fahrer und mir mitgeteilt, eine Fahrt von etwa zwanzig Minuten, wenn alles gut geht.

»Wir nehmen die Autobahn, das geht schneller«, sagt er.

Ein Satz, den jeder Fahrgast schon einmal gehört hat, der indirekt sagen will, ein paar Kilometer mehr sind das schon, aber dafür sind wir fix am Ziel. Ich mustere den Fahrer das erste Mal genauer: ein Mann in mittleren Jahren, ovales Gesicht mit ruhigen Augen, die Vorderlippe steht leicht vor. Er trägt ein kurzes Oberhemd in beige und sagt:

»Ich weiß, wie wir kommen zu Schlosserei am Rhein, wo Sie auf Boot warten können…«

Ich höre wohl nicht richtig, denke ich, und erwidere vorerst nichts. Die Dämmerung setzt ein, der Abendhimmel wird milchig. Ich blicke auf die Schilder der Ausfahrten, die kommen, als wäre ich der Co-Pilot des Taxifahrers. Ich flüstere mir den Ortsnamen ein, auf den es ankommt. Nach einer halben Stunde, mir ist die Zeit bis dahin ewig vorgekommen, steht der Ortsname *Gerstheim* auf dem Abzweigschild, wir biegen ab. Ich schaue zum zweiten oder dritten Mal auf das Taxometer, das fleißig seine Runden dreht, eine Zahl im höheren zweistelligen Bereich taucht auf, die ich zur Kenntnis nehme. Wir sind auf einer Landstraße und arbeiten uns vor. An einem Kreisverkehr lese ich *Gerstheim 5 km*. Am nächsten Rondell vier, dann drei Kilometer. Ich atme das erste Mal seit anderthalb Stunden auf: Die Schleuse ist nah, sagt mir eine innere Stimme, nicht ohne leichte Skepsis. Der Fahrer hat in den letzten zwanzig Minuten noch einmal beteuert, er wisse den Weg, wie er es nannte, zur *Schlosserei*. Ich fühlte mich dabei ertappt, dem Wort *Schlosserei* in diesem Zusammenhang bisher keine größere Bedeutung beigemessen zu haben. Schließlich spricht er mit einem Akzent des Fremden und es fiel mehrmals das Wort Rhein, das mich beruhigte. Wir passieren einen weiteren Kreisverkehr und biegen auf eine kleine Straße ab, die wider Erwarten nicht an den Fluß führt. Wir geraten auf eine andere Straße und am nächsten Kreisverkehr lese ich:

Gerstheim 3 km. Leicht betäubt, frage ich den Fahrer, ob er sicher sei, den richtigen Weg zu wissen. Das Taxometer ist in bedrohliche Höhen angestiegen.

Er antwortet:»Noch zehn Minuten bis *Schlosserei.*«

Mittlerweile ist es dunkel geworden, ich schaue auf die Uhr, es ist kurz vor 22:30 Uhr. Wir sind seit einer Dreiviertelstunde unterwegs und preschen durch die Nacht auf der Suche nach der Schleuse den Rhein aufwärts in Richtung Basel. Wir sind auf der französischen Seite und die Uhr rast weiter. Mir wird schwindlig beim Blick auf den Zählerstand. Ich sage nun in energischem Ton:

»Sie wissen den Weg nicht, halten Sie an und stellen Sie endlich den Taxometer aus!«

Er schweigt und fährt weiter, im Lichtkegel der Scheinwerfer sehe ich zwei Rehe, die am Straßenrand stehen.

»Da vorn, wo sind Lichter, ist *Schlosserei*«, erwidert er trotzig. »In drei Minuten…«

Wir halten an der Einfahrt zu einem Betriebsgelände. Nach meiner dritten Aufforderung schaltet er den Taxometer aus, der bei 115,50 € zum Stehen kommt.

»Übrigens, es heißt Schleuse, nicht *Schlosserei,* verstehen Sie?«

Er spricht das Wort nach.

»Wissen Sie, was eine Schleuse ist«, frage ich ihn.

Ich habe eine SMS vom Schiff erhalten, dass das Schiff in Gersheim auf uns wartet.

»Warum fahren Sie nicht mit dem Navi?«, frage ich ihn.

Er schaut mich verdutzt an, schaltet es ein.

»Ich gebe Ziel ein… wir sind in zehn Minuten bei *Schlosserei*!«

»Schleuse, nicht *Schlosserei*«, erwidere ich.

Er nickt. Wir steuern auf die verwaiste Landstraße zu, die komplett im Dunkel liegt. Er gibt Gas und fünfzig Meter vor uns wechselt plötzlich ein Reh die Straßenseite. Noch einmal gut gegangen, die Uhr zeigt mittlerweile kurz vor 23 Uhr. Tiefe Nacht und vor uns einige Lichter am Fluss.

Er sagt:»Da hinten, wo Lichter, da ist *Schlosserei*... in drei Minuten!«

Ich halte mir die Hände vor den Kopf, zum Lachen ist mir nicht mehr zumute. Eine SMS trifft ein, dass das Schiff die Schleuse von Gerstheim verlassen hat:»... nächste Schleuse Rhinau«.

Ein Fuchs kreuzt die Straße, der Fahrer weicht aus. Wir sind mittlerweile allein am Rhein, wir sind jetzt die Helden der Uferstraße! Bei den Lichtern halten wir, ich erkenne den Schriftzug: Marckolsheim.

Der Fahrer schaut mich fragend an, ich kommandiere:

»Rufen Sie Ihren Chef an, den Hans, der soll uns den Weg zur Schleuse Rhinau weisen!«

Er telefoniert, über die Freisprechanlage meldet sich der Hans:

»Wat jibt et?«

»Wir finden nicht *Schlosserei*, äh Schleuse...«

»Wo seid ihr?«

»In Marckolsheim«, antworte ich flink,»Ihr Fahrer hat die Schleuse in Gerstheim nicht gefunden...«

Keine Reaktion.

»Wo muss ich hinfahren, Chef, nächste Schleuse?«

»Wir müssen jetzt nach Rhinau«, ergänze ich.

Wir fahren in die entgegengesetzte Richtung zurück, auf dem Verkehrsschild steht: *Rhinau 21 km.* Wir sind seit fast anderthalb Stunden unterwegs, stelle ich fest, und seufze lautlos. Der Fahrer heizt durch die schwarze rheinische Prärie, wo die Funknetze minütlich wechseln zwischen on und off. Binnen einem gefühlten Herzschlag und der Ewigkeit kommen wir in Rhinau an, das heißt hunderttausend Quadratmeter Nacht: rechts die Straße, die in den Ort führt, am Fluss eine verlassene Autofähre und ein schlafender Industriebetrieb. Beide werden angestrahlt, nur weit und breit ist keine Schleuse in Sicht. Wir halten. Ich blicke in das Gesicht des Fahrers, das müde und ratlos wirkt.

»Wo ist jetzt *Schlosserei*?«, frage ich ihn.

Er lacht gequält.

»Wo kommst du her?«, sage ich in die Stille.

»Aus Indien.«

»Aus Bombay?«, frage ich weiter.

»Aus Punjab, das ist bei Grenze zu Pakistan.«

»Und wie heißt du?«

»Rumritt, aber nenn mich Ali.«

Ich lächele ihn an und sage: »Zusammen finden wir *Schlosserei*!«

Wir fahren auf einen kleinen Weg, der am Ufer entlangführt und rasch endet. Wir suchen im Navi und finden keine Schleuse, wir fahren noch einmal zurück, am zweiten Kreisverkehr ein Schild auf Französisch: *Centre Hydraulique*.

Im Turm brennt noch Licht, wir klingeln. Der Schleusenwärter öffnet das Fenster. Ali spricht mit ihm in gutem Französisch. Ich solle vor dem Eingang warten, bis das Schiff eingeschleust wird.

»Danke, Mann!«

Ich drücke ihm sechzig Euro in die Hand.

»Okay?«

Er nickt.

»Warte hier«, sagt er noch einmal.

Dreißig Minuten später gehe ich an Bord, die Bar hat noch geöffnet. Das Essen ist zwar mittlerweile lauwarm, aber ich bekomme ein kühles Bier und fühle mich wie ein glücklicher Passagier.

FREIBURG *Vor einem Haus im Stadtteil St. Georgen schläft ein Mann im Sitzen und hat eine Küchenmaschine dabei. Darüber informierte ein Anrufer die Polizei, die am Donnerstag gegen 21:45 Uhr anrückte, um den Schlafenden in der Malteserordensstraße zu überprüfen. Am Knöchel des 37-Jährigen klebte das Preisschild des Geräts. Wie sich herausstellte, stand er unter Drogen und musste ins Krankenhaus. Die Polizei stellte zudem bei der Überprüfung fest, dass der Mann mit Haftbefehl gesucht wurde, weil er eine Geldstrafe nicht bezahlt hatte und eine Ersatzfreiheitsstrafe antreten musste. Er sitzt nun im Freiburger Gefängnis. Die hochwertige Küchenmaschine der Firma Smeg steht bei der Polizei, die es für möglich hält, dass sie gestohlen ist. Wer sachdienliche Hinweise hat, kann sich beim Polizeirevier Süd melden*

Schwarzwälder Bote, 6. Juni 2016

DIND DONG. »Meine sehr verehrten Damen und Herren…«
Die MS Regina hat in der Nacht in Breisach angelegt. Wir lassen
das Frühstück ausfallen und gehen früh von Bord. Die Stadt schläft
noch. Wir passieren McDonalds, ein Dänisches Bettenlager, eine
ESSO-Tankstelle und nehmen den Zug nach Süden, der verspätet
eintrifft. Links der Strecke sehen wir die sanften, in der Sonne
liegenden Hügel des Schwarzwalds. In Freiburg steigen wir um
und müssen kurz an die Songzeile von Tocotronic denken:»Ich
weiß nicht, wieso ich euch so hasse, Fahrradfahrer dieser Stadt«.
Der ICE nach Basel hat auch Verspätung. Wir benachrichtigen
Matthyas Jenny und er schreibt zurück, dass er uns am Bahnhof
abholen wird.

Basel

Man muss den Rhein hinunterschwimmen,
um Basel zu sehen. Oder zumindest auf einem Schiff
sein. Der Rhein ist wichtig.

Hansjörg Schneider

Er trägt einen schwarzen Anzug mit weißem Hemd. Graues Haar, wache und neugierige Augen in einem Gesicht, das etwas erlebt hat. »Es wäre auch kein Problem gewesen, euch in Freiburg abzuholen, das hätte ich auch noch geschafft!«, sagt er und lacht ein leises Lachen, das wir an diesem Tag noch oft hören werden, und das ihn liebenswert und schalkhaft macht. Er führt uns zu einem Taxi. »Kommt, wir holen Hansjörg Schneider ab.«

Die beiden scheinen sich vertraut zu sein, und doch sagt Matthyas immer wieder seinen vollen Namen. Vielleicht spricht auch der Macher, Verknüpfer und Veranstaltungsprofi aus ihm, der nun, selbst auch Schriftsteller, drei andere Schriftsteller zusammenbringt, und der hier in Basel das Internationale Literaturfestival leitete, das Literaturhaus konzipierte sowie den »Tag der Poesie« ins Leben rief. Er initiierte das erste deutschsprachige Poesietelefon und war neun Jahre lang Inhaber der Bachletten Buchhandlung im Bachletten-Viertel. Zudem führte er den Verlag »Nachtmaschine«, in dem Bücher von Hansjörg Schneider, Jürgen Ploog und Jörg Fauser erschienen. Kurzum: Der Mann ist eine Legende und ohne ihn würde es in Basel in Sachen Literatur anders aussehen.

»Warum hieß dein Verlag Nachtmaschine?«, fragen wir ihn.

Er habe tagsüber gearbeitet, war alleinerziehender Vater zweier Kinder und habe nur nachts Zeit gehabt. Außerdem habe er an

einer alten Maschine die Bücher per Hand gesetzt und so kam eben die Nacht zur Maschine und sein Verlag hatte einen Namen.
»Hast du noch Bücher aus deinem Verlag?«, fragen wir ihn.
»Nein«, sagt er, »das ist alles weg.«
Bei dem Gedanken, dass die Ergebnisse seiner Arbeit, für die er sich Kraft und Schlaf abgerungen hat, nicht mehr vorhanden sein sollen, zumindest bei ihm, wird uns flau im Magen.
»Wirklich?«, fragen wir ungläubig.
»Ja, ich hab nichts mehr.«
Es ist kein Bedauern in seiner Stimme.

Kommissär Hunkeler

Nach kurzer Fahrt hält das Taxi in einer kleinen, ruhigen Seitenstraße. Matthyas klingelt, kurz darauf öffnet sich im zweiten Stock ein Fenster, Hansjörg Schneider steckt seinen Kopf heraus, ruft »Komme gleich« und steht ein paar Minuten später vor uns. Er ist groß und wirkt sportlich. Wir gehen um zwei Ecken, in eine Pizzeria. Einer von uns hat fast alles von Hansjörg Schneider gelesen, vor vielen Jahren einen großen Artikel in einem Berliner Stadtmagazin über seine Kriminalromane veröffentlicht und ist nun sichtlich aufgeregt, dem bekanntesten lebenden Schweizer Krimi-Autor und Erfinder des so heiß verehrten Kommissärs Hunkeler gegenüberzusitzen. Der Satz, der immer wieder leicht abgewandelt ist und mit dem in jedem der nunmehr neun Kriminalromane der Kommissär eingeführt wird, gibt den Sound vor, in dem die Romane geschrieben sind: »Peter Hunkeler, Kommissär des Kriminalkommissariats Basel, gewesener Familienvater, jetzt geschieden, lag im Wasser des Thermalbads Neuwiller im Elsaß und dachte nach.«
Hunkeler, ein mürrischer, meist melancholischer und dennoch durch und durch sympathischer Zeitgenosse, der seine Feierabendgetränke in Stammtischpinten zu sich nimmt, in denen er die zum Inventar gewordenen Gäste beim Vornamen nennt, der auf eine

krude und schrullige Art mit einem gleichfalls mürrischen, doch redsamen Dorschangler kommuniziert, und der sich ausgiebig und zumeist telefonisch mit seiner langjährigen Freundin Hedwig zu streiten weiß. Er ist, ähnlich wie Georges Simenons Kommissar Maigret oder Henning Mankells Wallander, ein Kümmerer, die offiziellen Dienstwege umgehender oder nach eigenem Ermessen interpretierender Typ, dessen Charakterzüge von seinem Erfinder Hansjörg Schneider weder relativiert noch entschuldigt werden. In seinen Fällen sind Ausländerfeindlichkeit oder Drogenabhängigkeit oder andere brisante Themen Ausgangspunkte der Ermittlungen. Hunkeler badet im Rhein, ermittelt im Dreiländereck, fährt immer wieder ins Elsass, wo er mit Hedwig ein kleines Haus zur Wochenenderholung und als Rückzugsort nutzt. Der Autor führt seine Leser mühelos durch Basel, er entwirft geradezu eine Kartografie, und nach der Lektüre dieser Romane hat man das Gefühl, Basel und die Menschen dieser Stadt zu kennen.

Wir setzen uns in den Garten der Pizzeria, in dem hohe Bäume stehen. Schneider schenkt jedem von uns ein Exemplar seines Romans »Lieber Leo«. Das Buch erschien 1980, da waren wir 5 und 10 Jahre alt, und sein jetziger Verlag hat es neu aufgelegt. Matthyas holt aus der Innentasche seines Sakkos die heutige Ausgabe der Baseler Zeitung, in der das Buch ganzseitig besprochen wird. Wir freuen und bedanken uns. Schneider winkt ab und sagt, dass der Verlag ihm einen ganzen Stapel zugeschickt habe und er gar nicht wisse, wohin damit. Da hätte er uns eben zwei mitgebracht. Wir bestellen Pizza. Matthyas wird später das Essen und die Getränke zahlen, so wie er alles an diesem Tag bezahlen wird. Es ist klar, er ist von hier, das ist seine Stadt, er zeigt sie uns, wir sind die Gäste.

»Was macht ihr hier? Ihr fahrt auf dem Rhein?«, fragt Schneider. Er wird uns weiterhin im Plural duzen und einzeln siezen. Er ist neu-

Basel ist im Sommer ein einziges Strandbad.

gierig und will genau wissen, was wir vorhaben, worüber wir schreiben. Er bringt Ideen ein, spricht von Gegenden und Städten, die in einem solchen Buch nicht fehlen dürften, erzählt Anekdoten.

»Wart ihr in Breisach?«

»Von dort kommen wir, das Boot liegt dort!«

»Aha, das Hochwasser.«

Wir nicken.

»Breisach ist wichtig für mich. Breisach, also, als ich damals mit 16 den Rhein hinunterfuhr, da sind wir morgens um eins auf dieses Schiff gekommen, in eine Kajüte, waren todmüde und haben sofort geschlafen, am anderen Morgen um acht, dachte ich: Was ist denn das? Und da kommt mir in den Sinn, dass ich auf einem Schiff bin, bin rausgegangen, da flitzt eben diese Kirche von Breisach vorbei, auf diesem Felsen, das war unheimlich schön. Ein wunderschönes Bild.«

Seit wann sie sich kennen würden?

»Ende der 70er Jahre«, sagt Matthays.

»Anfang!«, sagt Schneider.

Sie überlegen eine Weile, dann kommt die Erinnerung wieder und sie sind sich einig, dass sie sich 1975 in Carona kennen gelernt haben, einem Dorf im Tessin, in dem Haus von Meret Oppenheim, der Künstler David Weiss, ein Teil des Künstlerduos Fischli/Weiss, sei damals auch dagewesen.

»Ja«, bestätigt Matthyas, »ich war mit den Kindern unterwegs, in Griechenland, in der Türkei, auf dem Rückweg im Tessin, zwei Jahre lang waren wir da!«

Schneider nickt.

»Da war ein Haus, da konnten Schriftsteller zwei, drei Monate arbeiten«, sagt Schneider.

»Dieter Fringeli«, sagt Matthyas, »war auch da. Kennt man den in Deutschland?« Einer von uns kennt ihn nicht, der andere aus einer Anthologie, die in der DDR erschien.

200

Matthyas zieht sein Smartphone aus der Innentasche seines Sakkos, tippt darauf, legt es auf den Tisch und wenige Augenblicke später hören wir eine Frauenstimme, die ein Gedicht von René Schickele spricht.

»Hast du jetzt beim Poesietelefon angerufen?«

»Ja, ja, das hat Alisha Stöcklin wieder in Betrieb genommen, nach fast 30 Jahren. Sie spricht die Texte. Damals habe ich das auch selbst besprochen, um zwölf, wenn die Kinder schliefen, immer um zwölf Uhr nachts, das war eine schöne Zeit, jahrelang, die Kinder ruhten und die Gedichte arbeiteten!«

Was sich verändert hat in Basel, im literarischen Leben?

Matthyas beugt sich vor.

»Es waren andere Verbindungen. Es war auf kultureller Ebene ein anderer Umgang. Nun sind wir eine kulturlose Kulturgesellschaft. Jeder nur noch für sich. Furchtbar! Also, ich ertrage das nicht mehr. Deshalb habe ich mich von allem verabschiedet. Er…«

Matthyas nickt mit dem Kopf Richtung Schneider, »er ist einer der wenigen, zu denen ich noch Kontakt habe, weil er auch aus einer Zeit kommt, in der nicht dieses ganze aufgeblasene, lächerliche Zeugs, ach, furchtbar! Ich ertrag's nicht.«

Matthyas hält inne, starrt einen Moment ins Leere.

»Alles muss besonders sein und außergewöhnlich und das stimmt ja alles gar nicht.«

Ob sie noch Kontakt zu anderen Schriftstellern in Basel hätten, zu Leuten aus den Gruppen von damals? Auf die Frage folgt ein längeres Zögern. Matthyas sagt nichts, er sieht auf den Tisch, er hat erst mal genug gesagt.

»Also«, sagt Schneider und räuspert sich, »meine Kollegen sind eigentlich alle tot, die gleichaltrigen. Von den jüngeren kenne ich keinen gut. Aber das ist jetzt meine Situation. Die jüngeren, die haben bestimmt ein Netz, das weiß ich nicht.« Er legt beide Hände vor sich auf den Tisch.

»Mit dem Alter vereinzelt man natürlich.«

Dieser Satz ist so schwer und müde wie das Breisacher Münster und wir schweigen eine Weile.

Matthyas beugt sich wieder vor.

»Ein Betrieb läuft und dann ist man in einem Betrieb drin, und wenn man da nicht mehr mitgeht, dann ist man nicht mehr dabei. Auch im Literaturbetrieb wird man pensioniert. Das hat keinen Sinn, da noch krampfhaft mithalten zu wollen, das funktioniert auch gar nicht. Ich habe versucht, eine Reihe zu machen, eine Art Generationengespräch, mit ihm...«, Matthyas zeigt auf Schneider, »...und einem Jüngeren. Das ist gar nicht so einfach, jemanden zu finden, der reden möchte. Da fühlt man sich bedroht von uns. Bedroht, das ist lächerlich. Dabei wäre das hochinteressant, was stellt sich ein junger Schriftsteller vor, der richtig jung ist, die Zwanzig-, Dreißigjährigen, die es jetzt gibt. Und was ist mit ihm: alt, alt geworden, erfolgreich und immer noch im Betrieb, im Verlagsbetrieb. Es gibt Autoren, von denen ist vor Jahren ein Buch in diesem Betrieb erschienen und dann nie mehr. Man hat nicht mehr das Gefühl, dass es eine Aufbruchsstimmung gibt, aber vielleicht liegt das auch an mir, eben, ich weiß es ja gar nicht. Ich behaupte es aber.« Nach einer Weile fügt er hinzu: »Ich war bei einer Sofa-Lesung einer jungen Autorin hier in Basel und der Veranstalter, weil das von der Stadt finanziert wurde, wollte wissen, wie alt das Publikum ist, und wer über 34 ist, sollte die Hand strecken. Ich war der Einzige.«

Er hätte sich doch an die Schreibschule in Biel wenden können, an der junge Autoren ausgebildet werden, werfen wir ein. Matthyas, der sich die nächste Zigarette anzündet, weil er sich eigentlich fast

immer die nächste Zigarette anzündet, winkt mit der Feuerzeug-
hand ab und sagt:»Peter Bichsel hat mal gesagt, er hätte gar nicht
schreiben können an so einer Schule und er könne sich auch nicht
vorstellen, dass die Leute da überhaupt gut rauskommen, aus so
einer Schule. Und vor allem, das sage *ich* jetzt: Warum geben
schlechte Schriftsteller Schreibkurse? Wenn mir das jemand erklären könnte! Wie kommen die dazu? Schlechte Schriftsteller geben
Schreibkurse. Ist doch eine Zumutung! Und alle mit Hoffnung!«

Die teure Pizza ist gegessen und der Kellner kommt mit einem
Tablett Espresso. Wir schweigen, rühren den Zucker um und trinken. Dann möchten wir von Schneider, der seinen Kommissär
Hunkeler immer wieder Mundart sprechen lässt, wissen, wie er es
selbst damit hält.

»Ich bin Aargauer«, sagt er und er sagt es mit einer Selbstver-
ständlichkeit und einem Stolz.

Es sei ja mitunter nicht einfach, werfen wir ein, die eigene Herkunft und die damit verbundene Region oder Stadt zu mögen.

»Ja«, sagt Schneider, hebt beide Arme, lässt sie wieder fallen, als
hätte es überhaupt keinen Sinn, das nun alles länger zu erklären,
und sagt:»Aber Heimat ist wichtig.«

Wir nicken.

Schneider sagt:»Ebbend!«

Und nach einem kurzen Innehalten:»Da wird viel Mundart gesprochen, hochalemannisch. Wisst ihr, in der Schweiz reden alle
Leute Mundart. Lesen kann man das sehr schlecht, schreiben
auch, es gibt ja keine Regelung. Pedro Lenz, ein beliebter Schweizer Autor, der schreibt hochdeutsch und Mundart. Ich habe da ein
völlig entspanntes Verhältnis. Wenn ich etwas auf Mundart sagen
will, sag ich's auf Mundart. Da muss ich ja niemand nach fragen!
Im Schwarzwald, ich bin viel im Schwarzwald, da ist die Mundart

am Aussterben, die Jungen, die können besser Englisch als Mundart. Mit dem Johann Peter Hebel habe ich meine Erfahrungen mit 10-jährigen, die verstehen das nicht mehr. ›Z'Basel an mym Rhii, jo, dört möcht i sii!‹, kennt ihr das? In der Schweiz, da redet niemand hochdeutsch. Ich rede mal hochdeutsch, mal schwytzerdeutsch, das mache ich automatisch, das ist eine Schraube, die sich sofort dreht. Ich finde das schön. Ich finde eigentlich jede Mundart schön. Jede Eigenart, die sich heute hält, ist doch wunderbar, oder? Diese ganze Gleichmacherei rund um den Erdball, das ist doch katastrophal. Und in Wien, da hält es sich auch noch. Ich habe neulich einen Krimi aus Wien gesehen, zu später Stunde. Mich hat's gekugelt vor Lachen. Der war so saugut, rotzfrech, witzig. Ich hab nur die Hälfte verstanden. Das waren gute Schauspieler, die haben sich Mühe gegeben in ihrer Mundart, denen hat's gefallen, dass ich sie nicht versteh.«

Wir erzählen davon, dass auch in Berlin die Mundart langsam, aber sicher am Aussterben ist, was daran liegen mag, dass sehr viele junge Leute aus der Provinz und anderen Städten und Ländern zum Studieren nach Berlin kämen. Einerseits würde es dazu beitragen, dass Berliner Begriffe wie »knorke«, ein Wort des Gutheißens, verschwinden würden, obgleich doch dieses »knorke« uns schon vom einfachen Hören oder Sprechen die Herzen öffnen würde. Und andererseits sei es doch ein natürlicher und guter Vorgang, dass sich eine Sprache verändern würde.

»Ebbend«, sagt Schneider. »Mir ist das eigentlich egal. Eine Sprache macht, was sie will.« Er sagt es mit einer hier verwachsenen Zunge, einem hier verwurzelten Körper.

»Berlin«, sagt er, »Schweizer Schriftsteller sind nach Berlin gegangen, die bildenden Künstler nach München, aber Berlin war für uns wie Paris. Als ich in Berlin war, da habe ich mir eine Aufführung angesehen, im Theater zum westlichen Stadthirschen, gibt es das noch? Das war gut. Ich hatte ein DAAD-Stipendium, da hast du viel Geld bekommen, 3000 Mark waren das, 77 war das. Meine Familie ist ja hiergeblieben. Die Kinder gingen in die Schule, meine Frau hatte eine Stelle, da bin ich hin- und hergereist, deshalb bin ich nicht so richtig in die Stadt eingetaucht. Es gibt jetzt auch Flüge von Basel nach Berlin, eine Stunde oder so, dann bist du in Berlin.«

Schneider lacht.

»Und ihr nehmt das Schiff! Warum eigentlich?«

»Es baut Spannung in uns auf«, sagt einer von uns, »Schreibspannung. Es ist etwas, was wir noch nie gemacht haben, es ist eine völlig neue Erfahrung und das ist einfach schon mal interessant, als Ausgangssituation. Und alles andere kommt dazu, der Rhein, die Landschaft, die Begegnungen. Und es ist eine langsame Form des Reisens. Neulich hatte ich eine Lesung in Madrid, da bin ich hingeflogen, habe gelesen und bin am nächsten Morgen zurückgeflogen. Dann stand ich in meiner Wohnung und dachte, wo war ich eigentlich gerade? Das zieht die Räume sehr zusammen, ich brauche immer noch einen weiteren Tag, um zu verstehen, wo ich war.«

Wir schweigen, trinken Kaffee und in dieses Schweigen sagt Matthyas leise: »Man ist überall nicht zu Hause.«

»Ist man dann unterwegs zuhause?«, fragen wir

»Ja, ja!«, sagt Matthyas. »Als ich nach Amerika wollte, wollten die mich nicht reingelassen, weil ich nichts bei mir hatte, kein Gepäck. Ich hatte eine Adresse eines Verwandten in Amerika, das hat dann genügt. Ohne Gepäck, ist doch verrückt. Man reist nicht ohne Gepäck durch die Welt. Ich hab dem Mann erklärt, dass ich alles da hab. Warum nehmen die Leute überhaupt was mit. Es gibt alles überall. Diese Schuhe hier habe ich auf der Straße gefunden, ist doch gut.«

»Ja«, sagt Schneider.

Wir brechen auf zum Rhein. Schneider will uns noch ein Badehaus zeigen. Wir gehen zurück zu seinem Wohnhaus, davor parkt ein Kleinwagen. Er öffnet die hinteren Türen, baut zwei Kindersitze aus und legt sie in den Kofferraum. »Für die Enkel.«

Während Schneider fährt, fragen wir ihn, warum er so viel im Schwarzwald ist, immerhin fast die Hälfte des Jahres.

»Ich bin gern auf dem Land, gerade im Sommer, in den Nächten ist es richtig schön kühl, das ist sehr angenehm. Todtnauberg, kennt ihr das? Ich bin da immer im gleichen Hotel und gehe spazieren. Eine wunderschöne Landschaft. Angenehme Leute.«

»Kommissär Hunkeler hat ein Haus im Elsass«, sagen wir.

»Wir hatten ein Haus im Elsass, ein altes Bauernhaus. In den 70ern.«

Er konzentriert sich auf den Verkehr und parkt dann den Wagen in einer kleinen Straße.

»Da ist gleich der Rhein«, sagt Matthyas.

»Diese Grenzen am Oberrhein«, sagt Schneider, während wir die Straße hinunterlaufen, »die so schrecklich waren, das ist eigentlich alles Elsass. Das Elsass, das gehörte mal den Franzosen, den Deutschen, den Franzosen, den Deutschen, so ein Scheiß! Im Grunde ist das einfach eine wunderschöne Gegend am Oberrhein, die irgendwie zusammengehört und früher auch zusammengehört hat. Basel war eine freie Rheinstadt wie Köln, Straßburg, Konstanz, das sind alles gute Städte, rheinische Fröhlichkeit, sagt man in Deutschland, na ja, das hat auch was mit dem Wein zu tun.«

»Wein kann helfen«, sagen wir.

»Ebbend!«, sagt Schneider und lächelt.

Aus seiner Hosentasche holt Schneider einen Schlüssel und schließt das Badehaus auf. Die hölzerne Fassade des Hauses wirkt unscheinbar. Vor Jahren sollte es abgerissen werden, weil es so marode war, doch ein Verein habe sich gegründet und nun sei alles wieder neu gemacht. Schneider ist Mitglied. Wir steigen ein paar Stufen hinab und stehen auf Holzbrettern, darunter der Fluss. Rechts führt ein Gang zu den Umkleidekabinen und Spinden für die Kleidung. Schneider grüßt in die Runde der Badegäste, unterhält sich kurz mit der Frau, die den kleinen Kiosk bewirtschaftet, und bestellt Kaffee für uns. Die Fläche besteht aus zwei miteinander verbundenen Plattformen, die auf einem hochbeinigen Stahlgerüst aufgesetzt sind. Mittig sind zwei Becken mit Hubböden eingelassen, in denen früher ausschließlich gebadet wurde. Später wurde ein durch Balken markierter Bereich im Rhein geschaffen, in dem der Schwimmunterricht für einige Schulen stattfand. Erst in den 80er Jahren, nachdem die Wasserqualität wieder besser wurde, entwickelte sich das Rheinschwimmen zum Volkssport. Wir setzen uns an einen kleinen Tisch und richten die Stühle so aus, dass wir alle auf das Wasser sehen können.

»Schade, eigentlich«, sagt Schneider, »Anfang Juni, eigentlich könnten wir jetzt schwimmen. Basel ist im Sommer ein einziges Strandbad. Das ist schon fantastisch. Die Leute gehen ans Ufer, da drüben, an warmen Sommerabenden sind da 3000, 4000 junge Leute, das ist gut. Und hier sitzt man morgens in der Sonne und abends im Schatten. Das ist einfach wahnsinnig schön, wenn man Sonntagmorgen in der Badehose vom Münster kommt, runtersteigt und sich vom sonntäglichen Rhein runtertragen lässt.«

Unweigerlich müssen wir an den Kommissär Hunkeler denken, der seine Kleidung in einem Schwimmsack verstaut und sich gern den Rhein hinuntertreiben lässt.

»Am Badehaus ist ein Seil, da steigt man wieder raus. Die Leute denken immer, es reißt einen weg. Na, wenn es so viel Wasser hat wie jetzt, da muss man schon aufpassen.« Wir sehen auf den Fluss, der seit Tagen eine starke Strömung hat und bräunliches Wasser.

»Das ist schön«, sagt er, »ich fühle mich einfach wohl, wenn ich hier bin. Es hat drei so Badehäuser, die stehen auf Eisenpfählen, es gibt überall Badeanstalten. Es hat eins gegeben direkt unter dem Münster, da seht ihr eine Treppe, da ist eine Fähre, da seht ihr noch eine Treppe, zum Wasser hinunter, das Badehaus ist leider abgebrannt, Anfang der 60er, ich bin nie dort gewesen.«

Die Sonne scheint, es ist warm, das Wasser glitzert. Wir stellen uns die andere Seite vor, bevölkert von 4000 jungen Menschen, die weder in einer Midlife Crisis stecken noch mit einem Körper zu tun haben, der nicht mehr alles kann, was der Kopf möchte.

»Früher wohnte ich da drüben«, sagt Matthyas und zeigt auf die andere Uferseite, »das sah alles ganz anders aus. Da war die alte Stadtgärtnerei, ein alternatives Jugendzentrum, was dann ganz brutal von der Polizei zerstört wurde. Die mittlere Rheinbrücke da drüben ist die einzige noch ältere Brücke. Die Brücken sind alle neu, das sieht alles anders aus. Und es gab dieses Unglück, die haben gelöscht und das Wasser lief in den Rhein. Das war rot, rötlich, nicht feuerrot, aber rot, das war…«, Matthyas tippt auf seinem Smartphone, »…am 1. November 86.«

An diesem Tag ist in dem Industriegebiet »Schweizerhalle« eine Lagerhalle des Chemiekonzerns Sandoz mit weit über 1000 Tonnen hochgiftiger Chemikalien abgebrannt. Während der Löscharbeiten flossen große Mengen davon mit dem Löschwasser in den Rhein. Auf einer Strecke von 400 Kilometern starben die Aale und andere Lebewesen. Es war eine der größten Umweltkatastrophen in der europäischen Geschichte und führte dazu, dass über drei Wochen kein Trinkwasser aus dem Rhein entnommen wurde, der ansonsten 20 Millionen Menschen mit Trinkwasser versorgt. Es hat zu einem Umdenken geführt und die Aale sind, zum Glück, zurück.

Wir deuten auf einige flache, nahezu zehn Meter lange Boote, die seitlich des Bootshauses befestigt sind. Schneider nickt. »Ja, Weidling heißen die, also, das ist Mundart, die gibt es auch auf der Aare, da drin wird nichts mehr transportiert. Es gibt hier Fahrwettbewerbe mit den Booten, Wasserfahren nennt man das, man steht dort und winkelt das Ruder an.«

»Hier gab's Theateraufführungen vom Hunkeler, vor zwei Monaten«, sagt Matthyas und zeigt vor uns auf die Plattformen.

»Ja«, sagt Schneider, »da standen so hundert Stühle und hier haben sie gespielt. Eigentlich denkst du, es wird so gespielt«, er zeigt mit beiden Händen Richtung Rhein, »aber wenn ein Schiff vorbeifährt, haben die Schauspieler keine Chance. Na ja, es war eine kleine Sache, nichts Weltbewegendes.«

Er trinkt einen Schluck Café, sieht auf den Rhein.

»Die haben jetzt in Basel«, sagt er, »einen Super-Intendanten, den Andreas Beck, der ist saugut. Da gehen die Leute wieder ins Theater. Schauspiel ist ja auch immer schwierig.«

Da ist eine gewisse Distanz zu Basel, es sind die in Basel und er ist der, der Basel sehr lebens- und liebenswert findet, aber auch die Hälfte des Jahres auf dem Land verbringt.

»Ja, schaut ihr euch jetzt ein bisschen Basel an, oder was?«, fragt Schneider.

»Ich laufe mit«, sagt Matthyas.

»Ich würd zum Münster gehen«, sagt Schneider, »und da die Treppe runter. Da sieht man auch sofort, was der Rhein für eine Rolle spielt in Basel. Da gibt es eine lustige Geschichte, der hintere Teil des Münsters geht ja auf den Rhein. Da sieht man in den Stützen steinerne Tiere mit Rüsseln, man sieht, dass das eigentlich

Elefanten sind. Die sind, glaube ich, aus dem 12. Jahrhundert. Es gibt die Theorie, dass der Kalif von Bagdad Karl dem Großen einen Elefanten nach Aachen geschickt hat, von Nordafrika, über das Mittelmeer, über Italien und man sagt, er sei mit dem Elefanten in Basel vorbeigekommen und das habe man sich über Generationen weitererzählt, das müsst ihr euch vorstellen, ein Riesenvieh mit einem Rüssel auf einem Boot und dass diese Stützelefanten daher kommen. Der Steinmetz hatte eigentlich keine Ahnung, wie ein Elefant aussieht, der hatte nur gewusst, dass er einen Rüssel hat und unheimlich stark ist. Das finde ich sehr lustig.«

Und nach kurzem Schweigen: »Geht auch auf die andere Seite. Da seht ihr die Front, die Prachtfront von Basel, da stehen die Paläste, die schöne Seite. Basel ist ja dem Rhein zugegeben.«

Schneider will nach Hause. Er hat genug, es reicht ihm. Er lässt sich auch von Matthyas nicht umstimmen. Er sagt noch mal, dass wir uns die Elefanten ansehen sollen. Dann verabschieden wir uns.

»Machen wir einen Rundgang?«, fragt Matthyas.

»Wie lang hast du noch Zeit?«, fragen wir ihn.

»Ich habe Zeit«, sagt er, macht eine einladende Armbewegung und wir gehen los.

Matthyas, der ein geübter Spaziergänger zu sein scheint, hält nach wenigen schnellen Schritten wieder an.

»Ihr habt vorhin nach anderen Basler Schriftstellern gefragt. Jürg Federspiel war ein Freund von Hansjörg Schneider und mir. Er wurde im Februar 2007 bei einem Stauwehr unterhalb von Weil am Rhein tot aufgefunden. Er war sehr krank.«

Matthyas schnauft mehrmals leise und sagt dann: »Kennt ihr ›Die Ballade von der Typhoid Mary‹, das ist ein sehr gutes Buch. Er war einer der besten.«

Wir sprechen Matthyas auf seine Frau, die Buchhändlerin Ursula Wernle, an, mit der er gemeinsam »Das kleine Literaturhaus Basel« leitete und die nach einer langen Krebserkrankung starb. Er pflegte sie bis zu ihrem Tod 2007. Er schnauft wieder leise und wechselt das Thema. Er erzählt von seiner Buchhandlung, die er aufgeben musste, von seiner Enttäuschung darüber und schließt mit einem Satz, der bitter und traurig ist:

»Ich habe nicht mehr viel, ich brauche nicht viel, das ist nur Besitz, warum soll ich etwas besitzen, meine Frau hat auch nichts mehr.«

Die Toten und die Lebenden. Auch das gehöre zum Rhein und zu Basel, wie Matthyas sagt. »Meine Frau ist gestorben und Hansjörg Schneiders…«

Er bringt den Satz nicht zu Ende und schnauft wieder leise. Schneiders Frau starb 1997, Schneider hat ein zartes, trauriges Buch darüber geschrieben: »Nachtbuch für Astrid«, es ist ein Buch des Verlierens und Wiederfindens, des Versicherns und Gehen-Lernens mit der Trauer im Brustkorb, mit der Trauer als ständigem Begleiter.

»Hansjörg Schneider ist der Mensch, den ich am längsten kenne«, sagt Matthyas.

Wir haben unsere Jacken ausgezogen, es ist Mittag und warm, Matthyas behält sein schwarzes Sakko an, und wir laufen weiter am Wasser entlang. Er zeigt uns auf der gegenüberliegenden Flussseite sein Auto, das direkt am Ufer parkt.

»Ich wache von den Vögeln auf, um vier Uhr pfeifen sie schon. Ich brauche nicht viel Schlaf. Früh ist alles still und leise, schöne Zeit. Dahinter, schräg dahinter, in dem Haus habe ich mal gewohnt, das ist Jahre her. Kommt, ich zeige euch den Dreyland-Dichterweg, der ist ganz neu gemacht.«

Wir laufen weiter Richtung Frankreich und erreichen eine neugestaltete Uferpromenade. Wir scherzen, dass es die Transitstrecke zwischen der Schweiz und Frankreich sei. So sehr fühlt man sich eingefasst zwischen aufragenden Wänden und darüber gebogenen Laternen. Das alles hat den Charme einer Grenzanlage. Keine 500 Meter weiter nördlich befindet sich die Stelle im Rhein, an der sich Deutschland, Frankreich und die Schweiz berühren. Hier Basel, gegenüber Weil am Rhein und gingen wir weiter, gelangten wir nach Saint-Louis.

»Sie haben 24 Tafeln aufgestellt, das ist nicht schlecht, hier an der Dreirosenbrücke ist eins von Theobald Baerwart. Man kann weitergehen und Gedichte lesen, so etwas gibt es nicht oft.«

Wir stehen vor der Tafel und lesen:

»Daas isch my Stadt, my Basel
am Gnei vom wilde Rhy;
es kennt e bitzli greesser,
doch's kennt nit lieber sy.«

Über drei weitere Strophen zieht sich diese liebe Betrachtung im selben Metrum und treibt uns weiter. Wir setzen uns in den Schatten der Dreirosenbrücke, rauchen eine Zigarette, warten auf die St. Johanns-Fähre, mit der wir auf die andere Seite übersetzen. Die Basler Fähren, von denen es vier gibt, sind Rollfähren. Sie sind an einem Stahlseil, das den Fluss überspannt, mit einer Rolle befestigt. Nachdem die Fährleute das Boot abgestoßen haben, bringen sie es mit Hilfe des Steuerruders in einen 45 Grad-Winkel zu der Strömung. Dadurch wird das Boot von der Wasserkraft an das andere Ufer gedrückt. Man hängt an einem einzigen Seil und das ist bei dieser starken Strömung eine durchaus von Adrenalin gesättigte Angelegenheit.

Auf der anderen Seite angekommen, schlendern wir am Ufer entlang, bleiben hin und wieder stehen und sehen auf das glitzernde, von der Sonne getroffene Wasser.

»Hier ist im Sommer alles voll«, sagt Matthyas.

Breite Stufen führen zum Wasser hinab, dichte Bäume, die Schatten geben, Kioske mit Tischen und Stühlen. Es muss prächtig sein, hier an einem sanften Sommerabend zu sitzen und zu sehen, wie das Licht abnimmt.

»Es ist merkwürdig«, sagt Matthyas, »Ich kenne den Rhein schon so lange und da ist immer noch Wasser drin. Ist doch verrückt!«

Mit der Klingentalfähre setzen wir über auf Basels Prachtseite, und weil uns die Fahrt so gut gefällt, fahren wir auch wieder zurück, laufen dann über die Mittlere Brücke in das Zentrum, in dem uns auch sogleich Menschenmengen begegnen und die übliche Einzelhandelszusammenballung. Es ist ein harter Bruch. Waren wir noch gerade unter Bäumen am lieben Rhein und fuhren Rollfähre, sind wir nun im Shopping-Paradies angelangt.

Matthyas läuft vor, zwei, drei Schritte, klar, das ist seine Stadt, wir folgen ihm. Dann beschleunigt er seine Schritte, geht in einen Laden, wir hinterher. Eine Frau begrüßt uns sehr freundlich, Matthyas stellt uns vor. Wir sehen uns um. Dildos stehen in den Regalen, Kondome liegen in Gläsern.

»Es ist viel los«, sagt die Frau, »das ist eine Attraktion, hier kommen ganze Touristenladungen herein und sehen sich das an.«

Wir grinsen alle vier.

»Wie geht es dir?«, fragt sie Matthyas.

Matthyas kennt Basel und Basel kennt ihn. Sie sind sich vertraut. 2011 erhielt er den Basler Kulturpreis. Er hat so viel gemacht für diese Stadt, so viel für die Literatur in dieser Stadt unternommen. Einige Minuten später trifft Matthyas auf der Straße den Leiter der Abteilung Kultur der Stadt Basel. Er stellt uns wieder vor. Es ist eine kurze und nette Begegnung, der Mann trägt Akten unter dem Arm und hat es eilig. Unsere Zeit in Basel neigt sich dem Ende entgegen. Gerne würden wir länger bleiben. Wir telefonieren mit dem Busfahrer, der uns die Stelle nennt, an der sich alle Kreuzfahrer sammeln, die ebenfalls nach Basel aufgebrochen sind.

Wir gehen zu dem Münster und sehen auf den Rhein herunter. Dann wenden wir uns den steinernen Elefanten zu, die uns Schneider empfohlen hatte. Es sind putzige Lebewesen aus der Fantasie eines Mannes, der es nicht besser wusste, eine liebevoll arrangierte Arbeit. Wie schön, sie zu sehen. Sie tragen an zwei Chorfenstern die Säulen der romanischen Fenster. Ihre Ohren hängen müde herab, die Rüssel könnten Putzwedel sein, der Körper gedrungen und massiv. Diese Tiere würden in freier Wildbahn nicht lange leben. Wie gut, dass sie hier ihren Platz haben. Sie werden uns alle überleben.

Wir setzen uns vor das Literaturhaus in die Sonne, schwitzen und trinken Kaffee.

»Zoë hat eine Kurzgeschichte über Jürg Federspiel geschrieben, ›Die Ballade vom Rhein‹, in ihrem Buch *Spätestens morgen*«, sagt Matthyas. »Das könnt ihr nachlesen, die Geschichte ist sehr gut!« Zoë Jenny, die in den neunziger Jahren mit der Erzählung »Das Blütenstaubzimmer« debütierte und mit diesem Buch enormen Erfolg hatte und seither weitere Bücher veröffentlichte, ist Matthyas' Tochter. Er ist ein stolzer Vater. Und er freut sich, als einer von uns erzählt, dass er einige Bücher von ihr gelesen habe und sie mochte.

»Schön«, sagt er und lacht wieder sein leises Lachen.

»Wisst ihr, Basel und seine Schriftsteller, da ist so viel Neid! Es ist furchtbar. Zoë lebt jetzt in Wien, ich besuche sie oft. Es verstehen sich alle gut, aber wenn jemand Erfolg hat, in der ganzen Schweiz ist das eigentlich so, wird er beneidet. So viel Missgunst!«

Matthyas bringt uns zu dem Museum, vor dem der Bus schon wartet. Wir sind die letzten. Matthyas, da steht er, den wir liebgewonnen haben, in seinem schwarzen Sakko, mit Sonnenbrille und einer Zigarette im Mundwinkel. Er, der so viel unterwegs war, er, der keinen Besitz braucht, er, der in Basel Verwurzelte. Wir danken ihm und freuen uns auf ein Wiedersehen.

Im Reisebus ist es angenehm kühl, die Sitze sind weich und der Fahrer, ein bärtiger Mann mit gestreiftem Pullover, der aussieht wie der Vater von Pipi Langstrumpf, hört leise Popmusik. Wir sind müde vom Laufen, vom Reden, vom Zuhören. So viele Eindrücke, die wir gesammelt haben. Der Bus fährt durch die Innenstadt von Basel, biegt dann ab auf eine Bundesstraße. Von der Autobahn aus sehen wir den Rhein, der parallel verläuft. Links Frankreich, auf der anderen Flussseite, rechts die Ausläufer des Schwarzwalds und weiter hinten Todtnauberg, der Ort, in dem Hansjörg Schneider die Sommer verbringt und den wir uns ansehen wollen. Hinter Hartheim verlässt der Bus die Autobahn, Richtung Breisach, Richtung MS Regina.

BLUMBERG *In der Blumberger Hauptstraße würden vor Zebrastreifen oft Lieferwagen parken und die Sicht beeinträchtigen. Hauptamtsleiterin Nicole Schautzgy kennt die Situation, sie habe schon mit dem Hausbesitzer und mit der betroffenen Person gesprochen, ihr Vorschlag sei nicht so angekommen wie erhofft. Aus ihrer Sicht, so Schautzgy, werde der vorgeschriebene Abstand von fünf Metern zum Zebrastreifen nicht eingehalten. Sie fahre an diesem Zebrastreifen langsam. Sie hätten auch schon eine Absperrung, etwa durch einen Blumentrog überlegt. Bürgermeister Markus Keller ergänzte, die Stadt versuche es im Guten, angedacht sei auch eine Markierung: »Wir müssen eine schnelle Lösung finden.«*

Schwarzwälder Bote, 6. Juni 2016

Schwarzwald – Wilhelm Hauff und »Das kalte Herz«

Wer durch Schwaben reist, der sollte nie vergessen, auch ein wenig in den Schwarzwald hineinzuschauen; nicht der Bäume wegen, obgleich man nicht überall solch unermeßliche Menge herrlich aufgeschossener Tannen findet, sondern wegen der Leute, die sich von den anderen Menschen rings umher merkwürdig unterscheiden.

Wilhelm Hauff »Das kalte Herz«

So schrieb der Schwabe Wilhelm Hauff um das Jahr 1825. Da blieben ihm nur noch zwei Jahre. Er »entschlief sanft, indem er Gott ›seinen unsterblichen Geist‹ empfahl, am 18. November 1827« – wie Gustav Schwab es ausdrückte. Wir wollen den Märchen glauben und nicht so sehr den späten Märchenerzählern. Wir wollen ein wenig mehr in den Schwarzwald hineinschauen, der Menschen wegen und der Bäume.

Heidegger und Celan in Todtnauberg

Wir fahren noch einmal über Freiburg, es ist Hochsommer. Dieses Mal nehmen wir am Hauptbahnhof den Bus Nr. 7215, der uns über Todtnau an das Ziel unseres Tagesausfluges bringt. In den Hochschwarzwald, wo die Tannen am dichtesten stehen und nicht selten bis dreißig Meter in die Höhe wachsen. Hier finden sich Orte, deren Namen finster und archaisch klingen: Todtmoos, Halde, Notschrei, Aftersteg und Hangloch. Eines dieser Dörfer liegt auf knapp tausend Metern und ist durch den Philosophen

Martin Heidegger zu Bekanntheit gelangt. Nach Todtnauberg fahren seit fast vierzig Jahren seine Jünger und pilgern zur Hütte, die an einem Sonnenhang steht.

Wir sind keine Jünger, aber wir möchten das Phänomen dieser Kultstätte ergründen.

Wieso kommen noch immer jährlich dutzende Menschen zum Sommerhaus von Heidegger? Bei der Ankunft stellen wir fest, dass es hier oben fünf Grad kühler ist, also nur knapp 26 Grad. Das Dorf ist touristisch erschlossen, wen wundert es. Wir fragen die Wirtin eines Gasthauses nach der Hütte, sie ist im Bilde.

»Geht da rauf auf den kleinen Höhenweg und dann findet ihr es schon!«

Es geht leicht bergan, die Luft ist gut und wir atmen frei. Ein paar Wanderer kreuzen unseren Weg oder kommen uns entgegen.

»Grüß Gott!« sagen wir und erhalten ein festes »Grüß Gott!«

Die Wiesen sind herrlich grün und die guten Schwarzwald-Milchkühe fressen Gras.

Wir blicken auf die ersten Relikte, die zu Heidegger führen. Tafeln am Wegrand, die auf den Meister hinweisen. Am sogenannten »Martin Heidegger-Rundweg« und »Martin-Heidegger-Panoramaweg«, auf denen der friedliche Gast spazieren soll, kann man lesen, dass die Bevölkerung diesen Mann schätzte, und er die Frauen aus dem Dorf zu Kaffee und Kuchen einlud. Man kann lesen, dass Heidegger gern mit seinen Söhnen in den Wald ging, um Himbeeren zu sammeln. Dass er für sie einen kleinen Tennisplatz baute. Ein kinderliebender, menschenfreundlicher Mann, wie es scheint. Wir schauen ungläubig, laufen den Weg weiter. Die Hütte jedoch finden wir nicht sofort. Zwei Mal sehen wir in der Entfernung von etwa zweihundert Metern leerstehende Hütten, laufen drauf zu, und müssen feststellen, dass es nicht die richtige ist. Wir kennen nur Fotos von Heideggers Holzhaus, der Weg zu ihm ist nicht ausgeschildert. Wir fragen eine junge Frau, die uns sagt, wo wir den

Hang hinaufgehen sollen. Er geht über eine Wiese, die steil bergan führt. Die Wiesen sind Feuchtwiesen (Wasen) und leicht moorig. Nur wenige Meter vom selbstgetretenen Pfad grasen vereinzelte Kühe. Ihr Ausfluss trocknet in der Sonne. Ein friedlicher Flecken Erde. Wir versuchen uns an das zu erinnern, was wir wissen:

Vor knapp einem halben Jahrhundert muss der Dichter Paul Celan einen ähnlichen Weg genommen haben. Auch er kam aus Freiburg, mit einem Fahrer, der ihn hierher brachte. Er sah dieselben Pflanzenarten und Blumen. Heilkräuter, irres leuchtendes Zeug. Das Gras ist tausendmal grün. In seinem Gedicht »Todtnauberg«, das im Jahr seines Freitodes 1970 erschien, drei Jahre nach dem Treffen mit Heidegger, schrieb er:

»die in dies Buch / geschriebene Zeile von / einer Hoffnung, heute, / auf eines Denkenden / kommendes / Wort / im Herzen…« Heideggers Wort an den Juden Celan und ein Eingeständnis von Schuld blieb aus. Eine Versöhnung unmöglich. Der Antisemit Heidegger, der zwölf Jahre lang Mitglied der NSDAP war, schwieg. Vor der Hütte steht noch immer der Holzbrunnen mit dem Sternwürfel. Celan vermutete im Würfel das Symbol abgeschlagener Hakenkreuze. In der gleißenden Abendsonne sieht der Brunnenkopf mit dem Stern für einen Moment wie ein schreiender Mund aus. Neben der Tränke eine Silberdistel, ihre Schönheit und Widerständigkeit. Am Hang eine Feuerstelle, schwarz und mit frischer Asche bedeckt. Unten im Dorf sollen noch heute Nachfahren des Philosophen und Freiburger Professors wohnen, wie wir hören.

Vor einem Gasthaus fragen wir eine ältere Frau, ob sie Heidegger gekannt habe. Nach kurzem Zögern antwortet sie:

»Ja, ich kannte ihn. Wissen Sie, das ist lange her. Er war gut zu den Bewohnern hier.« Dann wendet sie sich ab.

»Der Wald steht schwarz und schweiget« – heißt es in dem berühmten »Abendlied«, jenem am meisten verbreiteten Gedicht in deutscher Sprache. Welcher schwarze Wald hier gemeint ist, oder ob es sich um eine generelle Zuschreibung handelt, die für jede Art von Wald gilt, bleibt vorerst offen. Dass der Wald nachts schwarz erscheint, begreifen wir sofort. Aber dass er schweigt?

Wir haben uns vom Hochrhein auf den Weg gemacht, die bedeutende Kulturlandschaft des Schwarzwalds zu ergründen. Nicht weit von Offenburg fließt der Strom entlang und nach zwanzig Minuten Fahrt kommen wir in der Stadt an, die auch »Das Tor zum Schwarzwald« genannt wird. Offenburg ist heute eine mittelgroße Provinzstadt, die für sich genommen ein ruhiges Dasein führt und nicht allzu häufig Erwähnung findet.

Viel reizvoller als die Stadt sind die kleinen Orte und Dörfer, die sie umschließen.

Sie sind von grünen Oasen umgeben, die mit Weinhängen und Obstbäumen bewachsen sind. Die Hügellandschaft geht ins Bergige über, Täler erstrecken sich über eine weite Fläche. Über Gengenbach führt unser Weg. Sanft zeichnen sich die Berge ab, ihre schmalen Rücken. Wir sehen Steilhänge mit Rebstöcken bepflanzt, die dieser Landschaft einen Ausdruck von stiller Schönheit verleihen. Dann wird der Wald links und rechts dichter, durch das Tal fließt ein Flüsschen. Wie schwarz der Wald hier ist? Worüber er schweigt? Tatsächlich steht er im Kinzigtal grün und die Häupter der Tannen rauschen. Sie duften harzig frisch wie ein Baumparfum und spenden Leben. Die Nadeln rascheln und wispern mitunter, es kommt plötzlich Wind auf. Andere Baumgruppen haben sich dazugesellt, ein ganzes Meer von Bäumen und Pflanzen, die unhörbar sprechen. Wahrscheinlich ist der Dichter des »Abendliedes«, Matthias Claudius, Zeitgenosse von Klopstock und Herder, niemals hier gewesen, denn er verbrachte die Zeit seines Lebens auf dem platten Land. Wie wir, die von Berlin hierherkommen, um die Landschaften der Rheinebene genauer zu erkunden. Oder sie zumindest zu verstehen versuchen. Aber was verstehen wir denn, was begreifen wir, wenn wir in einem Wald stehen? Welcher Ruf ereilt uns, und von welchem Baum? Welcher Vogel kennt unsere Stimme? Die Arbeit der Bäume, die ohne unser Zutun geschieht, wie können wir sie für uns gewinnen? Das Immaterielle für uns gewinnen: jenes filigrane Werk des Spechtes, die unermüdliche Arbeit der Armeen von Ameisen. Ihre Straßen, die durch das Unterholz führen, die zu etwas anderem hinführen als zu unserer Zivilisation, die eine Hohl- und Brennform aus Metall, Gips, Styropor, Glas und buntem Beton ist. Wir, die im Sitzen fliegen und im Liegen schlafen, die im Gehen nichts sehen, außer in diesen Tunnel, den wir uns gegraben haben, aus welchem Grund? Was begreifen wir denn mit einem Bestimmungsbuch in der Hand? Kein Vogel kennt unsere Stimme, kein Baum nimmt von uns Notiz. Dass wir Heutigen die Sprache der Bäume nicht kennen, ist offensichtlich. Die Natur scheint für uns manchmal wie ein Blinden-Buch, dass wir kaum zu ertasten vermögen.

Und doch bemühen wir uns, die Natur zu begreifen, ihr näherzukommen.

Kaum angekommen, sind wir zu einer Treckerfahrt eingeladen auf den Vogtsbauernhof. Wir sitzen anfangs etwas verspannt auf dem türkisgrünen Bulldog. Es geht in eine steile Linkskurve, wir halten uns am Griff fest. Doch unsere Fahrerin Bonnie, die uns vom Gasthof abholt, lenkt das Gefährt traumwandlerisch sicher. Der Bauernhof ist ein Museum. Sie hat sich in eine ländliche Tracht gekleidet und spielt uns das Leben der letzten Vogtsbäuerin vor: in sechs Akten. Großes Theater! Dann spricht sie im echten Gutacher Dialekt vom Erdapfelacker und altem Getreide.

Und dass der Flachs nicht nur im Märchen blüht. Der Flachs hat ein paar blaue Blüten. Im Garten des großen Bauernhauses steht die Königskerze. Wir treten ein und beginnen eine Zeitreise

Das Dorf ist touristisch erschlossen, wen wundert es.

ins 17. Jahrhundert. Sitzen in der uralten Bauernstube an der Bibel-nische. Wer welchen Platz eingenommen hat? Björn ist heute der Vogtsbauer, der Herr, und ich neben ihm, der Oberknecht. Ich protestiere: »Ich möchte kein Oberknecht sein.« Wäre ich der Knecht, vermeintlich ein Leibeigener, müsste ich meinem Herrn die Kehle durchschneiden, um frei zu sein. Aber Gottseidank bin ich der Stadtschreiber von Hausach, atme ich erleichtert auf. Wir stehen wenig später in der Rauchküche, die vollkommen schwarz ist. »Es gibt hier keinen einzigen Holzwurm im Gebälk«, sagt Bon-nie, »alles ausgeräuchert.« Am Deckenbalken hängen schwarze, verkohlte Würste und es tropft. Wir sind ins Fettnäpfchen getreten mit unserem Unwissen über die Bauernjahrhunderte. Tranfunzel, Zunderschwamm und Feuerkien. Es herrschte viel Dunkelheit in jenem Zeitalter vor der Erfindung des elektrischen Lichts. Von Bonnie erfahren wir, dass der Lehnherr immer zwei Forellen im Quellbrunnen hielt, um im Falle ihres plötzlichen Ablebens ge-warnt zu sein. Dass man sich gegenseitig das Wasser trübte oder den Speicher anzündete, wer ahnt es nicht? Glauben und Aber-glauben waren nicht nur tief verwurzelt – wer aus ihren vergifteten Quellen trank, konnte von einer tödlichen Krankheit befallen wer-den. Die kleinen Lanzen auf dem Dachgiebel beweisen noch heute: Hier konnte keine Hexe landen! Mägde und Knechte schliefen im Stroh sommers wie winters in der »Tierwärme«, wäh-rend Herr und Herrin im Himmelbett lagen über der Ofenstelle. »Woran man den reichsten Bauern erkannte?«, fragt Bonnie. »Am größten Misthaufen!« Danach soll kein Hahn mehr krähen in Gutach – »dem Kalifornien des Schwarzwalds«. Wir wollen das Himmelreich schon auf Erden errichten: mit Zuckererbsen, Bet-ten, und Hoffnung für alle! Für alle, die kommen. Vorerst tanzen die Kühe, wenn Bonnie ruft. »Annabell«, ruft sie und eine Kuh tanzt Walzer, dann eine zweite und dritte. Das gefällt uns, wir klatschen Beifall.

Wir fahren mit dem Auto zurück, nicht mit dem Trecker. Sind wieder in der kleinen Ortsmitte, laufen hinüber zum Kanal. Wir sehen einen vereinzelten Herrn, gehen auf ihn zu. »Die Zeit der Flößer ist vorbei«, murmelt er mehrmals. Er steht am Bach und blickt auf das Schild, auf dem geschrieben steht, dass hier früher ein Schutzbrett aus Holz das Wasser rückstaute. Hinter der Stellfalle lag eine Art Wasserstube. Bis etwa 1900 fuhren Flöße auf dem kleinen Fluss Kinzig. Der Handel mit Holz war lange Zeit einträglich. »Bis nach Rotterdam ging es auf den Stämmen den Rhein hinunter«, sagt er, nachdem er uns entdeckt hat.

Wir nicken. »Junger Mann«, sagt er zu uns beiden, »können Sie mir helfen, den schweren Rucksack ins Kreuz zu stemmen.« Einer von uns hebt den Rucksack auf, der am Boden liegt. Er dankt und zeigt mit der linken Hand Richtung Fluss. »Mein Urgroßvater ist noch auf der Kinzig gefahren.« Wir blicken ihn staunend an. »Schatzhauser im grünen Tannenwald, bist schon viele hundert Jahre alt, Dir gehört all Land, wo Tannen stehn« – ruft einer von uns ihm zu. »Sie kennen doch sicher die Sage vom Glasmännlein?« Er wirkt irritiert. Einer von uns ergänzt: »Das kalte Herz. Das Märchen vom Kohlenmunk-Peter…« Er zieht die Stirn in Falten. »Ich erinnere mich nicht mehr genau«, sagt er. »Wahrscheinlich haben wir es in der Oberschule gelesen.« Er blickt auf das Wasser des Mühlenbaches und sinniert: »Mein Großvater war der Letzte, der diesem Beruf nachging. Alle Männer in unserer Familie waren Flößer.«

Er öffnet den Rucksack und holt eine Fastnachtfigur heraus, die einer Maske ähnelt und an einer Schnur hängt. Er hält sie uns hin und sagt: »Das ist der Hansele, ich trage ihn immer mit mir.« Er hängt ihn sich um den Hals. »Mein einziger Freund auf der Welt!«

Wir möchten etwas erwidern, das sagen soll, dass es bestimmt auch einen Menschen gibt, der ihm ein Freund ist. Der Hansele sieht uns mit roten Wangen an, den Mund leicht geöffnet. »Träumt er?«, fragen wir den alten Mann.

Er antwortet nicht, dreht sich langsam weg. Nach einer Weile wendet er sich uns noch einmal zu und sagt: »Der Hansele ist ein Narr. Ein Narr auf dem Hügel, der zusieht, wie die Welt zugrunde geht!« Sein Blick geht jetzt ins Leere. »Entschuldigen Sie«, sagt er, »ich muss zurück ins Seniorenheim zum Kaffeetrinken.« Dann schlurft er Richtung Straße und wir sehen ihm eine halbe Minute nach, bis er aus den Blicken verschwindet. Es ist Spätsommer, die Fastnacht noch weit, aber eines Tages kommen wir zurück.

Kinzigtal – Fasent in Hausach

Hansele, wer bist du denn?
Chef der Narretei.
Rede über Fastnacht viel,
Reden ist jetzt frei.

Das Hausacher Narrenfahnenlied

Wir erinnern uns lebhaft an das, was wir im letzten Jahr erlebten: Der Zug hält in Hausach, früher auch Hausen und Huse genannt. Hier, im Kinzigtal, wo vor mehr als einem Jahrhundert die Flößer den Fluss hinauffuhren. Nachzulesen bei Hauff. Im Kalten Herz. Und in den Geschichtsbüchern. Die Kinzig ist nicht eben ein großer Strom und doch prägt sie das Bild der Landschaft, sie gehört zu den Nebenflüssen des Rheins. Alles entspringt und mündet. Diese Vielfalt gehört zum Fließen. Die kleinen Flüsse speisen den Rhein. Die Kinzig, die Gutach. Die Wolf fließt in Wolfach in die Kinzig, und vor gerade einmal drei Wochen erstarrten beide im Eis. Riesige Schollen drückten gegen die Landmasse. Bis auf ein paar kleine Schäden passierte zum Glück nichts.

Wir laufen die Straße entlang, die vom Bahnhof in die Stadt führt. Am heutigen Donnerstag, dem 23. Februar, wird die Fastnacht ausgerufen, die in Hausach Fasent heißt. Es ist ein milder, fast warmer Februartag, die Sonne scheint, und wir knöpfen die Jacken auf. Das Thermometer an der Apotheke zeigt stolze 17 Grad. Die kleine Stadt Hausach liegt an beiden Seiten der Kinzig, ihr älterer Teil auf der linken Seite. Über ihr die Burg, in der heutigen Zeit eine Burgruine. Ein Weg führt am Fluss entlang, den sollte man gehen, wenn man nach Hausach kommt. Durch eine Unterführung gelangt man an den Bach und in die Innenstadt. Wir bleiben stehen, blicken in das Wasser, das klar ist. Wir hören Fanfaren und Blasinstrumente, keine hundert Meter weiter wehen bunte Wimpel. Verkleidete Menschen stehen auf der Straße und dem Gehsteig direkt vor dem Rathaus.

Die Narren und Narrinnen, Hästräger, wie sie landläufig heißen, treten in ihren Kostümen auf. Sie tragen an ihrem Kostüm Schellen und Glöckchen. Dann kommen die Herren Narrenzunftmeister in blauen Trachten, aber zur richtigen Narretei gehören die Masken: Das Hansele und Spättle! Es geht um die Verkleidung und für ein paar Tage aus dem normalen Leben zu entfliehen, und wild zu sein, völlig außer Rand und Band zu geraten. Wenn schon nicht als Hexe, dann als Hexer? Ach was, alle Frauen sind Hexen, zumindest in der Narrenzeit! Das sehen wir beim Großen Umzug, ganze Waldscharen voller Hexen, Kräuter- und Feuerhexen, mit archaischen Masken. Alle Frauen sind Hexen – das ist nicht wahr, sie sind auch Pfauen und schöne Wesen wie Froschköniginnen!

Narri!
Narro!

Der »Schmutzige Dunschdig«, der so heißt, weil an diesem Tag von alters her Krapfen, Küchle und Nonnefürzle in Fett gebacken wurden, ist der eigentliche Auftakt der schwäbisch-alemannischen Fasnacht. Auch wurde an diesem Donnerstag das letzte Mal vor der Fastenzeit geschlachtet und jede Menge Fleisch und Fett verzehrt.

Zum »Schmutzigen Donnerstag« gehört in Hausach die Katzenmusik, das Konzert für alle, gewissermaßen das Konzert des Jahres. Am Nachmittag ziehen bereits Kinder unter Katzengeschrei mit Umhängebeutel und »Handkrach-Instrument« durch die

Straßen, natürlich ohne Begleitung der Eltern. Abends sammeln sich die erwachsenen Katzenmusikanten hinter der Kirche, schwarz gekleidet, mit seltsamen Hüten, an denen Aufnäher hängen und Buttons. Man trägt möglichst abgetragene Klamotten, die Lumpen ähnlich sehen sollen, denn die Katzenmusik steht in der Tradition der freien Meinungsäußerung mittels Lärm und Geschrei des einfachen Volkes, wie es beispielsweise auf Kundgebungen im Revolutionsjahr 1848 üblich war. Ein jeder und eine jede hat ein Musikinstrument, zumeist aus der Küche, mitgebracht. Erlaubt ist, was Krach macht, Topfdeckel und Hämmer, Nudelhölzer, Schlegel und Metallplatten, auch mal ein Horn. Vorneweg läuft der Obmann, er trägt einen Mond, um den Katzenmusikanten heimzuleuchten. Ihm folgen zwei Schlagmänner, die auf eine gelbrote Tonne trommeln, dann der Tross der Musikanten, getreu dem Motto: HOORIG HOORIG ISCH DIE KATZ!

Wir reihen uns ein, haben jeder zwei Topfdeckel dabei und schlagen diese im vorgegebenen Rhythmus aneinander. So geht es los, es sind wohl knapp hundert Katzenmusikanten, die durch die Stadt ziehen. Begleitet wird der Tross von der Narrenpolizei, diesen in wilhelminischen Uniformen steckenden Schnauzbartträgern mit einer Art Zylinder auf dem Kopf, aus dem eine Schuhbürste wächst. Ein Narrenpolizist trägt eine Hornbrille und eine überlebensgroße Pappnase, versteht sich! Er hat anstelle der Schulterstücke Bürsten an seiner Uniform. Manchmal hängen an ihnen Miniatur-Handschellen. Die Narrenpolizei sorgt dafür, dass die Katzenmusikanten ungestört von Autos und Fahrradfahrern sowie Passanten ihren Krach machen können. Es wird immer dieselbe Folge von Takten geschlagen. Mit stoischer Ruhe und gleichbleibender Kraft. Wir laufen zu zweit nebeneinander her, ein großer ernster Zug; so geht es die Hauptstraße entlang, vorbei an Kirche und Rathaus. Der Takt leitet uns, wir schlagen diese Musik. Sie soll die alten Geister des Winters und der Unfreiheit vertreiben, und je mehr gleichzeitig die Kochtopfdeckel zusammenschlagen, desto deutlich hörbar wird es! Ein zweistündiges Konzertstück, die ewige Wiederkehr des Gleichen. Nach einem Kilometer, wir haben die Innenstadt verlassen, passieren wir das Seniorenheim von Hausach; ein paar Pflegerinnen schauen zum Fenster heraus und winken uns zu. Diese Katzenmusik heilt von innen, ihr Lärm tut wohl. Gewiss wird sie nicht die Toten aufwecken, aber sie einigt die Lebenden in ihrem Tun. Wir biegen in eine Seitenstraße ein, folgen dem hellen Mond. Den ersten Schlagwerkern und Bläsern: Hungrig ist die Katz und hoorig, und ist sie es nicht, fängt sie keine Maus. An der nächsten Kreuzung kommt der Tross zum Halt. Der Mond leuchtet uns, die beiden Schlagmänner trommeln den vorerst letzten Takt. Es wird auf einmal still, wir stehen vor einer offenen Garage, die einer Tafel gleicht und einem Ausschank. Der Obmann ruft den Dank der Katzenmusikanten aus und schon laben wir uns an Hefezopf und belegtem Brot mit Schinken und Ei, es gibt Weinschorle und Bier, alles nicht zu knapp.

Bisher sind wir still unserer Arbeit nachgegangen und schlugen die Musik, jetzt spricht alles miteinander. Der Ernst weicht der Freude, Teil dieser Gruppe zu sein. Wir fragen eine Frau, die mit ihrer männlichen Begleitung am Straßenrand steht, und Weinschorle trinkt.

»Wie lange macht ihr hier schon mit?«

»Eigentlich jedes Jahr.«

»Weißt du genau, wie lange, Klaus«, fragt die Frau ihren Mann.

»Seit bestimmt dreißig Jahr oder länger, das gehört einfach dazu bei dr Fasent!«

Wir stoßen an.

»Weischt, mir wolle die bösen Geister vertreiben!«

»Das wird uns gelingen!«

»Schon als kleines Kind wollte ich mitmachen… An einem Faschingsmontag, wo es immer früh um sechs beginnt, hab ich mich im Nachthemd aus dem Haus geschlichen, ich war sieben, wir wohnten direkt bei der Kirche … Kurz darauf haben die Eltern mich gefunden, aber ich wollte unbedingt mitmachen …«

Wir holen uns noch ein Getränk in der Garagenbar. Um den improvisierten Tresen stehen zehn oder zwölf Leute, davor ein paar Grüppchen. Eine ältere Dame reicht Getränke, neben ihr steht ein Mann. Er füllt Sprudel in die halb mit Wein gefüllten Becher, öffnet Bierflaschen.

»Sie machen den Ausschank privat?«

»Ja, wir sind Mitglieder in der Narrenzunft und freuen uns, die Katzenmusikanten zu bewirten!«

»Jahr für Jahr?«

»So ist es, seit 1978 oder 79, ganz genau weiß ich es nimmer …«

»Das finden wir großartig!«

Der Mond füllt sich und die beiden Schlagmänner trommeln zum Aufbruch. Zuvor wird im Chorus den freundlichen Spendern gedankt. Dann geht es weiter im Takt. Wir laufen noch anderthalb Stunden durch die Straßen und Gassen, schlagen die Trommel. Machen Rast bei der Narrenzunft und im Hof der ehemaligen Mosterei. Überall werden wir freudig empfangen, überall gibt es Kaltes zu trinken für die Katzenmusikanten, und belegte Brote und Kuchen. Nach dreieinhalb Stunden löst sich der Tross auf, einige gehen nach Hause, die meisten laufen zum Ratskeller, wo der späte Abend ausklingt in den frühen Freitagmorgen.

Narri!
Narro!

An den beiden Samstagen vor und an der Fasent ziehen die sogenannten Schnurranten durch die Gastwirtschaften, erzählen Sketche, Klamauk und kleine Geschichten, sie singen und spielen mit

Instrumenten auf. Dieses Schnurren hat jahrhundertelange Tradition. Der Narr, klüger als der Dummkopf und weitaus in der Unterzahl, spöttelt gegen den braven Bürger und die Obrigkeit. Er schüttet Hohn aus gegen jene, die sich krumm machen, die nach oben kuschen und nach unten treten. So ist das im Grunde bis heute geblieben, das Lachen befreit!

Narri!
  Narro!

Was wäre die hiesige Fasent ohne den Dichter und Übersetzer José Oliver? Der Schwarzwälder mit andalusischen Wurzeln, der auch zweiter Vorsitzender der »Narrenzunft« ist und vor zwanzig Jahren das Literaturfestival »LeseLenz« zusammen mit Gisela Scherer gegründet hat (das seit einigen Jahren von Ulrike Wörner bereichert wird), ist das verbindende Element zwischen Kunst, Kultur und Integration. Heimat als fester und doch beweglicher Ort, so könnte man seine Philosophie beschreiben. Wenn die Welt ein Dorf ist, muss man die Leute aus den Dörfern zusammenbringen. Und das tut er, mit einem feinen Näschen für die schöne Literatur (für Große und Kleine) – und vor allem für die Poesie! Mit großem Geschick und einer Begeisterung, die einmalig ist. Mit einer Gastfreundschaft, die jedem das Herz anrührt und weitet. Und welche andere Kleinstadt mit gerade einmal 6000 Einwohnern leistet sich ein über einwöchiges internationales Literatur-Festival? In diesen acht oder neun Tagen sind viele der Hausacher/innen auf den Beinen, die mithelfen, dass so etwas gelingen kann. Eigentlich machen fast alle mit, die Leute aus dem Rathaus, die großen und kleinen Sponsoren, und jede Menge ehrenamtliche Helfer. Das fängt beim Fahrer an und endet bei der Besitzerin des Gasthauses »Blume«. Ein Hoch auf den »LeseLenz«, ein Hoch auf José Oliver!

Narri!
Narro!

In seinem Essay »Mein andalusisches Schwarzwalddorf« schrieb José Oliver über das jährliche Fest vor dem Fasten:
»Von der *Fasent in Huse,* zu sprechen, hieße, Narrenbücher zu schreiben. In Fortsetzungsbänden. Eine unendliche Geschichte im großen Schuber Tradition aufzuschlagen. Jedes Jahr eine weitere Folge, die in Frühlings-, Sommer-, Herbst- und Winterfarben hinzukäme und den unermüdlichen Schalk aus dem Immerwiederkehrenden der Husacher Fasent und dem Erfinderischen ihrer leidenschaftlichen Gestalten in Wort und Bild festhalten würde... Verwandlung also. Der Mensch in seinen Widersprüchen. In seinem übermütigen Größenwahn zwischen Pfauenfeder und Eselskappe. Ein Ausleben der Gegensätze vor der Demutshaltung unterm bewusst empfangenen Kreuz am Aschermittwoch danach – Memento mori! Immer aber ehrlicher in seinem Durst nach sich selber. Ohne den zeitschnürenden Terminkalender der Verpflichtungen aus Alltag und Wiederholung, und doch darum wissend, dass diese nicht abzuschütteln sind und die Fünfte Jahreszeit allenfalls eine Atempause bedeuten kann. Nicht mehr. Nicht weniger. Nicht existentiell wie es in früheren, vermeintlich unaufgeklärteren und undemokratischeren Zeiten gewesen sein mag, aber entspannend und Luft holend, wo die Uhr zur ungeduldigen Jägerin geworden ist. Eine Zeitflocke Harlekinaden und Verrücktheiten mit tieferem Sinn. Den Schalk im Narrennacken.«

Narri!
Narro!

Wir haben Glück in Hausach. Alle Quartiere sind ausgebucht, wir bekommen ein großes Zimmer im Haus des Bürgermeisters,

233

genau genommen ein Doppelzimmer einschließlich Schreibraum und einem riesigen Bad. Der Bürgermeister, der hier liebevoll auch Burgi genannt wird und von manchen Ade, führt seit mittlerweile 16 Jahren die Geschäfte. In unseren Stadtbezirken in Berlin kennen wir nicht einmal den Namen des Bürgermeisters oder der Bürgermeisterin, geschweige denn, dass wir ihr oder ihm jemals persönlich begegnet sind. In Hausach ist das anders, da ist der Burgi nah an deiner Seite. Er ist da und kann mit den Leuten, er weiß um ihre Sorgen und Wünsche. Er ist nah dran und doch kann er die notwendige Distanz aufbringen, die es braucht für einen klaren Blick auf die Dinge. Er ist bei den Leuten, aber kein volkstümlicher Trottel! So macht er es auch an den sechs Tagen der Fasent: Er lässt sein Rathaus von den Narren stürmen und schenkt ihnen den Schlüssel für genau fünf Tage. In dieser Zeit regieren die Narren und der Bürgermeister wird einer von ihnen, ein Teilzeitnarr, so könnte man sagen. Freilich spielt er nicht den Narr auf dem Hügel, sondern er mischt sich unter die Leute, und das finden wir gut. Die Leute sprechen mit ihm, als sei er einer von ihnen, einer aus dem gemeinen Volk. Sie verzeihen ihm sogar, dass er einen Ort weiter aufgewachsen ist, dass er kein waschechter Hausacher ist! Zum Glück, sagen sie, hat er eine Frau aus Hausach geheiratet, die ihn unterstützt, beim Bürgermeistersein und überhaupt. Was wünschen sich die Hausacher/innen am meisten von ihrem Bürgermeister? Eine neue Schule, ein Krankenhaus, einen schönen Kindergarten, eine Umgehungsstraße, ein Asylbewerberheim, ein Einkaufszentrum? Nein, sie wünschen sich ein neues Freibad mit Schwimmhalle. Mit solchen Wünschen muss ein Bürgermeister leben, er kann seinen Leuten nicht ständig den Kopf waschen. Seit Jahren liegen sie ihm in den Ohren: Burgi, bau uns ein neues Schwimmbad! So ganz ist er nicht zu beneiden!

Besser hat es da der Herr Pfarrer Koppelstätter mit seinem großen katholischen Gotteshaus: Er spricht zu seiner Herde von

Erlösung und Liebe von und zu Gott; während der Bürgermeister, parteilos, alle weltlichen Geschicke, zu denen auch Freibäder gehören, zu lenken hat. Ein Bürgermeister kann es nicht allen recht machen – aber uns, die wir seine Gäste sind für fünf Tage, uns macht er es in allem recht, und wir kennen keine besseren Gastgeber als Manfred Wöhrle und seine Frau Ulrika!

Narri!
Narro!

Nun aber zum Herrn Pfarrer Koppelstätter und der obligatorischen »Messe der Narren«. Diese läuft wie folgt ab:

Einmarsch der Narren und Gläubigen, die sich bunt vermischen. Nicht alle müssen an so einem Tag der Freude katholisch sein, spricht der Herr Pfarrer. Das Wort von der Ökumene fällt – wir sind erleichtert, obwohl wir konsequent nicht an Institutionen glauben. Wir sind religiöse Atheisten, im besten Fall glauben wir an die Liebe und die Poesie. Die Reihen füllen sich, hier haben sich bestimmt 500 Menschen oder mehr versammelt: Alte und Junge, Kinder und Jugendliche, Frauen und Männer, Gäste und Einheimische.

Der Pfarrer beginnt nach zwei Amen und einem gemeinsamen Halleluja eine kleine Ansprache an die versammelte Narrengemeinde:

»Ich grüß euch ihr bunten Narrenleut
euer Kommen mich besonders freut
wir dürfen hier nun beten, singen
und unsere Sorgen vor den Herrgott bringen.«

und eine Strophe weiter:

»Denn unsere Welt steht auf dem Kopf
packen wir sie an dem Schopf
denn überall herrscht Krieg und Hass
wo wir auch hinschauen, das ist krass!

Finden wir uns damit nicht einfach ab
und schaufeln unser eigenes Grab
seien wir doch mal alternativ
damit die Welt hängt nicht mehr schief!

Wir Narren wollten Eintracht, Frieden
das brauchen wir alle, hier hienieden
wir brauchen keinen Donald Trump
einen Dummkopf im Präsidentenstand!

Wir brauchen keinen Erdogan
mit dem sind wir noch schlimmer dran
wir brauchen keine miesen Typen
die ihre Völker unterdrücken!

Wir brauchen Frohsinn, Freundschaft, Heiterkeit
und ein buntes Narrenkleid!
Wir sollen vielmehr positiv denken
damit können wir uns Freude schenken.

So wollen wir in frohem Rahmen
Gott bitten um sein reiches Erbarmen!
Herr erbarme dich, Christus erbarme dich
Herr erbarme dich!

Der gute Gott erbarme sich unser
er nehme von uns Sünde und Schuld!«

Narri!
Narro!

So geht das dann noch eine halbe Stunde weiter im Text- und Gesangbuch, da wird bittend und hoffend geklagt und Amen gesagt und manch einer kniet. Das Gotteshaus ist zum Glück beheizt, niemand muss frieren. Da wird Gott und seinem Sohn gedankt, und wir danken auch, als wir endlich wieder an der frischen Luft stehen und frei ein- und ausatmen können.

Die Narren ziehen ab, ein Teil in die Wirtshäuser. Da wird weiter gedankt, aber mit Bier, Weinschorle und Schnaps und natürlich bis in die Puppen gefeiert! Da wird getanzt und laut gesungen, auch auf dem Tisch gesteppt, und die Blasmusik heizt das vom Kirchgang stockende Blut ordentlich an: Alles pulsiert wieder, die Pumpe läuft, der Faden glüht wieder, in den Kopf schießen die weltlichen Gedanken von Lust und Leidenschaft, die säuselnde Stimme der Litanei ist verschwunden. Es wird auf Blech geblasen, das geht vorn rein und wummert in der Brust, das wärmt und öffnet die Enge im Brustkorb; da singen wir mit:

»Liebe kleine Schwarzwaldmarie, deine Treue vergesse ich nie!
Liebe kleine Schwarzwaldmarie, dich vergess ich nie!«

Es spielen die Hansele- und Spättlekapellen, die nacheinander durch die Gasthäuser ziehen, und sogar angereiste Gäste wie die »Rebstibberer Ortenberg«. Das Blech vibriert, der Raum wird ausgefüllt mit Resonanz, und manches Lied gehört einfach zur Fasent wie die Kuh auf die Weide und wird nur an diesen paar Tagen gesungen, wie etwa das »Hanselelied«, das mit diesen beiden Strophen endet:

»Hansele, du bisch verruckt, Hansele Narro
Hesch alle Fasentskiechle gschluckt, Hansele Narro
Gsoffe hesch des isch e Schand, Hansele Narro
Di Narrehäs kunnt bal in Gant, Hansele Narro

Hansele, isch des e Fraid, Hansele Narro
Bisch in Stroßegrabe khait, Hansele Narro
Hansele, es blibt debii, Hansele Narro
O wie schee isch d Fasent gsii, Hansele Narro«

In Hausach gibt es etwa dreihundert Hansele, die zur Fastnacht überall im Ort anzutreffen sind. Hansele, der Hans Wurst-Nachfahre, steckt in einem gelbroten Kostüm mit grünem Leibgurt und trägt eine Maske mit Hut, die Farben rot und gelb, natürlich Blut und Teufel, Hure und Heilige, grün wie im Mittelalter die Farbe der Liebe, Dämonen und Schlangen, rot wie Sex und gelb wie die Furcht. Wer mehr darüber erfahren will, alles genau wissen möchte, dem sei der »Hausacher Narren Codex« von José Oliver ans Herz gelegt. In diesem Buch erfährt man vieles, was man so noch nicht wusste über die Fasent in Hausach.

Narri!
Narro!

So ein Hansele, das sich hinter der Maske verbirgt, kann Mann oder Frau sein – für uns ist das nicht zu erkennen. Wir sehen den Narr in seinem farbenfrohen Kostüm, das Gesicht liegt hinter der Maske, die Augen sind kaum zu erkennen, trotz der Sehschlitze. Eine größere Öffnung gibt es für den Mund, die aussieht, als würde er weit aufgerissen werden. Fast scheint es, als liege etwas Melancholie in seinem Anblick, eine tiefe Traurigkeit, die sich hinter der scheinbar lustigen Fassade versteckt. Wir wissen es nicht genau, die Hansele lassen uns an Venedig denken, an ein Maskenspiel. An den Club der Sizilianer. An eine Insel, über der eine glühende Sonne steht, auf der jederzeit ein Vulkan ausbrechen kann. Ein Hansele ist sinnlich, schön und begehrenswert. Die schmal gezeichneten Augenbrauen, der fein gezeichnete Bart über der Lippe. Die hübsch geformte leicht ovale Nase, der leicht gerötete Teint. Was wissen wir denn? Die Masken herunterreißen, muss jeder für sich. Vorerst ist es ein Spiel, bei dem wir im Nachteil sind, denn wir tragen keine Verkleidung. Wir sind durchsichtig und nackt, und die Narren lachen uns aus! Die Spättle, die Anti-Hansele, die düster ausschauen und angsteinflößend wirken, als kämen sie gerade vom Hexen-Tanzplatz, den sie in Brand gesteckt haben. Sie tragen zusammengenähte Lappen, bunte Flicken als Beinkleider, darunter Morgenröcke und dreifarbige Socken. Den Hut schräg auf dem Kopf, im Maul den letzten Zahn, der herausragt. Manche haben böse Augen, leere Augen wie Höhlen. Oder verdrehte Augäpfel, entsetzliche Visagen, hinter denen sich etwas Gemeines versteckt. Oder wollen sie uns dies nur glauben machen? Wir bekommen Mitleid mit ihnen, denn sie müssen ihr Essen lutschen. Wir wollen ihnen eine Erbsensuppe pürieren, den armen Spättle! Sechshundert oder mehr sind es an der Zahl, die monatlich in die Krankenkasse einzahlen, von den Zahnarztbesuchen gar nicht zu reden!

Narri!
Narro!

Höhepunkt des ganzen Treibens ist die Elfemess am Faschingsmontag. Sie startet mit allerlei Gedöns, knapp fünfzig Meter hinter dem Narrenbrunnen, in einer Gasse, vor der Wirtschaft »Schwabenhans«. Um elf Uhr gehts los! Daher der Name, es steckt keine Elfe dahinter oder eine Fee, es beginnt ganz profan! Stammtischzeit, die Kneipe hat geöffnet. Gut gestärkt wartet die Meute, bis endlich die Oberelfemessler Matsch und Hubert ihre Begrüßung beginnen. Das kann man sich lebhaft vorstellen, was da zum Besten gegeben wird, das muss hier nicht wiederholt werden, als wäre mal wieder die Politik an allem schuld, ja und das Schwimmbad, gebt uns endlich das Schwimmbad! Aber dann, wer auch immer von oben auf uns heruntersieht, der da oben hat ein Einsehen mit uns, und Hubert und Matsch werden gefeiert, das ist auch gut so, sie haben nach knapp acht Minuten ihren Vortrag beendet.

Dann dürfen der Meini und der José, den die Hausacherinnen liebevoll nur Dshoosee nennen, diese beiden verrückten Oberoberelfemessler, diese Tausendsassa, wenn man uns dieses Wort verzeiht, diese beiden Spaßvögel und beinah weisen Männer, diese lebensfrohen Gaudiisten, diese klugen Weltdorfundstadtmenschen, dann dürfen die mal was Schönes aufsagen:

Elfemess, da tut ma tipple
Elfemess, da tut ma tappe
Elfemess, da tut ma nipple
Elfemess, da tut ma schnappe
Elfemess, das is die Wecke
Elfemess, das is die Wurst
Elfemess, ist zum Verrecke
(und zwischen durch n Riesendurst)
Elfemess, ich hör dir trapsen
Elfemess, ich hör dir klingen
Elfemess, ich hör dir schnapsen
Elfemess, ich hör dir singen
Elfemess, komm lass uns schunkeln
Elfemess, komm lass es krachen
Elfemess, lass uns nicht munkeln
Elfemess, wir werden's machen
Elfemess, mit Matsch und Seele
Elfemess, mit Schritt und Tritt
Elfemess, mit Huberts Kehle
Elfemess, jetzt ist's so witt!

Wenig später zieht der Tross los, die ganze Brigade, eine Mischung aus Handwerkern, Akademikern und Bauern, Männern und

Frauen aus allen Schichten, auch pensionierten Lehrern und jungen Dörflern; die Leute kommen aus dem Einbachtal oder auch schon mal von weiter weg, die Elfemess machts möglich! Alle ziehen in einer Reihe hintereinander los, fassen den Vordermann, die Vorderfrau mit einer Hand an die Schulter, nein, hier fliegen jetzt nicht die Löcher aus dem Käse! Und wir gehen auch nicht los mit ganz großen Schritten, es schreitet eine ernste, aber fröhliche Menge ruhig die kleine Stadt ab. Es ist ein Zug von traditionsbewussten Menschen, die das Leben feiern wollen – das Leben, so wie es ist, das Leben, das aus Freud und Leid besteht. Es ist ein einfaches Leben, kein kompliziertes, auch wenn es nicht immer leicht ist. So ein Leben, wo einer den Müll runterträgt oder die Wäsche aufhängt, es muss gekocht werden und geputzt, es muss die Hecke gestutzt und der kranke Apfelbaum beschnitten werden; die Heizung ist kaputt gegangen, die nächste Rate fällig, und das Geld fehlt mal wieder, ja, so ein Leben ist das!

Im Takt der Elfemess-Musikanten, unter dem Schutz der friedlichen Narrenpolizei, ziehen wir die Straße entlang, überqueren den Fluss und machen Rast auf der anderen Seite der Kinzig, es fließen nicht Milch und Honig, es fließt Bier! Die Leute haben ihre Brotzeit dabei, oder wie man in Baden sagt: ihr Vesper. Also vespern wir und trinken das Kalte von Hahn, hocken uns zusammen und reden miteinander. Es gibt Schwarzbrot und Speck, Bauernwürste und Bergkäse, geräucherten Schinken und kleine Schnäpse.

Der Zug der Narren zieht nach einer Stunde weiter, und als hätte sich alles Gute mit der Husacher Fasent verbunden, beginnt der Frühling an diesem späten Februartag. Die Bäume üben linke Haken, die Sträucher duften wie Wildkräuter, die Früh- und Nachblüher ploppen auf. Alles ist plötzlich im Überfluss vorhanden, Amseln und Sperlinge, der Krokus und die Glöckchen. Da denkt man schon an die Sommerrodelbahn und den ersten Bauchklatscher!

Mensch reißt sich die Jacke auf, krempelt die Pulloverärmel nach oben. Die Sonne, der Stern des Tages, sendet uns millionenmal Wärme und Licht. Der vom Winter träge Kopf und Schopf fängt Feuer, so scheint es, das Herz hüpft, die Hormone spielen Bingo. Jedes Los gewinnt, jedes Kind badet in der Luft, die Hunde wedeln, die Kühe muhen, der Hahn auf dem Mist kraht am Mittag!

Narri!
Narro!

Es lebe die Fasent zu Huse, es lebe der Brezelbaum! Es möge allezeit klares Wasser im Narrenbrunnen sein, es lebe der Narr und die Närrin! Sie leben hoch, noch höher, am höchsten! Es lebe die Narrenzunft und ihre Meister, es lebe die autonome Narrenpolizei!

Es lebe die Elfemess, es leben hoch die Katzenmusiker und der Mond, die befreiten Kinder und Schüler! Es lebe das Schnurren, Schnorren und Schnarren! Es lebe hoch der Burgi, dass er den Hausachern ein neues Schwimmbad bauen möge! Es leben Hansele und Spättle, alle Häs! Alle Hexen und Pfauen und Froschköniginnen! Es leben Tröster und Getröstete, es leben alle und alle hoch, Große und Kleine, auch die Fastnachtsmuffel, die es nicht besser wissen. Es lebe die Fasent zu Huse, es lebe der in den Himmel wachsende Narrenbaum!

Narri!
Narro!

DING DONG, natürlich macht es DING DONG. Die abwärts-
gehende große Terz an einem jeden Morgen ist so sicher wie das
Amen in der Kirche und das Überreichen des Pokals nach dem
Pokalfinale. Und wir wissen schon auswendig, was nun aus dem
Lautsprecher kommt, nämlich, dass wir die verehrten Damen und
Herren sind, es kurz vor acht ist und das Frühstück bereitsteht.
Also alles wie immer: Aus dem Bett, in die Nasszelle, mit dem
Schienbein gegen die Kloschüssel, den Körper unter chemisch ge-
reinigtes Wasser. Auch draußen ist alles wie immer: Draußen ist
Wasser.

Die Kölner sehen müde aus. Der Mann trinkt Kaffee und kaut
langsam und abwesend auf einem Toast herum. Die Franken hin-
gegen sitzen vor vollbeladenen Tellern und speisen, als würde ein
Heuschreckenschwarm biblischen Ausmaßes auf das badische
Land zusteuern.

»Sie sehen müde aus«, sagen wir zu dem Kölner.

»Mmmh«, macht er.

»Wir sind schon früh aufgewacht und konnten nicht mehr
einschlafen«, sagt seine Frau, »das ist ja mitunter nicht einfach, auf
so einem Schiff!«

Dann lacht sie unsicher, als hätte sie etwas Unverschämtes gesagt und sieht aus dem Fenster.

»Und Sie?«, fragt sie nach einer Weile.

»Den Umständen...«

»Entsprechend!«, sagt einer der Franken mit einem halben Ei
im Mund.

Der Kölner nickt. Wir nicken. Die Franken nicken. Alles klar,
wir verstehen uns.

Breisach

Seid froh und hochgemut,
Weil Gott in Hut
So gut
Euch nahm, ihr Frauen, und so ehrte,
Daß Ehre nie gewann,
Noch haben kann
Ein Mann,
Den eure Tugend nicht belehrte.
Nicht Lob, nicht Lust beglückte ihn,
Dem eure Huld sie nicht verliehn:
Preis sei der Macht, die so euch Ruhm bescherte!

Walther von Breisach (um 1275)

Die Sonne scheint. Wir gehen von Bord, passieren wieder McDonalds, das Dänische Bettenlager und als wir die ESSO-Tankstelle und den Bahnhof sehen, halten wir uns links, Richtung Zentrum. Wir spazieren durch das rechts und links von Restaurants flankierte Gutgesellentor, an dem 1415 der Gegenpapst Johannes XXIII. verhaftet wurde. So steht es auf einer dort angebrachten Tafel. Am Ende des 14. Jahrhunderts kam es zu Auseinandersetzungen und Spaltungen innerhalb der Kirche, die durch unterschiedliche Glaubensausrichtungen und Machtkämpfe entstanden. Der neapolitanische Adlige Baldassare Cossa wurde in diesem Durcheinander in Bologna zum Papst gewählt. Gleichzeitig gab es Päpste in Rom und Avignon. Um die Existenz dreier Päpste aus der Welt zu schaffen und die Einheit der Kirche wieder herzustellen, wurde 1414 das Konzil in Konstanz zusammengerufen. Johannes XXIII. fuhr als einziger der amtierenden Päpste nach Konstanz. Er war sich sicher, dass er als alleiniger und rechtmäßiger Papst bestätigt werden würde. Als dies nicht gelang, erklärte er sich mit seinem Rücktritt einverstanden, wenn auch die anderen beiden Päpste ihre Macht abtreten würden. Johannes XXIII. wurde für seine Weitsicht gefeiert und das Konzil entschied, einen gänzlich neuen Papst zu wählen. Um seine verbleibende Macht zu erhalten, flüchtete Johannes XXIII. Hals über Kopf, verkleidet als Knappe von Friedrich IV. von Tirol, aus Konstanz über Schaffhausen ins Breisgau, wo er dann hier auf Geheiß des Königs Sigismund verhaftet wurde. Friedrich IV. von Tirol wurde von Sigismund geächtet und musste einige Gebiete, die heute zur Schweiz gehören, abtreten.

Wir laufen weiter, hinauf auf einer rechtseitig von kleinen Häusern gesäumten Straße mit Kopfsteinpflaster. Links der Blick auf den Rhein und Frankreich, das in der Mitte des Flusses beginnt. Und dann erhebt sich das Münster, ein prachtvoller romanischer Bau, der bis in die Gotik des 15. Jahrhunderts erweitert wurde. Untypisch und dadurch gleichzeitig sehr reizvoll sind die beiden unterschiedlichen Kirchtürme, die sich im Bereich des Chors befinden. Wie klein, ach nein: Wie winzig wir sind und wie jung wir doch sind, wir alle! So denkt man bei dem Anblick dieses Bauwerks. Und dass es weitaus mehr Tote als Lebende gibt und wie sich Geschichte, Sedimenten gleich, ablagert und übereinanderfügt. Wie viele Häuser dieser kleinen und lieblichen Stadt sind auf anderen Häusern erbaut worden, über wie vielen Knochen? Und da steht man, beschäftigt sich mit der Vergangenheit, der Gegenwart und dann kommt von irgendwoher dieser Witz in einen unserer Köpfe geschossen und derjenige erzählt ihn dann: »Treffen sich zwei Planeten. Sagt der eine: Ich hab Menschheit. Sagt der andere: Das geht vorüber.«

Von hier oben sehen wir auf die Ausläufer des Kaiserstuhls, jenes stufenartige, durch den Weinanbau bekannte Gebiet. Es ist ein äußerst fruchtbarer, vulkanischer Boden, der vor Millionen von Jahren von einer Lössschicht bedeckt wurde, die aus Verwitterungssanden besteht, die Winde von den Alpen Richtung Norden hier ablagerten. Die Sonnenstrahlen sind intensiver geworden, es ist ein warmer Tag und wir bleiben eine Weile im Schatten der Kastanien, die zwischen dem Münster und dem Rathaus stehen, an dessen Front die Wappen der bisherigen Herrscher von Breisach abgebildet sind. Schräg gegenüber sehen wir das Gebäude des Best Western Hotel, das, vom Wasser aus gesehen, die gleiche Breite wie das Münster in Anspruch nimmt und dessen Äußeres etwas versprüht, was das Gegenteil von Charme sein könnte.

Die jüdische Gemeinde

Wir biegen ab in die Rheintorstraße, die ehemalige Judengasse. Die jüdische Gemeinde hat eine 700 Jahre alte Geschichte und war relativ groß. Als hier im November 1938 die Synagoge zerstört wurde, flüchteten viele. Am 21. und 22. Oktober 1940 wurden die letzten in Breisach, in ganz Baden und der Saarpfalz lebenden Juden, es waren 6500 Menschen, in das französische Internierungslager Gurs deportiert. Als die Alliierten im Frühjahr 1945 hier den Rhein überquerten und Breisach von sich selbst und Deutschland und dem Führer befreiten, war die Stadt zu 85 Prozent durch Artilleriefeuer zerstört. Wir spazieren noch eine Weile durch diese ruhigen und angenehmen, von der Wärme selbstzufriedenen Straßen und Gassen. Auf einem Straßenschild steht: Ihringen. Natürlich, Ihringen! Und einer von uns erinnert sich:

Die Eltern hatten irgendwann, da war ich zehn Jahre alt, eine Leidenschaft für Südfrankreich entwickelt und so verbrachten wir dort die kompletten Sommerferien. Der Kombi wurde beladen, als würden wir auswandern, und dann fuhren wir los. Zwischenstation machten wir im Kaiserstuhl. Meistens in Bickensohl in einer kleinen Familienpension. Die Landschaft gefiel meinen Eltern, das Essen war gut, auch der Wein, und die Vermieter waren sehr freundlich und so verbrachten wir einige Tage im Sommer und später die Herbstferien im Kaiserstuhl. Boris Becker und Steffi Graf waren Tennis-Stars und meine Schwester und ich hatten Tennisschläger und einen massiven Klotz, an dem mit einem sehr langen Gummiband ein Tennisball befestigt war. Den Klotz stellten wir auf die Straße, mitten auf die Fahrbahn, und das war etwas ganz Neues, wo wir doch in Berlin lebten, wo so etwas schier unmöglich war, und schlugen abwechselnd nach dem Ball. Wir spielten oft so lange, bis die Sonne untergegangen war und wir nichts mehr sahen. An manchen Tagen fuhren wir in die Rhein-Ebene. Wir gingen von mittags bis abends durch die Obstanbauten. In West-Berlin gab es nur wenige Obstbäume und das hier, diese Ballung von Obst und Gemüse, das war mir gänzlich fremd. Meine Mutter, die auf dem Land aufgewachsen war, zog eine Mohrrübe aus der Erde, putzte sie und schnitt sie in Stücke. Unglaublich, wie eine solche Mohrrübe wächst und wie tief sie in der Erde steckt. Und die Birnen, Äpfel, Pflaumen, Kirschen, potzblitz, ließen sich direkt vom Baum pflücken und verspeisen.

Jedes Mal fuhren wir für einen Tag in den Europa-Park nach Rust. Man zahlte Eintritt und stand auf einem riesigen Rummel und durfte alles fahren und ausprobieren, was man wollte und wie oft man wollte. Schließlich war alles bereits am Eingang bezahlt. Es war ein Paradies! Die Stadt Rust gab es nur, zumindest in unserer Fantasie, weil es den Europa-Park gab. Was für ein Irrtum! Den Männergesangsverein von Rust, der 24 Stimmen zählt, gibt es seit immerhin fast 150 Jahren. Der Europa-Park, der nach dem Disneyland Paris besucherstärkste Freizeitpark Europas, wurde erst

Wie viele Häuser dieser kleinen, lieblichen Stadt sind auf anderen Häusern erbaut worden, über wie vielen Knochen?

1975 eröffnet, nachdem Franz Mack und sein Sohn in der Gemeinde Rust den Park des Schlosses Balthasar kauften und zwei Jahre später auch das Schloss. So kam zu dem 1442 erbauten Wasserschloss 2012 eine Achterbahn hinzu, die über einen Kilometer lang ist und eine Geschwindigkeit von über 100 km/h ermöglicht.

Und dann war da noch die »Reblaus«. An einer der Straßen, zwischen zwei Dörfern, befand sich ein Gebäude. An dem Gebäude eine Leuchtschrift: »Tanzbar Reblaus«. Was war es schön, dort vorbeizufahren. In meiner Fantasie war es da jeden Abend rappelvoll. Alle Erwachsenen des Kaiserstuhls fuhren mit den Autos dorthin und tanzten. Ein, so schien es mir, unwahrscheinlich interessanter Ort. Doch auch auf mehrmaliges Nachhaken und Nachfragen wollten meine Eltern einfach nicht zugeben, dass auch sie hier tanzen gingen. Und sie gingen dort tanzen. Jeden Abend. Ganz sicher. Logisch!

Die Vermieter, eine Frau und ihr Vater, waren sehr nett und sie waren wahrscheinlich auch doppelt-nett, weil sie sich freuten, dass zwei Kinder bei ihnen waren. Sie strichen uns bei jeder Gelegenheit über die Köpfe und redeten auf uns ein, doch sie redeten in einem breiten badischen Dialekt, und wir verstanden kein Wort. Selbst meine Eltern hatten Mühe und schoben jedes Mal die Einladung der Vermieter auf ein Glas Wein am Abend für einige Tage hinaus. Wahrscheinlich hatten sie die Vorstellung, sich innerhalb dieser Tage etwas besser an den hier gesprochenen Dialekt gewöhnt zu haben, um so besser präpariert zu sein für das Glas Wein am Abend.

Zum Frühstück gab es Fleischwurst in dünnen Scheiben und es war die beste Fleischwurst meines Lebens, noch immer. Es gab jeden Morgen hart gekochte Eier. Über die hartgekochten Eier waren gehäkelte Eierwärmer gestülpt. Es hingen gehäkelte Bilder, die gerahmt waren, an den Wänden. Über der weißen Tischdecke lag eine gehäkelte Decke. Und selbst über die Reserve-Toilettenpapierrollen wurden gehäkelte Toilettenpapierrollen-Wärmer gestülpt. Es wurde einfach auf alles geachtet. Und neben unserem Frühstückstisch standen oft die Vermieter, redeten in ihrem breiten badischen Dialekt und meine Eltern bemühten sich, es zu verstehen. Dann durften meine Schwester und ich eher aufstehen und rausgehen. Wir nahmen die Tennisschläger und waren wieder Boris und Steffi.

Wir sind einen großen Kreis gelaufen und stehen nun wieder vor dem Gutgesellentor. Wir haben beide Hunger, großen Hunger, unglaublich großen Schlechte-Laune-Hunger. Das bedeutet, dass der eine immer wieder sagt, dass er jetzt alles essen würde, ganz egal was und wo. Ob Döner, Pommes, sei ihm doch egal, scheißegal, sei ihm das, Hauptsache irgendwas essen. Und der andere weist immer wieder darauf hin, dass er in regelmäßigen Abständen essen müsse, weil er einen Reizmagen habe. Und weil wir uns dann auch selbst und gegenseitig nerven, ist es ganz großartig, dass soeben ein Biergarten-Platz vor dem Elsässer Hof frei wird. Die Bedienung ist eine Frau und so jung wie wir und wir wundern uns kurz darüber, dass es auch noch Frauen in unserem Alter gibt, und lesen in der Speisekarte. Es gibt Wurstsalat, wie toll, ein Königreich, den ganzen Rhein und alle Kreuzfahrtschiffe für einen Wurstsalat. Inmitten von Einheimischen und Touristen reden wir noch ein bisschen über unseren Hunger, weil wir das so machen, wenn wir Hunger haben – und niemand hier, den wir von der MS Regina kennen.

Nach dem Essen, als wir wieder auf der Höhe unserer Zurechnungsfähigkeit und unserer normalen Kommunikationsstärke angelangt sind, spazieren wir Richtung Anlegestelle, an unserem Schiff vorbei und winken unseren Mitreisenden zu, die das Sonnendeck bevölkern. Das Deck winkt zurück. Wir gehen auf einer vielbefahrenen Brücke nach Frankreich, auf eine Insel, die inmitten des Rheins liegt, und folgen einem Schild, das einen Campingplatz ausweist. An einem Tisch mit vier Stühlen, der abseits des Platzes am Ufer steht, sitzen zwei gleichaltrige Frauen nebeneinander in der Sonne. Sie reden leise und haben die Augen geschlossen. Wir gehen zu ihnen und fragen leise auf Französisch, ob wir uns setzen dürfen. Beiden öffnen die Augen, mustern uns kurz und nicken. Wir fragen, ob wir sie auf einen Kaffee einladen dürfen. Die eine sagt: »Ich habe heute schon viel zu viel Kaffee getrunken.«

Vielleicht einen Wein, ein Wasser? Nein, möchten sie auch nicht.

»Seid ihr hier aus der Gegend?«, fragen wir.

»Aus Bonn.«

Wir sagen, dass wir ein Buch über den Rhein schreiben würden und ob wir ihnen ein paar Fragen stellen können. Wir erzählen von unserer Reise, was die beiden belustigt, und zeigen ihnen die MS Regina, die nur ein paar hundert Meter entfernt am gegenüberliegenden Ufer vertäut ist.

»Kreuzfahrt. Na gut«, sagt die Kurzhaarige, »meinetwegen.«

Die andere nickt. Wir stellen das Aufnahmegerät auf den Tisch und sofort verändert sich die Körperhaltung der beiden. Sie sitzen nun gerade, etwas angespannt.

»Im Rhein baden?«

Die beiden sehen uns an, als wäre das eine völlig irrsinnige Frage.

»Nein«, sagt die Kurzhaarige, »das ging nicht. Ein ehemaliger Kollege meines Vaters hatte damit noch angegeben. Als er Junge war, da konnte man im Rhein noch baden. Uns wurde immer gesagt, es sei zu toxisch. Man würde sich Hautkrankheiten holen.«

»Ich glaube«, sagt die andere, die lange glatte Haare hat, »das Wasser hat sich gebessert. Wir sind am Rhein spazieren gegangen, also mit meinen Eltern, oder sind mit der Fähre rübergefahren, aber wir haben nicht drin gebadet, nein.«

Ob man mittlerweile im Rhein baden könne, fragen wir. Die beiden können es sich vorstellen, sehen aber so aus, als würden sie es niemals tun. Wir erzählen, dass wir in Basel waren und dass es dort eine richtige Badekultur gebe. Die beiden reagieren erst nicht darauf und dann sagt die Kurzhaarige: »Na ja, da ist der Rhein auch noch ganz jung!«

Basel ist weit weg, der Rhein ist jung. Dort fließt er auch, aber es scheint ein anderer Rhein zu sein, nicht der, den die beiden kennen.

Wo sie am Rhein spazieren gegangen sind? Auf der Promenade?

»In den Fluss-Auen, am Wochenende, da war auch ein schöner, großer Flohmarkt, da wurden Comics nachgeguckt, ob man da was Neues brauchen konnte«, sagt die Kurzhaarige.

»Meine Schwester«, sagt die andere, »hat da immer so Poffertjes verkauft, das sind so kleine, holländische Waffeln, die in Förmchen drin sind, die hat sie oft in den Rhein-Auen verkauft. Wir hatten da mal einen Stand, der war aber viel zu weit ab. Ich habe da meine gesammelten ›Cinemas‹ aus ganz vielen Jahren angeboten und keiner wollte sie haben.«

Sie lacht ein helles Lachen und dreht den Kopf leicht zur Seite. Was soll's, denkt sie vielleicht, es war in den Rhein-Auen, sie war jung, sie hatte einen Stand und es war gut.

»Wie heißt ihr überhaupt?«, fragt die Langhaarige, die sich als Claudia vorstellt. Wir sagen unsere Namen, die andere Frau heißt Nina.

»Es gibt den Rhein in Flammen, kennt ihr das?«, fragt Claudia.

»Ich bin nie dagewesen. Ich hab's danach immer in der Zeitung gelesen«, sagt Nina.

»Ein Mal im Jahr«, erklärt Claudia, »werden entlang des Rheins bengalische Feuer aufgestellt, vielleicht im Abstand von ein paar hundert Metern. Das ist abends besonders schön, wenn es dunkel wird, dann hast du überall diese Lichter. Die Schiffe sind alle erleuchtet und fahren eine Parade und machen ein Hup-Konzert. So habe ich das in Erinnerung. Am Ufer standen Büdchen und Partyzelte und man konnte die Lichter auf der anderen Seite sehen, der Schäl Sick.«

Da ist sie wieder, denken wir, die falsche Seite. Immer ist hier im Rheinland eine falsche Seite. Wir sind gerade auf einer Insel und sehen hinüber auf die falsche Seite.

»Kennt ihr das? Schäl Sick?«

»Oh ja«, sagen wir, »ist uns schon oft begegnet!«

Die beiden lachen. Claudia zeigt zum anderen Ufer.

»Gegenüber der Bonner Innenstadt, da ist Beuel. Und in der Geschichte geht es darum, dass früher Holz auf dem Rhein transportiert wurde. Pferde zogen es am Ufer und die hatten so Scheuklappen, dass sie nicht von der Sonne geblendet wurden. Weil auf der Beueler Seite scheint abends immer noch die Sonne rüber. Man sagt auch schäl gucken und deshalb wird die Beueler Seite immer die schäle Seite genannt.«

»Ach, deswegen«, sagt Nina, »ich wusste immer nur, dass es die falsche Seite ist!«

»Es gibt, glaube ich, auch so ein Beueler Brückenmännchen, das habe ich aber nie gesehen, was den Beuelern den Po entgegenstreckt, weil die sich nicht am Bau der Brücke beteiligt haben.«

»Na, die Bonner sind da recht hochnäsig, weil es die Seite ist, auf der man nicht wohnt.«

»Und wer wohnt da?«, fragen wir.

»Eine Freundin von mir zum Beispiel!«, sagt Nina.

»Haben da vielleicht früher Arbeiter gewohnt?«

»Das kann schon sein, mir ist immer gesagt worden: Es gibt eine richtige und eine falsche Seite und Bonn-City war die richtige.«

»Na ja«, sagt Claudia, »aber ich kenne viele, die die Beueler Seite sehr mögen. Da sind auch die ganzen Touristen-Orte, Königswinter und so. Da scheint die Sonne lang. Und ich kann euch eine Geschichte erzählen, wo ich gerade an Bonn denke. Irgendwann ist der äthiopische Kaiser Haile Selassie nach Bonn gekommen, das war der erste Staatsbesuch, glaube ich. Und der ist mit dem Zug gekommen. Das hat mir mein Vater erzählt, da war er vielleicht zehn Jahre alt, er ist Jahrgang 44. Das war also der exotische Afrika-Kaiser und in der Nähe gastierte ein Zirkus. Da haben die am Rheinufer ein Schiff aufgestellt, wo sie ganz viele Zirkustiere raufgestellt haben, Löwen und so was, damit der Kaiser so ein bisschen Exotik-Gefühl hat. Das ist aus heutiger Sicht ziemlich lustig, was man damals für ein Afrika-Bild hatte. Der Kaiser braucht ein paar Löwen! Das war auch ein riesiger Empfang. Meine Oma hat damals im Bahnhof gearbeitet und hat das sehr intensiv mitbekommen. Das hat mir mein Vater erzählt.«

Nina zündet sich eine Zigarette an und lehnt sich zurück.

»Das Siebengebirge ist Urlaubs-Gebiet, da gibt es auch den Drachenfels, sogar eine Drachenfelsbahn. Mit der bin ich erst vor kurzem gefahren. Ich habe meine Mutter besucht und wir haben einen Ausflug gemacht, genau so, wie das früher so war. Da gibt es auch Esel, auf denen man hochreiten kann. Das ist, glaube ich, aber nur für Kinder.«

Auch Claudia lehnt sich zurück.

»Was den Drachenfels verunstaltet, ist so ein schreckliches Restaurant, das in den 60er Jahren errichtet wurde, und da sitzen auch Familien rum, die irgendwie dazu passen.«

Die Fotografin Ute Mahler hat genau in diesem Restaurant 1990 ein Foto gemacht. Man sieht eine Familie, gruppiert um einen Tisch, darauf Bierflaschen und das bereits gebrachte Besteck und Servietten auf einem Teller. Die Familie sitzt vor einer Glasscheibe, dahinter die Landschaft, sie sitzt teilnahmslos, jeder für sich, die einzige vorhandene Sicht, die Sicht auf den Rhein, ignorierend, nicht wahrnehmend, oder ist es ihnen schlichtweg egal? Es findet keinerlei Kommunikation zwischen ihnen statt. Selbst der Junge, der Interesse haben könnte, da er doch an der Glasscheibe steht und nur hinabblicken bräuchte, um die kleine Insel bei Bad Honnef zu sehen, die wie ein nach rechts gedrehtes Komma aussieht, selbst der Junge dreht sich der Fotografin zu und schließt somit den Blick nach außen. Das also ist Deutschland im Jahr 1990 am deutschesten aller deutschen Flüsse. Brüder und Schwestern. Die gleiche dumpfe Stumpfheit. Jetzt darf zusammen fotografiert werden, was zusammengehört. »Das also ist der Rhein?« So könnte das Foto, wenn es fragen könnte, fragen. Ihr macht doch Scherze! Das soll wirklich der Fluss sein, über den jahrhundertelang geschrieben, der jahrhundertlang gemalt wurde?

»Darunter ist noch die Drachenburg, etwas unterhalb, da waren wir auch mal drin, aber ich weiß gar nicht, wer da gewohnt hat. Weißt du das?«

»Nein«, sagt Nina, »wir haben nur vom Zaun aus rübergeguckt.«

»Ihr habt nach der Promenade gefragt. Ich habe mal in Bad Godesberg gearbeitet und da bin ich jeden Morgen eine halbe Stunde mit dem Fahrrad am Rhein entlanggefahren. Das war echt ein toller Weg. Und da gab es auch das Rönsdorfer Schwimmbad, das war direkt am Ufer vom Rhein, und das fand ich immer so toll, im Freibad Bahnen zu schwimmen und dabei in den Rhein zu sehen.«

Was ist der Rhein für sie? Was für eine Frage! Die beiden sagen lange nichts.

»Wenn ich an den Rhein denke«, sagt Claudia, »ist es für mich immer romantisch, also die Rhein-Romantik. Auch im Vergleich zu Hamburg und der Elbe, wo ich eine Weile gewohnt habe. Da ist der große Container-Hafen und eine Geschäftigkeit. Am Rhein ist alles gemütlicher, durch das Siebengebirge, die Loreley, die Rolands-Sage.«

»Du bist«, sagen wir, »jeden Tag am Rhein zur Arbeit gefahren, da denkt man doch nicht jeden Morgen: Ach ja, die Rolands-Sage, sondern vielleicht: Ich muss dies und das machen, ich habe Gegenwind, ich komme zu spät…«

Nina unterbricht uns mit ihrer Hand, die sie über den Tisch gleiten lässt und die uns verstummen lässt.

»Also, ich habe mal ein Praktikum in Frankfurt gemacht und musste da immer ein Stück mit der Bahn am Rhein entlang. Zwischen Koblenz und Mainz. Es gibt ja keine schönere Strecke in Deutschland. Ich habe den Praktikumsplatz wirklich überhaupt nicht gemocht, aber da runter zu fahren, jedes Mal war das toll. Es war richtig schön, den Fluss zu sehen, die Burgen, das hat für mich ganz viel von Romantik. Auch wenn ich zu diesem doofen Job fahren musste, der Rhein hat's wiedergutgemacht. Ich freue mich auch immer, wenn ich meine Mutter besuchen fahre, wenn ich in Köln über den Rhein fahre, auf den Dom zu. Das ist einfach schön.

»Ja, ab da, denke ich immer, ist jetzt Heimat. Am Hyatt Hotel vorbei und dann zum Dom.«

»Ja, ab da ist wieder gut.«

»Ich habe das auch nie als blöden Arbeitsweg empfunden«, sagt Claudia. »Du hast da einfach diese Aussicht. Ich habe das immer sehr gespürt. Das war nichts, was man ignorieren konnte.«

Sie streicht ihre langen Haare, die ihr beim Reden ins Gesicht fielen, mit einer schnellen Bewegung hinter die Ohren.

Hat sich der Rhein für sie verändert, als sie in die Pubertät kamen?

Nina sitzt wieder gerade.

»Der Rhein, der war da schon eine Weile abgeschrieben. Der war nicht wichtig. Wir aus der Kleinstadt, wir haben unser Taschengeld gespart. Ich komme aus der Nähe von Bonn. Ein Mal im Monat, da war dann ein Kinobesuch dabei, eine Schallplatte, dann noch die leckeren Kräuterbonbons von den Büdchen, die es da überall gab, und noch ein Buch, das war auch immer noch dabei. Das war so ein Standardprogramm und ich weiß noch, diesen einen Tag, den habe ich von vorn bis hinten genossen. Der Rhein hat da keine Rolle mehr gespielt. Das kam erst später wieder, dass der Rhein so schön ist.«

Claudia nickt.

»Was auch eine Rolle spielte, war die Tanzschule. Es gab viele Jungs- und Mädchenschulen. Das ist typisch Bonn, das ist sehr traditionell. Ich war auch auf einer katholischen Mädchenschule. Und das war die Gelegenheit, das andere Geschlecht kennen zu lernen. Also, je nachdem, wie du so drauf warst. Das war am Anfang sehr steif. Jungs auf der Seite, Mädchen auf der anderen. Dann kam der Junge und forderte das Mädchen auf. Wenn man Glück hatte!«

Sie grinst und dieses Grinsen sagt, dass sie zu denen gehörte, die immer Glück hatte.

»Der Abschlussball, der war was ganz großes. In Bonn in der Oper oder in der Beethoven-Halle. Es kamen alle und der erste Kurs musste vortanzen. Die Eltern kamen auch. Man hat einen Blumenstrauß bekommen von dem Jungen und wurde als Paar fotografiert. Alle waren furchtbar aufgeregt. Und das hatte auch was Nostalgisches. Mein Vater war damals schon in der gleichen Tanzschule.«

Wir sehen eine Weile auf den Fluss. Zwei Lastschiffe fahren vorbei und ein Ausflugsschiff. Claudia schlägt die Beine übereinander und beugt sich vor.

»Mein Vater hat als Kind mal Konrad Adenauer in seinem Haus besucht. Der war da zehn Jahre alt und ein großer Adenauer-Fan. Adenauer hatte wieder eine wichtige Wahl gewonnen und da hat mein Vater seine Mutter gefragt, ob er ihm vielleicht gratulieren dürfte. Wenn du das gerne möchtest, hat sie gesagt. Und dann hat mein Vater sich ein feines Hemd angezogen, das war ab da das Adenauer-Hemd, und dann ist er nach Rhöndorf gefahren und dort war noch so ein kleines Häuschen, wo ein Wachmann drin saß. Heute könnte man ja gar nicht einfach zu einem Staatsoberhaupt hinfahren. Dann hat mein Vater seinen Namen gesagt und dass er Adenauer gerne zur Wahl gratulieren möchte. Da hat der Wachmann angerufen und gesagt, er könne durch. Dann hat er Adenauer gratuliert und der hat sich gefreut. Er hat zu seiner Tochter gesagt: Lotte, gib dem Jungen Pralinen mit, der hat noch einen sehr langen Rückweg mit der Bahn. Seine Tochter hat meinem Vater Pralinen in ein Meißener Porzellan-Schälchen gepackt. Das durfte er mitnehmen. Und dieses Schälchen wurde von meinem Vater ab da in Ehren gehalten.«

Wie ist es mit der Religion in Bonn?

»Bonn ist katholisch. Meine Mutter stellt so Rekorde auf. Sie war schon in 28 Kirchen, wo sie mal in die Messe geht und mal in die. Ich finde, dieser rheinische Glaube hat so was Vertrauensvolles. Im Norden ist das mehr kopfgesteuert und die Rheinländer sind mehr Herzmenschen. Das merkt man auch in der Kirche. Die Heiligen sind sehr beliebt. Zu jeder Gelegenheit gibt es einen Heiligen, zu dem man betet, zum Beispiel der heilige Antonius, wenn man was verloren hat.«

»Das ist mir total fremd als alte Protestantin«, sagt Nina, »ich freue mich auch immer, Beethoven zu sehen, die Statue vor dem Münster. Das ist auch so was von zuhause.«

»Als der Umzug nach Berlin war, da hatte jemand Beethoven einen Koffer an die Hand gemacht und da stand drauf: Ich bleib hier.«

Wie war es überhaupt, als der Regierungsumzug nach Berlin beschlossen wurde?

»Bei uns, in unserer Klasse, wir waren wirklich entsetzt, wir konnten uns nicht vorstellen, warum die plötzlich nach Berlin gehen. Und gerade erst war das Wasserwerk ja fertig geworden und da ziehen die um. Das war eine Riesenenttäuschung, als dieser Beschluss dann da war. Mein Vater war bei der Kripo und man wusste nicht, ob das Bundeskriminalamt jetzt versetzt wird. Da kamen plötzlich Existenzfragen auf meine Eltern zu.«

»Bei uns zuhause gab es auch ein bisschen Empörung. Wie, die können nicht einfach nach Berlin gehen? Wir sind doch die Hauptstadt! Das war so ein Lokalpatriotismus. Man hat sich halb verpflichtet gefühlt, das doof zu finden. Und dass dann später bei Zugdurchsagen Bonn übergangen wurde. Über Köln, Koblenz. Und Bonn!, habe ich dann immer dazwischen gesagt. Das wird einfach immer übergangen. Ich habe Berlin deswegen auch lange abgelehnt. Ich wollte dem gar keine Chance geben.«

»Wo lebt ihr jetzt?«

»Berlin!«

Wir lachen.

»Ja, alles hat sich verändert. Wenn ich jetzt nach Hause komme, ist das alles so klein.«

»Und ihr macht jetzt Urlaub hier?«, fragen wir.

»Ja, es ist schön. Frankreich dort, der Schwarzwald dort!«

»Wird in Bonn Karneval gefeiert?«, fragen wir und wissen schon die Antwort. Die beiden reißen die Augen auf und denken sich dann wahrscheinlich, was soll's, sie wissen es nicht.

»Aber wie!«

»Je weiter du auf die Dörfer kommst, umso doller!«

»Am lustigsten ist es, wenn du Bahn fährst, und dann sitzen die drei Panzerknacker neben dir oder Leute mit Ganzkörperkostümen. Das passiert schon mal, dass du zu einem Geldautomaten gehst und dann wartest du, bis der Pinguin vor dir Geld gezogen hat.«

Was hat sich verändert? Ist Bonn noch Bonn?

»Ich finde die Altstadt gar nicht mehr so schön, das ist alles voller Ketten!«

»Ja, früher konnte man so schön einkaufen, früher war es individueller. Jetzt nur noch H&M, C&A, und wie sie alle heißen.«

»Der Puppenkönig ist noch da!«

»Der Puppenkönig ist noch da! Dieses große Spielzeuggeschäft im Schatten des Münsters. Ich weiß noch, wie ich damals mit einem Freund und einem Nachbarskind dastand und im Schaufenster das neue Playmobil-Puppenhaus gesehen habe. Das werde ich nie vergessen. Das war einfach nur ein Traum! Ich stehe heute immer noch davor, um mir das neue Spielzeug anzusehen, jedes Mal, wenn ich in Bonn bin. Das ist einfach eine Verheißung, dieser Laden.«

»Ich war neulich mit meinem Neffen da. Wo wir als Kinder schon waren! Das ist schön, dass es geblieben ist.«

»Die Kinos haben auch zugemacht.«

»Ja, stimmt, in dem schönsten ist jetzt ein Thalia. Im Metropol. Oben sind immer noch die Kinosessel. Das ist jetzt die Leseecke, das ist toll geworden. Mit einer goldenen Kuppel.«

»Nach dem Regierungswechsel wurden wir dann immer gefragt: Und? Ist es ruhiger geworden? Als würden überall Häuser leer stehen. Viele Botschaften konnten sich den Umzug erst mal auch gar nicht leisten und deshalb hat sich das auch alles hingezogen.«

Wie weit ist das Dorf entfernt, in dem Nina aufwuchs?
»Neun Kilometer.«
Es ist eine schnelle Antwort.
»Nein, wartet mal, das ist schon weiter. Wir sind nämlich immer mit dem Bus gefahren. Wäre der zügig durchgefahren, hätten wir es in 20 Minuten geschafft. Ist er aber nicht. 45 Minuten hat es gedauert. Man hätte auch durch den Wald fahren können, das hätten wir gut geschafft, haben wir aber nicht gemacht, dann hätten wir ja abends wieder zurück durch den Wald gemusst. Habt ihr eine Landkarte?«

Wir breiten die Karte auf dem Tisch aus, auf dem der Verlauf des Rheins zu sehen ist. Nina zeigt auf einen Fleck und sagt: »Hier ungefähr!«

Wir sehen uns die Stelle und ihre Umgebung eine Weile an und wollen dann die Karte wieder zusammenfalten, doch die beiden drücken sie auf den Tisch.

»Wisst ihr«, sagt Claudia, »was auch sehr beliebt ist, sind die Laufstrecken über die Brücken. Da gibt es dann eine kleine und eine große Laufstrecke. Das geht über beide Rheinufer. Und an der Loreley, das ging lange durch die Presse, hing mal ein Kahn fest. Rheinschifffahrt, da ging gar nichts mehr, tagelang, weil sie diesen Kahn nicht frei gekriegt haben und weil wohl extremes Niedrigwasser war.«

»Im Siebengebirge, da kann man toll Schlitten fahren im Winter!«, sagt Nina.

Ihr Zeigefinger, an dem zwei silberne Ringe stecken, fährt auf der Karte nach oben. »Hier ungefähr, ganz tolle Rodelstrecken.«

»Hier ist Pützchens Markt«, sagt Claudia, »ein Mal im Jahr für vier Wochen, da ist so Kirmes, wisst ihr? Wie sagt man denn bei euch?«

Wir denken kurz, warum denn *bei euch*? Sie leben doch auch da, wo das »euch« ist, und dann sagen wir: »Rummel.«

»Genau, Rummel, da steht dann alles Kopf! Und hier: Königswinter. Über Königswinter gibt es ein berühmtes Karnevalslied: ›Es war in Königswinter, nicht davor und nicht dahinter, es war gleich mittendrin, als ich damals auf dich reingefallen bin!‹ Das sind so Texte, die kann man, wenn man betrunken ist, trotzdem noch.«

»Den Kölner Dom«, sagt Nina, »den haben die aus dem Gestein vom Drachenfels gebaut. Das wurde hier, schaut mal, ungefähr hier verschifft und nach Köln raufgefahren. Deswegen steht der Dom auch so nah am Rhein.«

Die beiden sitzen gebeugt über der Karte. Hier hatte die eine Surfunterricht mit dem Mathe-Lehrer auf einem Baggersee. Hier saß die andere nach Uni-Seminaren in der Sonne. Hier wurde die Schwester behandelt und operiert und sie habe es zum Glück überlebt. Hier wohnte die eine als Kleinkind und sie erinnere sich noch immer an einen fantastischen Blick auf den Rhein. Hier, da sehen wir es doch, da sei das Kloster Nonnenwerth, da auf der Insel, und hier der Rolandsbogen, darüber habe sie ein sehr langes Referat in der Schule halten müssen, 10. Klasse vielleicht. Das sei sehr anstrengend gewesen, aber sie wisse noch alles.

Und wir, wir aus dem Norden, wir sind draußen. Wir sehen den beiden zu, wie sie ein Vergangenheits-Ping-Pong machen. Es ist ihre Gegend, ihre Stadt, ihr Dorf, ihre Heimat. Mittendrin zeigt Claudia auf ein Kloster und sagt: »Ich glaube, da gibt es so eine Legende. Der Mönch von Heisterbach. Als der Mönch einen Tag unterwegs war und zurückkam, waren 300 Jahre vergangen.«

Nina klappt die Karte zusammen und reicht sie uns. Claudia sagt: »Na ja, lange her.«

Sie hätten vorhin von Herzlichkeit gesprochen, die Herzlichkeit des Rheinlandes, während Norddeutschland eher kopflastig sei. Was ist denn nun genau das Herzliche am Rheinland?

»Wisst ihr«, beginnt Nina, »meine Mutter wohnt mittlerweile in einem sehr kleinen Dorf bei Bonn. Da gibt es einen Zusammenhalt, wie ich ihn sonst nicht kenne. Als ein befreundeter Apfelbauer krank war und die Äpfel geerntet werden mussten, hat das ein benachbarter Apfelbauer übernommen und hat die Ernte ins Kühlhaus gebracht. Da wird untereinander immer geholfen. Die machen da auch noch Tauschhandel. Wenn meine Mutter zum Steuerberater geht, dann bekommt er auch Äpfel dafür.«

»Ist das nicht eher eine Sache, die es überall in der Provinz gibt?«, fragen wir.

Sie schüttelt heftig den Kopf und sagt: »Also, die schwärzeste Gegend, die ich je erlebt habe, war Westfalen. Da habe ich eine Weile gearbeitet. So was von zugeknöpft und engstirnig die Leute, auf sich bezogen, so was habe ich sonst nirgendwo in Deutschland erlebt. Im Rheinland habe ich mich immer wahnsinnig wohlgefühlt, auch behütet. Da dachte ich schon: Das Rheinland ist herzlich und je weiter du in den Norden kommst, desto grimmiger wird das Land. Und die Leute.«

»Na«, sagt Claudia, »ihr kommt ja aus dem Norden und wir leben beide jetzt auch da. Aber das Rheinland, das ist besonders. Ich empfinde das immer als sehr menschlich. Es menschelt, wenn man mit denen redet, weil die einfach so drauflosreden. Zum Beispiel habe ich ja mal lange in Hamburg gelebt. Da sagt man nur was, wenn man was zu sagen hat. Die Rheinländer denken nicht lange drüber nach, das kommt einfach so. Ich habe das Gefühl, die denken nicht so darüber nach, wie wirke ich jetzt. Die sind nicht so kontrolliert. Ich habe mal bei einem Kundentelefon gearbeitet und wenn ein Rheinländer dran war, dann hat sich das gleich so warm angefühlt. Die haben kleine Geschichten erzählt, so von Mensch zu Mensch. Andere würden sagen: Das spielt doch jetzt gar keine Rolle. Man kann doch einfach das Produkt bestellen und gut ist. Wenn ich in Bonn mit meinem Neffen unterwegs bin, dann halten wir ganz oft an, dann wird ihm über den Kopf gestreichelt und Leute sprechen uns an und sagen: Der ist ja süß. In Hamburg würde das keiner machen, das wäre ja fast eine Grenzüberschrei-tung! Man kommt einfach schneller ins Gespräch. Man tauscht Kleinigkeiten aus. Dadurch gibt es eine Nähe, auch wenn man sich nicht kennt. Dir fallen ja erst die Unterschiede auf, wenn du eine Zeit lang nicht da warst. Manche sagen, das sei oberflächlich, ich empfinde das aber nicht so. Das ist ein Miteinander!«

Sie lässt ihre Arme, mit denen sie ihre Worte unterstrich, sinken. Ein wenig erschöpft sieht sie aus.

»Na ja«, fügt sie an, »ich finde es gut hier. Konrad Beikircher, der Kabarettist, der hat auch den rheinischen Dialekt analysiert. Der hat gesagt, wenn man Rheinländer nach der Religionszugehörigkeit fragt, dann gibt es nur zwei Antworten: evangelisch oder normal! Ich habe das selbst so noch nie gehört, aber ich finde auch, dass das so ein Weltverständnis im Rheinland ist.«

Wir sitzen, sehen auf den Rhein und reden ein paar Minuten nicht. Dann sagt Nina: »Und das Klima, das finde ich auch wichtig, das ist in Bonn toll, was haben wir für ein Glück! Es gibt viel Sonne und der Wind trägt die Wolken weg. Es ist zwar auch Fön-Wetter, in Bonn soll es die meisten schwülen Tage in ganz Deutschland geben, aber es ist unglaublich schön hier.«

Und dann fällt die Formulierung, die es überall in ähnlicher Weise in Deutschland gibt und in der sich die unstillbare und nicht mehr so ganz nachvollziehbare Italien-Sehnsucht dieses Landes spiegelt: »Bonn ist die nördlichste Stadt Italiens.«

Einer von uns sieht auf seine Uhr. Verflixt, wir haben nicht auf die Zeit geachtet, in fünf Minuten legt das Boot ab. Wir erklären es kurz, springen auf und rennen zurück über die Brücke, wo wir mit den Armen in der Luft rudern, könnte ja sein, dass jemand vom Schiff sieht, dass wir kommen, schaffen es gerade knapp und werden mit einem »Das wurde aber auch Zeit!« begrüßt. Wir gehen an den Bug und winken vierarmig zum anderen Ufer, quer über den Rhein, und wir sehen zwei, die das Gleiche tun. Dann legt das Boot ab, und als wir an dem Campingplatz vorbeifahren, und Nina und Claudia gut sehen können, rufen wir aus Leibeskräften: »Danke!«

Zurück an Bord. Zurück im Bordleben. Der Panorama-Salon ist am Nachmittag, wenn Kaffee und Kuchen auf zwei Rollwagen zur Selbstbedienung angeboten wird, so gut gefüllt, dass es fast wie ein Café an einem Sonntagnachmittag wirkt. Gedämpfte und dennoch die Nervenzellen des Innenohrs massierende Panflötenmusik erklingt aus den beiden großen Lautsprechern, die neben Zlatkos Bühne stehen. Wir halten selbst für einige Minuten still und lauschen dem, was an einem der Tische von bis zu fünf Kreuzfahrern gesprochen wird. Wir legen das Aufnahmegerät neben uns auf eine Armlehne und stellen es an:

»Jaaaa!«
    »Wir kriegen jetzt das neue Tagesprogramm, sehen wir dann. Ich weiß ja nicht, wie lang Worms entfernt ist.«
    »Speyer.«
    »Nein, Worms!«

»Haben wir gut gelöst, heute Mittag Sonne, waren wir oben, und jetzt drin, bisschen bedeckt.«

»Jaaaa!«

»Speyer!«

»Nein! Worms.«

»Über 4 Meter, dann ging er runter, dann wieder rauf!«

»Jaaaa!, 4,70 bei der Schleuse!«

»Nein, Klaus!«

»Die roten Rosen sind jetzt schon wieder vorbei. Bei uns im Garten.«

»Unser Hund, der kriegt jetzt zu Essen.«

»Klaus, das tut doch überhaupt nichts zur Sache!«

»Ich habe gerade an unseren Hund gedacht. Wenn dir das nicht passt, kannst du weghören!«

Es wird geschwiegen, ganze 10 Sekunden lang.

»Dann waren wir zum Barbecue eingeladen, da sag ich zu meinem Mann: Guck mal, das Zeichen, das ist ja wie bei Dallas!«

»Und auf einmal kommt J. R. durch die Tür. Ich dachte, das gibt's doch gar nicht! Wir waren auch mal in Hongkong in dem gleichen Hotel, in dem auch Lady Di war, die haben wir sogar gesehen.«

»Dallas, Denver, haben wir früher auch alles gesehen.«

»Wir haben früher viel Western gesehen. Bonanza haben wir gesehen, haben wir später auch noch gesehen, war anders, Joe gab's noch und Hoss.«

»Jaaa!«

»Wir haben viel Bingo gespielt. Wenn die Leute Bingo spielen wollen, dann hängen sie den Hörer auf.«

»In Nordrhein-Westfalen, da werden die Lose ja wöchentlich gedruckt. Hat mich einer in unserem Laden gefragt: Was machen se denn mit den Losen? Die nehmen die nach Hause mit, die ganzen Packen und spielen das zu Hause.«

Es wird geschwiegen, ganze 45 Sekunden lang. Warum auch nicht, das Leben ist ziemlich lang, die Rede muss nicht immer gehalten werden. Schweigen ist Gold, manchmal nur Silber, hin und wieder Blech. Kaffeetassen und mit Kuchenstücken beschwerte Gabeln werden zum Munde geführt. Das Schiff wackelt und brummt leise.

»Bei uns in der Kneipe machen die das mit Eiern und Wurst.«

»Das ist aber ein Kartenspiel!«

»Nein, nein, ich kam mal mit sieben, acht Würstchen nach Hause.«

»Und Tombolas mit Losen!«

»Herrlich!«

»Man hat auch Hauptpreise in unserer Kneipe gewinnen können. Ich habe eine Flasche Sekt gewonnen, an dem Tag, an dem mein Enkel sein Abitur bestanden hat. Das war schön.«

»Die hatse ganz allein gesoffen!«

Schweigen, 7 Sekunden.

»Musst du dir mal vorstellen, die Frau kann nicht schlafen, steht um vier auf und macht Eierlikör!«

»Unsere Nachbarn haben so einen Thermomix, die machen Ouzo und so.«

»Jaaa!«

»Ouzo, Stachelbeere, rote Johannisbeeren, kannste alles mit machen.«

»Ja, ich weiß!«

Schweigen, 10 Sekunden. Müller irrt, in der einen Hand einen Teller mit Kuchenstück und Gabel, in der anderen ein viel zu volles Bierglas, auf der Suche nach einem Platz an uns vorüber. Er nickt kurz, fast unmerklich. Wie wir ihn mittlerweile kennen, sucht er einen Platz an einem Tisch, an dem nicht geredet wird. Er wird sicherlich einen finden. Und sollte er doch angesprochen werden, wird er die ersten Fragen mit Geräuschen oder Drei-Wort-Sätzen beantworten. Müller ist Profi geworden. Er kann jegliche sich anbahnende Kommunikation, in die er hineingezogen werden könnte, unterlaufen und zerlegen. Dann sitzen zwei, drei Ehepaare da und fragen sich, was sie falsch gemacht haben oder was für ein Idiot da nun an ihrem bisher doch so netten und fröhlichen Tisch Platz genommen hat. Wir scheinen die Einzigen zu sein, denen er hin und wieder eine Gemütsregung mitteilt, und sie ist immer die gleiche: Mieses Boot, miese Leute, miese Getränke, mieses Essen, alles für den Hund, so was macht er nie wieder. Ach ja, und das Reisebüro wechselt er auch. Schließlich haben sie ihn angelogen, direkt ins Gesicht. Sie haben behauptet, dass es Altbier gebe, denn so ein Altbier sei doch…ja, ja, tief durchatmen, Müller, und mal ehrlich, Müller, so ein Altbier wäre auch nur ein Tropfen Altbier auf deinen heißen Müller-Stein gewesen. Auch nur für den Hund.

»Hättste mich mal wecken können, ich hätte den Eierlikör mitgemacht.«

»Ich habe auch noch die ganze Wohnung geputzt.«

»Hab ich gar nicht gemerkt.«

»Das ist klar!«

»Nee, ist gut, dass du mich nicht geweckt hast.«

»Ja, bei bestimmten Dingen kann man die Männer wecken und bei anderen wollen se schlafen.«

»Jaaa! Römertopf!«

»Klaus, das ist was ganz anderes!«

»Das weiß ich.«

»Schaut mal, der Reiher!«

»Ist der schön!«

»Wie schön der fliegt.«

»Das ist ein wirklich schönes Tier.«

»Schaut mal, wie der fliegt!«

»Schön, ein wirklich schönes Tier!«

»Jaaa, so müsste man auch fliegen können.«

»Wohin willst du denn fliegen?«

»Das habe ich nur so gesagt.«

Schweigen. 12 Sekunden.

»Brauchst du überhaupt eine elektrische Schneidemaschine?«

»Ja, wenn wir Schinken haben, dann könnte ich den gut schneiden. Oder Käse am Stück.«

»Ich hab so ein tolles Käsemesser mit Draht.«

»Gut, bring ich dir mit, ist ein Allesschneider!«

»Ich kaufe immer Käse am Stück.«

»Wir lassen uns schneiden.«

»Wir auch!«

»Wo wir im Schwarzwald waren, so schöner Schinken, kannst du kaum halten, so dünn!«

»Wenn ich sie geschenkt krieg, sage ich nicht nein, würde ich mir heute nicht mehr kaufen.«

»Ich weiß ja, wie schwer Frauen es manchmal in der Küche haben!«

»Du hast gut reden!«

Schweigen, 8 Sekunden.

»Du hast gestern das ganze Boot zusammengeschnarcht.«

»Ich hab nichts gehört.«

»Du hast ja auch geschnarcht. Ich kann nicht schlafen. Auch wenn ich Ohrstöpsel habe, höre ich das durch. Wenn ich den dann rüttele, versuch mal eine Lokomotive zu rütteln!«

»Ich zieh mir für heute Abend ne schwarze Hose an, wie wenn ich ins Theater gehe, oder was meinst? Gib mir mal einen Rat, schwarz oder weiß?«

»Du schwitzt dann doch!«

»Ich schwitze in weißer und schwarzer Hose. Schwarze Strümpfe hab ich noch, weißes Hemd, schwarze Jeans, oder?«

»Mmmh!«

Schweigen. 13 Sekunden. Und ein krachendes Lachen von drei Männern, die über einen Witz lachen, den der vierte zum Besten gab. So wie die Männer nun flink um sich blicken, scheint es eine Zote gewesen zu sein. Alles prima, alles gut. Eine Männerrunde mit Schnaps zum Kuchenverdauen in Mitteleuropa am Nachmittag.

»Das Wasser ist so ruhig.«

»Ist ja auch ein Kanal.«

»Wir sind noch gar nicht richtig auf dem Rhein?«

»Auf dem losgelassenen Rhein.«

»Dass man überall eingreifen muss!«

»Deswegen haben wir auch die Naturkatastrophen.«

»Irgendwann geht die Welt auch unter, dann kommt wieder was Neues.«

»Da werden auch Autos weggespült.«

Schweigen, 19 Sekunden.

»Trinkst du jetzt Bier?«

»Ist doch erst halb fünf. Ist noch zu früh!«

»Ja, bisschen haste noch.«

»Machste noch immer Diät?«

»Bei mir ist schon viel passiert, hier siehste am Armband.«

»Frech! Frech!«

»Abnehmen tuste ja automatisch beim Laufen.«

»Gibt ja XXL, auch XXXL, für jeden was, das finde ich gut. Sonst musste dir Sachen kaufen, zwei Hosen oder so und die zusammennähen, ne?«

Dann übertönt eine helle, energische Stimme vom Nachbartisch das Geschehen. Die Frau, die jeden Tag einen anderen Hut trägt, spricht in ihr Handy, dass die Größe eines Schneidebretts hat. Auf ihrem Kopf ein zylindrischer, dunkelblauer Filzstoff, dessen Umfang durch einen goldenen Reißverschluss variiert werden kann.

»Hallo, Frau Meier? Hier Haupt, Karin Haupt, ich wollte mich sehr bedanken für Ihr Geschenk. Hier auf dem Schiff ist zu unserem 40. Hochzeitstag nichts passiert, gar nichts, die haben das vergessen. Na ja, so ist das im Leben, mit dem bisschen Schwund muss man immer rechnen. Ja…, ja…, ja…, wissen Sie, ja… mmmh… ja, ja…. Das ist mir langsam zu blöd auf dem Schiff!«

Lassen wir es gut sein. Wir stellen das Aufnahmegerät wieder aus und wenden den Blick zurück auf die Totale. Die »Regina« fährt nun auf der Grenze zwischen Deutschland und Frankreich und in der Ferne haben sich dunkle Wolken gebildet. Wir treffen Toni auf dem Flur des Oberdecks.

»Geht gleich rund. Der Lotse sagt, in Straßburg geht die Welt unter!«

Wir gehen auf das Sonnendeck, die drei der Reederei haben bereits alle Tische zusammengeklappt, die meisten Stühle und die Reling abgebaut. Wir sollen wieder runter, es sei gesperrt. Wir sagen zu den Männern:»C'mon, we are angry men«. Sie lachen. Wir dürfen bleiben. Das Gewitter kommt näher, wir fahren darauf zu. Ein dunkles, böses Lila, das langsam dichter wird, nach unten sackt. Über Frankreich geht Regen nieder. Ein starker Wind kommt auf, der die Pollen der Bäume wie dichten Schnee fast waagerecht über die Wasseroberfläche treibt. Wir klappen zu fünft die restlichen Stühle zusammen und legen sie auf das Deck. Es donnert, wieder und wieder, dann hellen erste Blitze den Himmel auf. Unter einer Brücke schaukelt ein kleines Motorboot mit zwei Anglern, die vom Wetter überrascht wurden. Sie werden dort noch eine ganze Weile Schutz brauchen. Der Wind wird stärker und die ersten Tropfen fallen.

»C'mon, boys!«

Nach einer Stunde klart der Himmel wieder auf, es ist eine seltsam ruhige Atmosphäre. Die Luft ist pollenfrei und die MS Regina gleitet fast lautlos. Es ist schwül, wir sind allein an Deck.»Mékong« steht auf einer Tafel am Ufer der französischen Seite, was uns verwundert. Es passt zu der Schwüle. Wenn wir es nicht besser wüssten, könnte das nun das Boot aus dem Film »Apocalypse Now« sein, und wir zwei der Besatzung, vielleicht der Saucier und der angehende Profi-Surfer, die den Fluss hinauffahren, um einen desertierten, wahnsinnigen Colonel zu eliminieren. *The horror, the horror*, das dachten wir hier auch schon einige Male.

Weitere Steintafeln folgen, auf denen die Namen großer Flüsse stehen: Mékong, Gange, Niger, Danube, Indus, Volga, vor Volga ein Schwan, Missouri, Zaïre, zwischen Missouri und Zaïre drei Schwäne, Yang-Tsé, Rhin, über Rhin ein Reiher, dann eine Anlegestelle. Laubwald, Strommasten, Schwäne, Anlegestellen mit

Stegen, es ist immer das Gleiche. Hin und wieder ein Frachtschiff. Die nächste Schleuse.

Wir lehnen an der Reling und sehen auf das Wasser.

»Na, Jungs!«

Torte stellt sich ncbcn uns.

»Schön, ne?«

Wir nicken.

»Vor 200 Millionen Jahren entstanden das Ding, war erst ein Riss im Meeresboden und dann zack, floss das Ding!«

Wir lachen.

»Ging ja flott!«, sagen wir.

»Nee, nee, so schnell auch nicht. Da haben sich die Platten verschoben, so 150 Millionen Jahre später, welche, weiß ich jetzt auch nicht. Eine gegen die andere jedenfalls und so sind die Alpen entstanden. Da hat sich das alles nach oben gedrückt, der ganze Süden, Bayern und so, das Eis ist geschmolzen, es hat geregnet und das ganze Wasser ist runtergeflossen. In den Riss, klar, wohin denn sonst?«

Er kramt in seiner Hosentasche nach einem Feuerzeug und zündet sich die Zigarette an, die hinter seinem linken Ohr steckte.

»Und ihr so?«

»Nee, erzähl mal weiter!«

»Ich bin doch nicht die Fern-Uni!«

»Komm, Torte!«

»Am Ende der Reise macht ihr ordentlich was in die Trinkgeld-kasse. Na gut, also, das wird alles immer weiter nach oben ge-drückt, Wasser runter, klar, und dann hätteste bei Mainz baden gehen können, das ist die Nordsee! Mit Strandkorb und so und ne Sandburg bauen!«

Er lacht schallend und zieht dann zwei Mal hastig an seiner Zigarette, bis die Glut so lang ist wie der Filter.

»Hier, bei der Loreley und so, da hat sich der Boden auch gehoben und das Wasser hat sich gesammelt, in dem Riss. Und dann noch ein paar Millionen Jahre und die Abschnitte haben sich verbunden, weil sich die Erde immer weiter gehoben hat, ist eigentlich der Hammer, wie das kommt. Wenn wir hier bleiben und steinalt werden, also wirklich steinalt, dann sind wir bestimmt ein paar Meter höher, echt!«

Er zieht wieder zwei Mal und wirft sie über Bord.

»Das habt ihr nicht gesehen und das macht ihr auch nicht, klar? Im nächsten Leben werde ich Geologe, echt!«

»Das kannst du an der Fern-Uni studieren!«

»Fern-Uni, so'n Quatsch, ich muss hier arbeiten! Zum Bodensee kommen wir nicht, der ist prächtig, sag ich euch, wunderschön! Da gab's ne Eiszeit und da schoben sich Monster-Gletscher nach Norden, das taute dann wieder und zurück blieb eine Riesenkuhle und die lief dann wieder voll mit dem Wasser aus den Bergen. Irgendwann war der voll, der See, und lief über und das Wasser lief runter nach Norden. Da hat das Wasser Vereinigung gefeiert, ne? Die Mündung lag da schon nicht mehr bei Mainz, sondern oben in den Niederlanden. Ich fahre jetzt schon ein paar Jahre hier rum und das ist immer wieder was anderes. Nach oben in die Berge kommen wir nicht, klar, da soll es ganz schön rau sein, dann der Bodensee, alles ganz ruhig, mit Bötchen drauf und so, und dann aber bei Schaffhausen, das ist echt der Hammer, wie das Wasser da runterknallt.«

»Warst du mal beim Rheinfall?«, fragen wir.

»Ja, ja, klar, das haut über 20 Meter runter, das schäumt und brodelt richtig und überall hast du Wasser in der Luft, das ist echt der Hammer. Wenn ihr mal Zeit habt, müsst ihr da hin, wirklich super! Bei der Loreley und so, da ist auch noch gut was los. Unser Kapitän hat da immer gut zu tun. Darfste nicht ansprechen dann, der wird fuchsteufelswild. Der ist sonst nett, aber da kennt der keinen Spaß.«

»Hier ist es ja ruhig«, sagen wir.

»Ja, ja, das ist hier eigentlich ne träge Brühe, bewegt sich kaum, jetzt schon wegen des Hochwassers, aber sonst machen hier die Mücken Bambule.«

»Weißt du, wie lange das Wasser von der Quelle bis zur Mündung braucht?«

»Ja, ja, die haben Versuche gemacht für die Schule, für Erdkunde, sagt man das noch?«

»Geographie.«

»Gut, Geographie, die haben eine gelbe Plastikente in den Rhein gesetzt, die hat, glaube ich, 30 Tage oder so gebraucht. Der WDR hat das auch gemacht, 26 Tage hat die Ente von denen gebraucht. Mein Gott, wie bekloppt! Jetzt wissen sie's und alle sind glücklich, ne? So, ich muss jetzt ma' weiter!«

Die Abendsonne strahlt. Wolken, die langsam über die Ebene treiben, mit flachen, hell erleuchteten Unterseiten und Blumenkohlröschen, die aussehen, als würden sie aus sich selbst heraus in die Höhe wachsen. Eine genügsame Herde auf Wanderschaft. Dann setzt langsam die Dämmerung ein. Der Fluss wird ganz still. Vereinzelt stehen andere Passagiere und sehen ein wenig verwundert auf das Wasser. Auch sie spüren die Stille, das Abkippen des Lichtes, das Heraufziehen der Nacht. Beleuchtete Industrieanlagen, die sich im Rhein spiegeln. Noch nie sahen Industrieanlagen so schön, so prächtig aus. Weil es aber nicht sein darf, dass zu lange Leerlauf und Kontemplation und Zurückzug herrscht, hören wir erst das DING DONG und dann Tonis Stimme. Er kündigt den von uns schon lang erwarteten Gäste-Abend an. Beginn in zehn Minuten. Als wir den Panorama-Salon betreten, hören wir es aus den Boxen schmettern:

»Die sind so geil, die sind so froh, and never in the yellow Stroh
Heute spielt die Blasmusik, bis ich aus der Hütte flieg.
Heute wird gefeiert und die Blaskapelle spielt, Blaskapelle spielt!«

In den ersten Tagen sahen wir uns immer noch kurz wortlos an, um das Grauen ein wenig zu mildern. Manchmal lachte einer von uns ein nervöses Lachen, drehte sich kurz beiseite. Mittlerweile ist alles klar. Das ist die Hölle, das ist normal, wir sind mittendrin, die Blaskapelle spielt, bis ich aus der Hütte flieg, und meistens sind wir froh darüber, dass die anderen Passagiere nicht vierzig Jahre jünger sind, denn das wäre dann die Hölle, Hölle.

»Die Mädels ziehn Ihr Dirndl an,
die Jungs machn ein auf Ledermann.
Die Hütte brennt, es kocht das Zelt,
wir stehen Kopf bis auf die Welt.«

Es klatschen nun alle, alle mit. Zlatko heizt den sitzenden Rentnern ordentlich ein. Das haben die Rentner alle so gewollt und dafür gezahlt und jetzt gibt es ihnen Zlatko von vorn auf die Ohren. Volle Hütte, alle Laufgestelle parken am Eingang des Salons, niemand ist mehr in seiner Kabine.

»Da hat das rote Pferd sich einfach umgekehrt
und hat mit seinem Schwanz die Fliege abgewehrt
die Fliege war nicht dumm,
sie machte summ, summ, summ
und flog mit viel Gebrumm um's rote Pferd herum
lalalalalala lalalalalala lalalalalalalalalalalalala
lalalalalala lalalalalala lalalalalalalalalalalalala«

Direkte Überleitung. Weiter, einfach weiter. Hände oben. Klatschen, alle!
»Da steht ein Pferd auf'm Flur, ein echtes Pferd auf'm Flur.«
Zlatko hat die Lichtorgel angeschmissen. Die fußballgroße Diskokugel dreht sich, yeah! Und jetzt alle, alle! Ich hör euch nicht!

Wo sind eure Hände? Ich will eure Hände sehen! Das große Finale mit über 120 Richtung Salon-Decke gereckten Händepaaren. Dann Schluss, rasender Applaus.

Toni kommt vor, nimmt sich das Mikrofon, stellt sich in die Mitte der kleinen Tanzfläche und fragt:»Geht's Ihnen gut? Sind Sie gut drauf?«

Das Schiff ruft aus einer Kehle:»Ja!«

»Das ist schön! Wir haben für Sie, meine sehr verehrten Damen und Herren, ein kleines Programm vorbereitet. Ausnahmsweise müssen Sie für eine Weile auf frische Getränke verzichten, bitte haben Sie Verständnis, denn der Einzige, der gerade arbeitet, ist unser Kapitän, und den brauchen wir ja auch in der Kapitänsbrücke, nicht? Unsere Mitarbeiter haben für Sie ein kleines Programm vorbereitet und wir hoffen, es gefällt Ihnen. Bühne frei!«

Das Stichwort ist gefallen, Zlatko erhebt sich von seinem Sitzhocker und dreht an den Reglern.

»At first I was afraid, I was petrified…«, klingt es aus den Lautsprechern und die Mitarbeiter der Küche betreten das Tanzparkett. Sie haben sich als Mönche und Prinzessinnen verkleidet. Sie beginnen zu tanzen und zwei der Prinzessinnen singen Playback in zwei glitzernde Plastik-Mikrofone. Der Salon klatscht begeistert mit, Kameras laufen und knipsen. Der Chefkoch trägt Fummel, der charmanteste Koch hat Brüste, der Matt Damon der MS Regina hat oben nichts an. Die MS Regina schaukelt. Das ist der Ausnahmezustand. Alarm, Alarm, klatschen bis die Hände weh tun. Notfalls nur jeden zweiten Klatscher mitmachen, damit Sie länger mitmachen können. Hammer, es ist der Hammer. Draußen sieht die vorbeiziehende Industrieanlage von Cargill aus wie ein Krematorium.»I will survive!« Alle singen mit. Applaus! Abgang der Küche, Auftritt des Service-Bereichs. Sie sind barfuß, tragen Turbane und weite, weiße Hemden und haben sich Tücher um die Hüften gebunden. Eine Bouzouki erklingt, ja, klar, Sirtaki, Anthony Quinn in »Alexis Sorbas«, der Tanz, der für ihn erfunden wurde, weil er nicht besser tanzen konnte! Der Service-Bereich gibt sein Bestes, immer schneller und schneller, wir klatschen und johlen! Applaus! Der Service-Bereich verbeugt sich.

Toni nimmt sich das Mikrofon, auch er trägt nun eine Prinzessinnen-Krone.

»Wir haben Sie gebeten, uns anzusprechen! Zwei Freiwillige haben sich gefunden, Applaus für die beiden Mutigen!«

Wir applaudieren.

»Als Erstes hören wir einen Witz! Bitteschön, Herr Wondraschek!«

Wondraschek, ein dünner Mann in einem anthrazitfarbenen Zweireiher, greift nach dem Mikrofon, räuspert sich und sagt:

»Haben Sie steife Schmerzen im Genick?

Haben Sie steife Schmerzen, gehen Sie zum Gynäkologen!«

Die MS Regina grölt so laut auf, dass der Rhein über das Ufer tritt und zwei kleine, durchaus sympathische Dörfer geflutet werden. Toni reicht das Mikrofon an eine Frau in einem knöchellangen Wollkleid, die eine voluminöse Perlenkette trägt. Auch sie räuspert sich:

»Hier auf dem Schiff kommen ein paar tausend Jahre zusammen. Und wenn ihr Damen euch an früher erinnert. Im Dutt, immer schwarz angezogen, Faltenrock, ich hatte so 'ne Lehrerin, da fiel dir nichts mehr drauf ein. Faltenrock, Blockabsatz und alle waren sie ledig, die gingen alle ungeöffnet zurück.«

Schallendes Lachen.

»Liebe Gäste, dass Sie heute alle so schick sind und viele Dinge machen wie Reisen, das hätte es früher alles nicht gegeben. Ich freue mich ganz besonders, auch für mich, bin auch nicht mehr so frisch, dass wir das alles heute machen können. Und nun habe ich ein kleines Gedicht für Sie, an die Herren, die kommen nicht so gut bei weg.

Ihr lieben Herren

Etwas grau und etwas kahl,
auch die Jugend war einmal,
doch was nutzt denn das Gewimmer,
lieber Freund – es kommt noch schlimmer.

Haare wachsen aus den Ohren,
der Geruchsinn geht verloren,
dabei hast Du noch zu kämpfen,
um den Nasensaft zu dämpfen,
der sich an der Spitze sammelt
und als Tropfen runterbammelt.

Flach und trüb liegt die Pupille,
trotz der scharf geschliffenen Brille.

Du bekommst Paradontose,
Deine Zähne werden lose,
schmerzhaft, wie sie einst gekommen,
werden sie Dir rausgenommen,
und das künstliche Gebiss,
ist ein arges Hindernis.

Schweigen wir von Nierenschmerzen,
von dem starken Klopf am Herzen,
von dem Magen – diesem Hund,
keinesfalls ist der gesund.

Unten ist die Bauchwand faltig,
der Urin ist zuckerhaltig.

Der Popo – einst straff und rund,
leidet stark an Muskelschwund.

Wenn Dir ein Wind entfleucht,
wird Dir gleich die Hose feucht,
und des Mastdarms volle Falten,
können kaum den Stuhlgang halten.

Oftmals stören Deinen Frieden,
wallnussgroße Hämorrhoiden,
und die sogenannte gute,
vielgepriesene Wünschelrute,
hängt als leicht verkrümmter Schlauch,
unterm faltenreichen Bauch.

Nur zum Pinkeln lediglich,
dient der Schnibbeldillerich.
Und er ist an dieser Stelle,
wirklich keine Freudenquelle.

Und die hulde Weiblichkeit,
wittert dies und weiß Bescheid.
Schonungslos kommt sie zum Schluss,
er ist sittsam, weil er muss.

Doch trotz allem, lieber Knabe,
bring ich Dir als gute Gabe,
Wünsche für das nächste Jahr.
Dein Urin wird wieder klar,
alle Glieder sollen sich straffen,
Du sollst klettern wie die Affen,
kurz – Du sollst zum Playboy werden,
viele Jahre hier auf Erden.«

Das ist der Höhepunkt, die Entgrenzung, die Erschütterung der Kontinentalsockel. Ein nahezu tierisches Gejohle durchzuckt den Panorama-Salon. Einige fallen vor Lachen fast von den Stühlen. Die Erde musste 4600 Millionen Jahre alt werden, um dies hier zu erleben. Müller sitzt ganz hinten, am Bug-Fenster, mit dem Rücken zur Nordsee. Sein Glas ist vom Tisch gefallen. Er hat einen roten Kopf und krümmt sich vor Lachen. Müller, alter Verbrecher, nun ist doch noch was gut für dich. Das Programm ist beendet, Toni bedankt sich bei uns, bei sich, bei seinen Kollegen, bei Zlatko, der nun noch Musik spielen wird. Zlatko funktioniert wie ein Radio, stellt man es an, kommt sofort Musik. »Siebzehn Jahr, blondes Haar, so stand sie vor mir.« Siebzig Jahr, graues Haar, Müller steht leicht schwankend vor unserem Tisch, an dem wir mit einem schweigsamen Paar sitzen und auf die Tanzfläche sehen, auf der sich drei Paare drehen. Er grinst breit und nickt Richtung Tanzfläche: »Dirty Dancing, ne?«

Worms

*… denn weder dem Papst noch den Konzilien allein
glaube ich, da es feststeht, daß sie öfter geirrt und sich
selbst widersprochen haben, so bin ich durch die Stellen
der heiligen Schrift, die ich angeführt habe, überwun-
den in meinem Gewissen und gefangen in dem Worte
Gottes. Daher kann und will ich nichts widerrufen, weil
wider das Gewissen etwas zu tun weder sicher noch
heilsam ist. Gott helfe mir, Amen!*

Martin Luther

Luther kam nach Worms, heutzutage kommen Touristen. In
Bussen, Zügen, Autos oder mit dem Bähnchen, das die Schiffs-
reisenden von der Rhein-Promenade abholt. Wir sind die Generationen, die zum Ereignis gebracht werden, selbst ereignislos und
schwach auf den Füßen, am Stock, an der Rolle, manchmal bereits
schwerhörig und schwer vergesslich.

Luther trat 1521 vor das Konzil des Reichstages, wir Touristen
treten vor die Reiseführerin. Luther widerrief nicht, wir haben
nichts zu widerrufen. Luthers Bußgang wurde zum Triumph. Wir
büßen im Stillen mit unserem schlechten Gewissen, falls wir eines
haben.

Die Reiseführerin spricht eine Stunde lang über die Geschichte
des Doms, das Bauwerk, die Orgel, den Altar, die Wandgemälde.
Das kann sich kein Tourist alles merken, das geht bei manchem
rein und raus. Das haben wir am nächsten Tag ja sowieso vergessen. Wir haben dutzende Fotos gemacht, wir brauchen kein Gedächtnis. Wenn wir wieder zu Hause sind, erzählen wir Freunden

von den Fotos. Komm doch mal vorbei, wir schauen uns zusammen die Fotos an, sagen wir. Das interessiert kein Schwein, das will sich niemand ansehen, stellen wir Wochen später fest. Wir sind beleidigt und gekränkt. Das kann ins Album, auf ein Tablet. Wir schlagen es zu. Deckel drauf! Früher gab es Lichtbildervorträge, da musste man nirgendwo selbst hinfahren. Man ging ins Kulturhaus und ließ sich die Bilder zeigen und erläutern. Bilder vom Toten Meer, vom Hunsrück und vom Himalaya. Das hat genügt, das war vollkommen ausreichend. Man sparte Zeit und Geld. Man hat die Welt gesehen, ohne irgendwo hinzufahren, das waren Zeiten!

Die Reiseführerin verabschiedet uns.
»Kommen Sie bald wieder!«, sagt sie.

Der Komponist Rudi Stephan

In anderthalb Stunden geht unser Schiff, wir schauen auf die Uhr. Laufen auf der Rudi-Stephan-Allee und fragen uns, wer dieser Mann war. Keiner von uns beiden weiß es. Kurzerhand, zwei oder drei Straßen weiter, stehen wir vor einem Haus mit sandsteinfarbener Fassade und lesen das Gedenkschild:

In diesem Hause verbrachte der Wormser Komponist
und Wegbereiter der Neuen Musik
RUDI STEPHAN
Kindheit und Jugend
Geboren am 29. 7. 1887 in Worms
Gefallen am 29. 9. 1915 in Galizien

Als Rudi Stephan im September 1915 in einer der Schlachten in Ost-Galizien, bei Tarnopol, in der heutigen Ukraine, per Kopfschuss tödlich getroffen wird, ahnte kaum jemand, dass mit dem Tod des 28-jährigen der Musikwelt eines der größten und verheißungsvollsten Talente geraubt wurde. Sein Tod, über den es unterschiedliche Versionen gibt, geschah, wie bei so vielen jungen Männern, im Wahnsinn des Krieges. Es heißt, der Unteroffizier Stephan sei im Schützengraben von einem Schuss der feindlichen Artillerie getroffen worden. Andere Quellen besagen, er sei schreiend aus dem Graben gerannt, nachdem er keinen anderen Ausweg mehr sah, der Schlacht und dem Töten zu entkommen. Ein russischer Soldat erschoss ihn.

Die traumatische Erfahrung, die er durch das ungeheure menschliche Leid in unmittelbarer Nähe miterlebt hat, haben ihn in den Tod getrieben. Als die neben ihm liegenden Verwundeten geschrieen haben vor Angst und Todesnähe, wie lange kann das ein Mensch aushalten?

Schon die Kaserne, so schrieb Rudi Stephan in einem Brief, kam ihm wie ein Gefängnis vor. Wie muss dies erst auf dem Schlachtfeld in Galizien gewesen sein?

Rudi Stephan war ein sensibler junger Mann, der seine wenigen für die Nachwelt erhaltenen Werke in mühevoller Arbeit und nicht ohne Skepsis am eigenen Tun erschaffen hat. Er zweifelte mitunter an deren Gehalt. Wer jedoch seine beiden Orchesterstücke und die Musik für Violine und Orchester hört, wird nicht zweifeln müssen, dass diese Werke eine eigene musikalische Sprache wagen.

Wir wissen nicht, was aus dem jungen Komponisten geworden wäre, ob er später in einer Reihe mit Webern, Berg und Schönberg genannt worden wäre, wenn ihm die Zeit geblieben wäre, sein künstlerisches Talent vollends zu entwickeln. Als sein erstes Orchesterstück 1911 in München uraufgeführt wurde, stieß es bei den Musikern auf Unverständnis, sogar auf Feindseligkeit. Ein anderes Stück, die »Musik für Geige und Orchester« wurde 1913 in der Berliner Presse als »misstönend« und »zerebral« kritisiert. Heute hören wir diese Kompositionen mit anderen Ohren, mit dem Wissen über die Neue Musik, den atonalen Hörerfahrungen, den seriellen Werken, auch einer »Musik der Stille«.

Wir gehen weiter, streifen durch eine kleine Gasse. An der Fensterscheibe eines Cafés hängt ein alter Stadtplan: *Worms. Judenviertel um das Jahr 1760.* Erst jetzt sehen wir, dass wir uns in der Judengasse befinden. Wir treten auf den Platz der Raschi-Synagoge. Gehen durch die Pforte in den Garten, eine Treppe führt hinunter zur Mikhwe. Wir nehmen bedächtig die Stufen des Ganges und kommen am Grund an, stehen vor dem Becken, wo die rituellen Waschungen stattfanden. Die Mauern sind alt und feucht, teils in labilem Zustand, wir erkennen Risse und Furchen. Wenige Wochen später lesen wir, dass das Ritual-Bad restauriert werden muss. Die notwendige Sanierung wird mindestens 1 Million Euro kosten. Die Mittel hierfür werden hoffentlich bereitgestellt werden.

»Hin zur Frauen-Synagoge, die zu Worms am Rhein,
Führt ein Gässchen, ihr zur Linken, dunkel schmal und klein.

Hier verweilt dein Führer, deutet auf die Mauer dran,
›Rabbi Juda Chasid's Mauer!‹ Sagt der alte Mann.

Eine Blende ist es aber, was dein Aug' erblickt,
Wie von einem Menschenkörper, rückwärts eingedrückt.

Und befragt dein Blick den Alten, was dies heißen soll?
So beginnt er, aufwärtsschauend, leis' und wehmutsvoll:

›Dies ist auch noch so ein Denkmal, aus der düstern Zeit,
Wo zum Bösen und der Gegner allzeit war bereit.‹

›Aber auch ein herrlich Zeichen von der Macht des Herrn!
Unsrer Zeit, ach, ohne Glauben, bleibt das Wunder fern.‹«

So heißt es in dem Gedicht »Rabbi Juda Chasid's Mauer zu Worms« von A. Tendlau, das 1843 in der »Allgemeinen Zeitung des Judentums« erschien.

Die mittelalterliche Stadt am Rhein hieß über viele Jahrhunderte auch »Klein-Jerusalem«. Einer der bekanntesten und größten Bibel-Kommentatoren und Talmud-Gelehrten, Raschi, der Rabbi Schlomo ben Jitchak, lebte, studierte und lehrte hier zwischen 1055 und 1065. Nach ihm ist die Synagoge benannt gewesen, die die älteste auf dem europäischen Kontinent war. Über sein Leben ist wenig überliefert. Er starb im französischen Troyes, kurz nach dem Ersten Kreuzzug, bei dem schon erste Massaker an Juden verübt wurden.

Die Synagoge, 1034 erbaut, wurde im Laufe der Jahrhunderte mehrmals zerstört, durch Brände und Verfolgungen, und immer wieder aufgebaut. Zuletzt brannten die Nazis sie 1938 nieder. Am 3. Dezember 1961 wurde sie wiederaufgebaut und eröffnet.

Bis zum heutigen Tag wurden in Worms 77 Stolpersteine im öffentlichen Raum verlegt, die an die Deportation, Vertreibung und Vernichtung jüdischer Menschen durch die Nationalsozialisten erinnern.

Einer der Stolpersteine, jener in das Pflasterbett eingelassenen Messingplatten, erinnert an Herta Mansbacher, die 1942 von den Nazis deportiert wurde. Sie wurde 57 Jahre alt und arbeitete als Lehrerin an einer allgemeinen Volksschule, aus der sie mit Macht-antritt der Nazis entfernt wurde. 1933 wurde sie an die Jüdische Schule versetzt, die sie später leiten sollte. In der Pogromnacht des 10. November 1938 stellte sie sich SS- und NSDAP-Leuten in den Weg und rettete wertvolle Kunstgegenstände und Reliquien aus der brennenden Synagoge.

Nachdem die Jüdische Schule 1941 aufgelöst worden war, er-fuhren sie und eine Reihe ihrer Schüler das gleiche schreckliche Schicksal: Sie wurden deportiert und ermordet, wahrscheinlich im Vernichtungslager Belzec, nahe dem polnischen Lublin. In diesem Lager wurden von März bis Dezember 1942 etwa 500 000 Men-schen umgebracht, hauptsächlich Juden und Sinti.

Wir gehen leicht benommen Richtung Fluss und Anleger. An einer Unterführung bleiben wir stehen, drehen uns um. Als folgten uns Gespenster, braune Horden. Alles ist still, bis auf das Rauschen des Verkehrs. Nichts regt sich. Alles ist friedlich, die alten Nazis unter der Erde.

Uns fällt der Satz von Margueritc Duras ein, dass die Ermordung von sechs Millionen Juden nicht nur Trauer hervorgerufen hat, sondern auch Antisemitismus. Woher kommt er, warum gibt es ihn noch immer hierzulande und überall in Europa, überall auf der Welt? Wir wollen nicht in einem Land leben, das Galgen schwenkt, auf denen die Namen von demokratisch gewählten Politikern stehen. Nicht in einem Land, in dem Menschen aus Hass an Asylbewerberheime und Flüchtlingsunterkünfte Feuer legen. Nicht in einem Land, das Bewohner hat, die Hakenkreuze auf jüdische Grabsteine schmieren.

Wir gehen weiter, sehen den gewaltigen Fluss, der in allem größer und weiser ist als wir – wir stehen auf der Promenade und sehen das Denkmal von Hagen, der den Schatz der Nibelungen im Rhein versenkt. Sein Gesicht ist zornig, er weiß, der Bruder ist tot. Wer hat ihn umgebracht? Er selbst? Sein Bart aus Stein und Fels, die hohlen Augen blicken ins Leere. Von deutschem Boden soll nie wieder ein Krieg ausgehen und auch keine Nibelungentreue. Wir wissen, dass es eine NS-Kameradschaft »Nibelungia« gab und eine SS-Grenadier-Division »Nibelungen«, die noch im Frühjahr 1945 für den Endsieg kämpfte. Eine Art Kinder-Bataillon. All die Kriemhilds und Brunhilds können uns gestohlen bleiben, auch die Musik des antisemitischen Komponisten, der es mit den Nibelungen hatte. Wir werden nicht zum Hügel nach Bayreuth fahren. Wir steigen in unser Schiff, wir legen ab mit unserer zweiten Haut. Wir wechseln auf die Außenhaut, wir blicken durch das Bullauge ins freie Wasser.

DING DONG. Wir stehen am Bug, beugen uns über die Reling und sehen auf das Wasser. Es ist das schönste aller Elemente, das einzige, in dem man sich, wenn man taucht, aus eigenen Kräften bewegen kann. In dem man sich sogar über oder unter einem anderen bewegen kann. Es hat die Kraft, Kontinente zu verändern, Steine zu schleifen, Küsten zu verschieben. Es verformt und formt Neues. Es fließt, es friert, es trägt, es leitet, es verschlingt. Auch die eine und andere Sandburg nimmt es mit. Und trotz aller Gewalt, das es ausüben kann, ist es das tröstendste der Elemente. Wie gut ist der Trost bei dem Anblick von Wellen, von Wasser, was nie zu verschwinden scheint, der Anblick eines breiten Flusses, als könne der Fluss all das, was einen sorgt, bedrängt und ängstigt, sortieren, klären, forttragen. Wo Wasser ist, ist Leben! Wo Wasser ist, sind Menschen. Wo Menschen sind, sind Menschen. Wo Menschen sind, ist Wasser. Und sie alle kochen nur mit Wasser, reden wie ein Wasserfall und hören durchsichtige, sanfte bläuliche Musik. Wie gut, dass Wasser nicht dicker als Blut ist. Man kann es sogar zusammen mit Blut schwitzen. Man kann sogar einen Feuerwehrwagen aus Wasser bauen. Wer es glaubt, kann über Wasser gehen. Es wird auf Mühlen gegossen. Es kann einem bis zum Hals stehen. Es läuft einem im Mund zusammen. Stille Wasser sind tief, ausgenommen sind Pfützen. Wir sind mit den meisten Wassern gewaschen. Redewendungen aus einer Welt, der es gut geht.

Jemandem das Wasser abgraben, jemandem das Wasser nicht reichen können. Nah am Wasser gebaut, Rotz und Wasser, Schlag ins Wasser. Seit das Wasser in der Sprache angekommen ist, ist schon viel Wasser den Rhein heruntergeflossen. Was dieses Wasser so alles kann, und wir befinden uns direkt darauf! Wo Wasser ist, sind Menschen. Wo Menschen sind, sind noch mehr Menschen, und hier sind 130 Menschen und hören schon ihr ganzes Leben lang

Musik und klatschen auf eins und drei. »Herzschlag ist der Takt, Boogiewoo und ich tanz dazu!«

Das Wasser ist mannigfaltig gemalt, fotografiert und beschrieben worden. Christian Morgenstern, der zu Beginn des 20. Jahrhunderts den Rhein bereiste, schrieb folgendes Gedicht:

Das Wasser

Ohne Wort, ohne Wort
rinnt das Wasser immer fort
andernfalls, andernfalls
spräch es doch nichts anders als:

Bier und Brot, lieb und Treu, –
und das wäre auch nicht neu.
Dieses zeigt, dieses zeigt,
dass das Wasser besser schweigt.

Vielleicht wird dem Wasser auch viel zu viel angedichtet. Was es alles kann und nicht kann, können sollte und doch nicht zustande bringt. Zudem wollen wir anmerken, dass das Wasser, auf dem wir uns befinden, keineswegs schweigt. Es plätschert und schmatzt, es gluckst und gluckert. Es plockt und poltert. Flüstern kann es auch, als wollte es uns etwas mitteilen, von dem wir nur verstehen, dass alles fließt und man nicht zweimal in denselben Fluss steigen kann. Es lärmt sogar mitunter. Nur wenn es strömt, unaufhaltsam strömt, ist es still, doch wir ahnen, dass unter der Oberfläche ein Tosen zuhause ist, das wir besser nicht erleben möchten.

In der Luft liegt ein Lärmen. Dröhnende Maschinen, die vom Flughafen Frankfurt am Main gestartet sind, ziehen über dem Rhein eine Kurve. Steuerbord fließt der Main in den Rhein, und hätten wir nun andere Möglichkeiten, könnten wir abbiegen, vom

Main in die Donau und hätten 68 Schleusen und knappe 3000 Kilometer vor uns, bis wir Rumänien erreichen und zum Schwarzen Meer gelangen würden. Zlatko hätte sich die Finger wundgespielt, das Frühstück käme uns schon nach dem Aufwachen aus den Ohren, es wären mindestens drei, vier Menschen spurlos verschwunden und Odessa wäre nicht mehr weit.

Hinter Wiesbaden ist die Landschaft kleinteiliger geworden. Felder, begrenzt von Baumreihen. Weinanbauten bis zum Waldrand. Weinhänge tauchen auf, dahinter weitere, höhere Hänge, die mit Nadelbäumen bewaldet sind. Sie erscheinen uns wie freundliche Wesen, wie eine Verheißung, ein Glück, weil sie Abwechslung versprechen von dieser flachen, regulierten, die Augen ermüdenden Gegend. Die Autofähre Michael, die Ingelheim und Oestrich-Winkel verbindet, kreuzt unsere Fahrtrichtung und der Fluss ist hier so breit und voller Motor- und Segelboote, dass er fast wie ein geschlossenes Gewässer wirkt.

Auf dem Deck sitzt ein Mann, die Ellenbogen auf den Biertisch gestützt, sich die Haare raufend. Neben sich das Buch »Die Vollidioten« von Eckard Henscheid. Er schreibt seit einer knappen Stunde zwei Postkarten und sah immer wieder auf das nicht-kultivierte, dem Weinbau gegenüberliegende Ufer hinüber, als würde er in der Struktur der hochaufragenden, vom Wind bewegten Pappeln, aus denen es immerzu schneit, die passenden Formulierungen finden. Dann wendet er sich seiner Frau zu, die etwas entfernt in einer Sonnenliege döst.

»Wir müssen nachher noch packen«, sagt er.

»Ja«, sagt sie, »alles zurechtlegen.«

»Packen!«, sagt er.

Sie richtet sich auf und sieht ihn genervt an.

»Erst legen, dann packen, Wolfgang. Das ist die Reihenfolge!«

Sie bleibt angespannt und aufgerichtet sitzen, während sie auf eine Reaktion von Wolfgang wartet, doch der hat seine Augen, nun bei Rhein-Kilometer 522, auf ein auf einem Hügel gelegenen Weingut geheftet, das aussieht wie eine der Burgen von Playmobil. Wolfgang wird nichts mehr dazu sagen. Die Frau verdreht die Augen, schüttelt den Kopf, als sei ihr nun alles, wirklich alles klar geworden, und lehnt sich wieder zurück, schließt die Augen. Hinter diesen Augen denkt sie vielleicht, sie habe einen grundlegenden Fehler gemacht, schon vor vierzig Jahren. Sie hätte, denkt sie, doch besser Jochen, den hochgewachsenen Freund von Wolfgang, nehmen sollen, der sie umgarnte, ihr Avancen machte, sie zum Eis essen einlud. Was war sie doch blöd gewesen! Alles wäre anders geworden. Auch ihre Kinder wären wahrscheinlich etwas größer geworden. Der Sex besser, die Streitereien vielleicht weniger, vielleicht hätten sie sogar Hobbys teilen können. Vielleicht, vielleicht, ein Leben im Vielleicht.

Aus den Lautsprechern schallt nun Ben Stenekers »Lonely river rhine«. Ben Steneker, der »Godfather of Dutch Country«, was auch immer das bedeuten mag. Würde ein deutscher Musiker penetrant und eigensinnig über Jahrzehnte hinweg Fado-Musik komponieren, wäre er der Pate des deutschen Fado, und das würden wir auch nicht hören wollen. Derweil überholt die MS Regina ein kleines Segelboot, einen Einmaster aus Holz mit einem blendend-weißen Segel, in dem ein Mann und eine Frau, beide in unserem Alter, sitzen. Der Mann trägt eine Schirmmütze, auf der »Skipper Rainald« steht. Die Frau hat sich so viel Sonnenmilch aufgetragen, dass ihr nackter Oberkörper blechern aussieht.

Wir lehnen an der Reling, während das Schiff wendet und langsam in Rüdesheim anlegt. Müller zwischen uns. Auch er hat Sonnenmilch aufgelegt, allerdings nur einen zeigefingerkuppengroßen Tupfer auf seiner grobporigen Nasenspitze.

»Der Silvaner ist hier lecker, den trinke ich gleich, ja!«

Müller hat alles gesagt. Der Satz verlangt keine Bestätigung, keine Frage, es ist alles klar. Wir sagen nichts dazu.

»Oder?«, fragt er nach einer Weile.

»Ja«, sagen wir. »Machen Sie mal, nicht verkehrt!«

Ein paar Meter entfernt steht Lisa mit ihrer Mutter. Die Mutter sagt in übertriebener Lautstärke, als wäre es wichtig, dass nicht nur ihre Tochter hört, was sie zu sagen hat: »Die Hildegard von Bingen hat viel für uns Frauen getan!«

»Ja, Mutter«, sagt Lisa und zwinkert uns zu.

Müller macht eines seiner Geräusche, tippt sich an die Stirn: »Da oben, da war ich schon mal, ist Jahre her. Wenn ihr den Hügel da hochgeht, kommt ihr bei Jesus vorbei, grüßt ihn mal!«

Rüdesheim

Im Rheingau, wo jetzt Rüdesheim liegt, stand vor
undenklichen Zeiten eine einsame Mühle am Rhein,
umgeben von einer grünen und blumenvollen Wiese.

Clemens Brentano

Im Hafen von Rüdesheim liegt die »MS Lord Byron«, sie ist weiß
und elegant, ein schnittiges Kreuzfahrtschiff.

Es trägt die Schweizer Flagge und eine des Königreichs von
Großbritannien. Wir wissen, dass Lord Byron über den Rhein
gedichtet hat. Sein bekanntes Drachenfels-Gedicht endet mit
den Versen:

Nor could on earth a spot be found
To nature and to me so dear,
Could thy dear eyes in following mine
Still sweeten more these banks of Rhine!

Die holden Inseln im Rhein, der gewaltige Strom und die schöne
Flur müssen den romantischen Dichter entzückt haben. Vom
10. bis 20. Mai des Jahres 1816 reiste er am und auf dem Rhein,
besuchte die Städte Bonn und Koblenz sowie die Drachenfels-
Burg. Über Mannheim und Karlsruhe führte seine Reise nach Basel, wo sie endete. Damals schrieb man über den Rhein, als wäre er
ein Gottvater, und tatsächlich ist die Sehnsucht, in etwas so Großem und Edlem aufgehoben und enthalten zu sein, uns auch heute
noch verständlich. Wir, die in diesen Tagen immer wieder die
leuchtenden Inseln sehen, finden zunehmend weniger Worte für
das, was wir schön finden, wofür wir glauben, zu lieben. Unsere

Sehnsucht ist die meiste Zeit entschlafen, wir machen Fotos und senden sie nahen Menschen, die genauso wenig Worte finden, die von Sehnsucht womöglich nichts wissen wollen, oder zumindest so tun. Dabei gibt es auch anderes als Worte, andere Ausdrucksformen. Auf Wilhelm Turners Gemälde »Rüdesheim, Blick auf das Binger Loch« von 1817 sieht man einen von Wolken durchzogenen Himmel, Eisbergformationen, die Andeutung von Gebirge, darüber rötlich-braune Töne. Rechter Hand die Stadt Rüdesheim mit Adlerturm und der Kirche St. Jakobus, oberhalb das Kloster; im Vordergrund des Bildes ein Schiff mit Segeln, die Ruder gleiten durch das Wasser. Ein kleineres Boot liegt vor dem Schiff, schemenhaft erkennt man drei Erwachsene und ein Kind. Auf dem Segelschiff selbst stehen zwei Männer, einer scheint der Kapitän zu sein, der andere wendet sich den Personen im kleinen Boot zu, es scheint so, als sprächen sie miteinander.

Im Wasser sind Wellen zu erkennen, womöglich die Fahrrinne, ein grüner Teppich, der zum Ufer führt. Es sind drei Personen auf dem Segelschiff, wenn man ganz genau hinsieht, die Männer an den Rudern erkennt man nicht. Links, rechts und mittig die Weinberge, auf der gegenüberliegenden Seite die Stadt Bingen. Weiter im Hintergrund sieht man ein schlankes Gebäude, dies könnte der Mäuseturm sein, neben ihm Segel oder weiße Lichtsäulen auf dem Wasser. Die Inseln und Sandbänke schimmernd hell. William Turner hat dieses Bild zunächst skizziert und erst im Winter danach zu Hause in London gemalt. Wir sehen, was er uns sehen lässt: scheinbar idyllischer Realismus, und Spuren eines frühen Impressionismus. Es überwiegt die Farbe Grün, das Wasser kennt blaue Schattierungen, auch violette Töne, das Weiß der Fahrrinne. Die Berge gehen von grün in etwas Dunkleres über, dann, je mehr sie in den Himmel reichen, verschwinden sie in einem Blau. Fließen in ein Blau des Himmels, durch den ein Schneebesen fegt. Was sprechen die Männer miteinander? Bringt das kleine Boot Proviant oder kommen Teile der Besatzung an Bord? Soll etwas von dem Segelschiff entladen werden?

Unser Kahn hat angelegt, dieser gelbe Kasten. Er ist in die Jahre gekommen, ein Oldtimer-Schiff, dessen einziger Vorzug der schöne Restaurant-Salon ist. Dafür gibt es kein Schwimmbecken und keinen Whirlpool, keinen Fitnessraum und keine Tischtennisplatte. Keinen Spieleraum für Kinder, doch es sind ja auch keine Kinder an Bord, nicht ein einziges kleines! Wir sind eine reife Gesellschaft, unser einziger Vorzug ist die reichliche Lebenserfahrung, und so schauen wir an Land wie alte Hasen, die wissen, wo Bartel den Most holt bzw. hier in Rüdesheim den Wein! Lord Byron starb jung, die MS Regina lebt. Sie lebt und rostet und ächzt, ihre Seile knarren, sie spuckt Rauch aus. Wir blicken in den Himmel und sehen wenige Wolken, überwiegend Blau.

Eine Attraktion wartet auf uns und wir gehen wie alle anderen Passagiere über eine Trittbrücke an Land, von hier aus sind es zu Fuß knapp fünf Minuten bis in den Ort. Kurz bevor wir im Hafen ankamen, begegneten wir der »Goethe«, diesem berühmten Rheinschiff, mit dem bereits etliche Generationen über den Mittelrhein fuhren. Seit dem Jahr 1913 fährt das Seitenradschiff auf dem Fluss, seit einigen Jahren die sogenannte »Nostalgie-Route« von Koblenz nach Rüdesheim. Es wurde im Zweiten Weltkrieg von einer Bombe getroffen und sank auf den Grund des Rheins. Heute drehen sich die Schaufelräder wieder und durch den Salon im originalgetreuen Art-Deco-Stil drängen sich die Leute, um an Deck zu gelangen. Kinder winken und Erwachsene fotografieren sich gegenseitig beim Fotografieren oder Posieren. Wir fahren vorbei und winken zurück. Dann liegen wir am Kai, zwischen der »Lord Byron« und einem anderen Schiff. Wir sind, wie die anderen zahlende Gäste, neugierig und steigen in den »Rüdesheimer Winzerexpress«, der an der Mole bereits auf uns wartet.

Über Lautsprecher erfahren wir, während sich die Kleinbahn in Bewegung setzt:»Unsere Gemeine hat mit seinen fünf Ortsteilen nur zehntausend Einwohner, aber mehr als 2,5 Millionen Gäste im Jahr.«

Die meisten Gäste sind Tagestouristen, die für einige Stunden die Weinstuben bevölkern oder mit dem Sessellift zum Niederwald-Denkmal hinauffahren. Unsere Bimmelbahn fährt in Richtung der Weinberge, nachdem sie die Altstadt umfahren hat.

»Fröhliche Menschen, junge wie alte, schlendern zu den Weinlokalen, kehren ein und fühlen sich wohl, und so heißt es in dem Liedchen: ›Zu Rüdesheim in der Drosselgass, wo winkt ein grüner Strauß, da trinkt man früh bis abends spät die Gläser fleißig aus.‹«

Daran hegen wir nicht den geringsten Zweifel. Dass es auch alkoholfreien Wein gibt, erfahren die Gäste der Winzerbahn, er sei gut für die schlanke Linie und für Menschen, die keinen Alkohol trinken dürfen.

Wer nach Rüdesheim kommt, so überlegen wir bei dem Anblick der sich drängelnden Masse, die sich durch die Drosselgasse schiebt, der fühlt sich entweder in einer Masse wohl oder ist ahnungslos oder neugierig. Wie gut, dass man uns in die dritte Kategorie einsortieren kann. »Bei Hannelore« heißt ein Restaurant, ein anderes »Quetschkommod«, doch wir wollen uns weder quetschen noch zu Hannelore. Wir biegen in die Oberstraße, dann in die Steingasse, laufen den Hügel herab und sehen den Rhein am Ende der Straße. Der Bier- oder besser Weingarten, in den wir einkehren, erschöpft und hungrig, sieht sympathisch aus. Ein kleines Biotop, geschützt durch einen nicht großen Eingang. »Breuers Rüdesheimer Schloss« steht auf dem weißen Gebäude und auf der Speisekarte, die uns eine der Trachtenkleider tragenden Frauen reicht. Wir können gar nicht anders, als auf ihr tiefausgeschnittenes Dekolleté und ihre nach oben und zur Mitte geschobene Brust zu

Wir könnten hier abbiegen und kämen zum Schwarzen Meer.

sehen. Ein hoher Baum steht in der Mitte des Hofes, seitlich ein Brunnen. Wir entscheiden uns für zwei Gerichte der deftigen Art und wissen bereits, dass es das beste Essen seit langem sein wird. Wir sehen uns um. Ein Restaurant voller Touristen. Die einzigen Einheimischen werden die sein, die hier arbeiten, und vielleicht nicht mal das. Eine vierköpfige Band spielt. Eine Klarinette, eine Geige und ein Keyboard, das die Melodie und den Rhythmus vorgibt. Eine korpulente Frau in einem unvorteilhaften schwarzweißen Kostüm singt mit einer zu Herzen gehenden Inbrunst. Ein großes Sparschwein aus Porzellan steht vor der Band auf einem Pult.

Kurz vor der vollen Stunde pausiert die Band und lässt dem pünktlich beginnenden Glockenspiel Raum und Klang. Wir hören »Ich weiß nicht, was soll es bedeuten« vom Turm des Rüdesheimer Schlosses. Es klingt etwas schief. Nach einer knappen Minute ist es wieder still, und da es hier gemütlich und gesellig sein soll, geht ein Mann zwischen den Tischen herum und findet fünf Freiwillige, die sich nun vor der Band in einer Reihe aufstellen. Ihnen wird ein schmales Brett mit Griffen gereicht, in dem fünf Schnapsgläser eingefasst sind, die sogleich gefüllt werden. Der Mann zählt rückwärts von drei. Bei null heben die fünf das Brett, kippen es und führen die Gläser an ihren Mund. Das Ganze wird einige Male mit wechselnden Teilnehmern wiederholt. Nachdem also die allgemeine Betriebstemperatur gestiegen ist, werden an derselben Stelle sieben Stühle aufgebaut und der Mann sucht nach weiteren Freiwilligen, indem er mit einem Kochlöffel umhergeht, hin und wieder auf jemanden zeigt. Vier Frauen setzen sich in die erste Reihe der aufgebauten Stühle, die drei Männer in die zweite. Kuhglocken werden an die Gruppe verteilt, Instruktionen leise weitergegeben. Der Mann, der sich nun zu uns, seinem Publikum umdreht, hat seine Körperhaltung geändert, hält den Kochlöffel zum

Himmel gereckt wie einen Dirigentenstab. Wir verstummen. Er wendet sich flink der Gruppe zu, beide Arme in die Höhe, deutet auf die Frau ganz links, die sogleich beginnt, ihre Kuhglocke zu läuten, doch sofort stoppt, als der Kochlöffel auf ihre Nachbarin deutet, die wiederum ihre Glocke läutet, und so hören wir, durchaus amüsiert, eine hübsche Melodie. Anschließend folgt eine Biergarten-Polonaise, zu der die Band ziemlich schnell immer wieder die gleiche Melodie spielt und der ganze Garten mitsingt:

Ein Prosit, ein Prosit der Gemütlichkeit,
ein Prosit, ein Prosit der Gemütlichkeit!
Schenkt ein, trinkt aus,
schenkt ein, trinkt aus!

Wir haben mittlerweile unser Essen bekommen und erfreuen uns nach der tagelangen Wiederholung des Gleichen oder Ähnlichen daran. Da macht es auch nichts, dass nun die Polonaise an unserem Tisch vorbeikommt. Hände an Schultern oder Hüften. Alles klar: Die Erdkruste ist noch immer 35 km dick, Konrad Adenauer ist Kanzler, der Brunnen plätschert, die Frauen sind fesch, Männer dürfen noch was, die Stimmung ist spitze, das Essen deftig. Und noch ein Tusch und natürlich auf die Gemütlichkeit. Eine Gruppe Japaner, verteilt auf drei Tische, direkt unter dem hohen Lindenbaum, beobachtet verwundert und fasziniert, welch merkwürdige Kultur sich hier zusammengebraut hat, und vielleicht denken sie darüber nach, warum diese absurden, lächerlichen Partygewohnheiten Teil einer Kultur sind, die so viel Verderben und Leid über die Welt gebracht hat. Was atmen wir auf, als die Band »Bei Mir Bistu Shein« anstimmt und sehr nahe an dem Original bleibt. Zwei Frauen um die sechzig, die von Hals bis Zehenspitze in Weiß gekleidet sind, opulente goldene Halsketten tragen, beobachten verzückt und bisweilen begehrend den muskulösen Sänger, der nun wieder den Geschmack im Saal bedient und »An der Nordseeküste« singt. Auf dem Männerklo ertönt das Zwitschern von Vögeln und – obgleich wir uns bislang beherrschen konnten, uns eine ornithologische Grundbildung zuzufügen – wir sind sicher, dass es Drosseln sind. Schließlich liegt die Drosselgasse, deren Oberfläche aus 37508 Pflastersteinen besteht, was offensichtlich jemand nachgezählt hat, keinen Steinwurf entfernt. Rüdesheim ist das, was man davon erwartet, und tut einen Teufel, davon auch nur ein wenig abzurücken. Man nehme eine Straße und weiß, dass in der Nebenstraße garantiert das Gleiche zu finden ist: Kuckucksuhren, Asbach-Uralt-Flaschen in allen Herrgottsgrößen, Weinflaschen, Deutschland-T-Shirts, Mozartkugeln, Kuscheltiere, Waffen, Ritterrüstungen.

Beim Notieren dieser Zeilen, wir sitzen noch immer recht entspannt auf unseren Stühlen des »Schlosses«, spricht uns eine Frau an, die sich uns unbemerkt von hinten näherte. Sie scheint an unserem Tun interessiert:

»Guten Abend, ich bin Susanne Breuer. Darf ich fragen, worüber Sie schreiben?«

»Wir schreiben ein Buch über den Rhein.«

»Da sind Sie hier richtig!«, antwortet sie lächelnd.

»Wir sind auch froh, hier zu sein, nach den sechs Tagen auf unserem Kreuzfahrtschiff.«

»Sie fahren auf einem Schiff über den Rhein und schreiben ein Buch darüber?«, vergewissert sie sich.

»So ungefähr, aber auch über die Orte am Fluss, wie z. B. Rüdesheim.«

»Da kann ich Ihnen ein paar tolle Geschichten erzählen!«

»Das wäre interessant für uns, leider müssen wir in gut einer Stunde wieder an Bord.«

»Dann kommen Sie doch ein anderes Mal wieder her, wenn Sie mögen?«

Sie wird von einer Kellnerin angesprochen und entschuldigt sich bei uns:

»Einen kleinen Moment bitte, ich komme gleich wieder…«

Das Schnapsbrett kreist ein weiteres Mal zu fünf Probanden. Dieses Mal sind es drei Japaner und zwei ihrer Begleiterinnen. Sie werden von einer der jungen Kellnerinnen im Trachtenkostüm angeleitet und unter allgemeinen Begeisterungsstürmen müssen die fünf den Schnaps schlucken. Dabei bekleckern sich zwei von ihnen, aber das spielt hier keine Rolle. Die fünf Asiaten lachen und die Leute klatschen und johlen ausgelassen. Dann spielt die Musik einen Tusch. Eine neue Herrengruppe wird am Brett aufgestellt, einige Gäste springen von ihren Stühlen auf und machen mit ihren Smartphones Fotos oder ein kleines Video. So etwas gibt es sonst nur in den Alpen, begreifen wir. Kein zotiges Après-Ski, hier wirkt es friedlich und fröhlich, auch wenn der Alkohol ab bestimmten Mengen nicht gesundheitsfördernd ist. Während wir noch darüber sinnieren, wie man Feste feiern soll oder auch nicht, steht die Chefin wieder an unserem Tisch.

»Probieren Sie mal unseren Riesling »Estate«, natürlich nur wenn Sie mögen…«

Sie stellt uns eine Flasche auf den Tisch, winkt von einer Kellnerin einen Kühler heran. Die Band spielt jetzt eine böhmische Polka. Und danach Volkslieder über den Rhein.

»Warum ist es am Rhein so schön, am Rhein so schön?
Weil die Mädels so lustig, weil die Burschen so durstig.
Warum ist es am Rhein so schön, am Rhein so schön?«

Die Zeit im »Schloss« ist wie im Flug vergangen, zwei Stunden in gefühlten zwanzig Minuten. Großes Kino, echte Gefühle. Die Wahrheit des Weines, wenn es sie gibt, wir fühlen uns leicht beschwipst und zahlen. Uns fällt die Werbung unserer Jugendtage in den achtziger Jahren ein:»In Asbach Uralt steckt der Geist des

Weines.« Nein, wir bestellen jetzt keinen Asbach, auch keinen Rüdesheimer Kaffee, den es ja nur hier gibt. Kaffee mit Weinbrand und Schlagobers, das wollten wir nie!

Zur Chefin, die uns so gastfreundlich und herzlich empfangen hat, sagen wir:

»Wir kommen gern wieder im Herbst!«

Sie reicht uns ihre Visitenkarte.

»Melden Sie sich einfach, es würde mich freuen!«

DING DONG. Wir beeilen uns, wieder an Bord zu kommen. Es ist der letzte Abend und es wird eine Tombola stattfinden. Leider kommen wir zu spät, die Verlosung läuft bereits. Lose können wir keine mehr kaufen. Wir finden Platz auf zwei Plastikledersesseln. Toni am Mikrofon.

»Und jetzt haben wir: Dieses wunderschöne Amsterdam-T-Shirt, Größe L und das geht an die 104, eins, null, vier!«

Applaus. Ein Mann mit Krückstock geht erstaunlich schnell nach vorn, bekommt das Shirt ausgehändigt, dreht sich um, hält es sich vor die Brust. Applaus!

»Eine Uhr! Wir haben eine Uhr im Rettungsringdesign. Leider ohne Batterien. Batterien bekommen Sie für 4,95 an der Rezeption.«

Gelächter.

»Die 206, zwei, null, sechs… ja? Ah, da hinten, herzlichen Glückwunsch!«

Eine der Fränkinnen läuft grinsend nach vorn. Und noch eine Uhr, diese hier im Schiffsdesign, auch ohne Batterien, ein Regenschirm, eine schöne Amsterdam-Handtasche, auf der ungefähr zwanzig Mal das Wort »Amsterdam« steht, ein Leuchtturm aus Hartplastik für die maritime Ecke zuhause im Wohnzimmer, extra für die Damen eine goldene Halskette, die auch an der Rezeption für 33,95 zu kaufen sei.

»Nun aber, meine Damen und Herren, kommen wir zum Hauptpreis! Wir haben eine Kaffeemaschine, eine Kaffeemaschine der Firma Tschibo für Sie, wer will die? Nein, nein, nehmen Sie mal wieder die Hände runter, so einfach geht das nicht, ja, ja, das kann ich mir vorstellen!«

Lautes Gelächter.

»Also, fangen wir so an, Sie brauchen schon mal eine Null, eine Vier, und noch eine Vier, so, und jetzt natürlich auch noch in der richtigen Reihenfolge und die ist, wollen Sie es wissen? Ja? Also gut! Es ist die vier, vier, null. Wir haben die 440, der Hauptpreis der MS Regina geht an die 440!«

Eine schmale Frau mit Dauerwelle und Sonnenbrand im Gesicht springt auf.

»Ach, da haben wir sie! Der Hauptpreis der MS Regina geht an Sie, herzlichen Glückwunsch!«

Die Frau geht schnell vor, umarmt Toni stürmisch, so dass Toni nur noch lachen kann, greift sich die noch verpackte Kaffeemaschine und hält das Paket wie einen Pokal über ihren Kopf, als wäre sie die erste beim Wettschwimmen zwischen Rüdesheim und Bingen geworden. Applaus, Bravo-Rufe.

Das Unterhaltungsprogramm ist beendet und Zlatko spielt wieder Wunschmusik. Und die Frau mit den Augenringen wie halbe Tellerminen, die uns vor dem Kaffeeausschank ansprach und fragte, ob unsere Matratzen, wenn das Schiff fahre, auch vibrieren würden, hat uns eine gute Nacht gewünscht und ist schlafen gegangen. Wir gehen an Deck, es ist fast leer. Es ist ein schöner Abend geworden. Wir setzen uns in Liegestühle, die nebeneinanderstehen. Es ist das erste Mal, dass wir uns abends in Liegestühle setzen. Wir sind im Süden, so wirkt es auf uns. Wir sehen auf das Wasser, das blau ist, grau, nachtblau, glitzernd, schimmernd. Dahinter die Hügel, hinter denen der Norden liegt, die Loreley, Köln, Rotterdam, die Nordsee, der Zugang zum Atlantik, Amerika, der Nordpol. Die Sonne ist längst gesunken, der Himmel dicht über den Hügeln ist weißlich, ein Farbton des Dazwischen, ein Abendrot. Ein einzelnes Windrad ist zu sehen, als verbinde es die nun dunklen Hügel mit der Himmelsfarbe. Hoch oben der Sichelmond in einem matten Gelb. Die Laternen der Uferstraße von Bingen sind eingeschaltet. Es sieht aus wie eine Lichterkette. Wir müssen an Matthyas denken, der nun vielleicht vor seinem Auto am Rhein in Basel sitzt, auf das Wasser schaut und wie wir den Abend genießt. Wir erinnern uns daran, was er sagte, als wir zusammen am Ufer spazieren gingen: »Es ist merkwürdig. Ich kenne den Rhein schon so lange und da ist immer noch Wasser drin. Ist doch verrückt!«

Drei Monate später, es ist Herbst geworden. Auch in Rüdesheim nähert sich der Beginn der Weinlese. In den späten Septembertagen sieht man die ersten Winzer und Erntehelfer im Wingert, wie sie die Bottiche füllen mit den reifen Trauben.

Zwischen unserer Fahrt auf dem Rhein und der viertägigen Reise in den Rheingau sind drei Monate vergangen. Was hat sich verändert?

Nicht viel, wie es auf den ersten Blick scheint. Das Licht der Landschaft ist weniger verschwenderisch als in den Junitagen, es leuchtet ganz genau aus. Wir sehen die Bäume in verschiedenen Farben, die Blätter verändern sich. Es wäre zu viel gesagt, von einem indianischen Sommer zu sprechen, und doch gibt es Tage, an denen dem Herbst »Nachbildung des Sommers« gelingt. Es ist noch warm, solange die Sonne am Himmel wandert, wir sitzen auf dem kleinen Markt von Rüdesheim, dem Platz vor der St. Jakobus Kirche, der kaum fünfhundert Meter von der lärmenden Drosselgasse entfernt ist, und doch ein Ort der Ruhe ist. Auf einer Holzbank unter Linden sitzen wir an diesem Nachmittag. Am frühen Abend öffnet hier der »Weinstand«, ein sechseckiges Holzhäuschen mit rotem Himmeldach, an dem von Frühjahr bis Ende Oktober einheimische Winzer Proben ihres Weins anbieten. Dazu gibt es Brezeln, Traubensaft und Mineralwasser gegen den Durst. Menschen schlendern vorbei, man nimmt Platz an den kleinen Tischen und Bänken oder geht weiter. Kinder laufen zum Brunnen mit der Figur eines Ritters oder Grafen in mittelalterlichem Gewand, der mit der rechten Hand einen Pokal in die Luft stemmt, in der linken hält er ein Schwert. Was es mit ihm auf sich hat, fragen wir uns. Ein Männchen mit starr blickendem Ausdruck, ein von einem Vollbart verwuchertes Gesicht, darüber auf dem Kopf eine Art Helm. Wer soll das sein? Wir laufen zwei Mal um den Brunnen, bleiben vorerst ohne Antwort, denn es gibt kein Schild, das diesen merkwürdigen Gnom erklären würde.

Wir bleiben unter den Bäumen, setzen uns auf eine Bank und strecken die Füße aus. Es gibt wichtigere Fragen, ganz gewiss!

Am Vormittag sind wir mit der Seilbahn zum Niederwald-Denkmal hinaufgefahren. Von der Gondel glotzten wir in die Rebenpracht, es ist zu schön, um wahr zu sein! Oben angekommen, laufen wir keine hundert Meter. Die Germania ist über 12 Meter groß. Eine deutsche Riesin. Man wünschte ihr statt des Schwerts einen Strauß Feldblumen. In der rechten Hand hält sie die Kaiserkrone, zum Himmel hinaufgereckt. Dabei ist der Himmel für deutsche Patrioten kein geeignetes Gebiet. Eher eignet er sich als Vogelstraße. Vom deutschen Himmel ist allenfalls Krieg ausgegangen, und was auf dem Sockel geschrieben steht, mutet uns heute fremd an:
»ZUM ANDENKEN AN DIE EINMUETHIGE SIEGREICHE ERHEBUNG DES DEUTSCHEN VOLKES UND AN DIE WIEDERAUFRICHTUNG DES DEUTSCHEN REICHES 1870–1871«.
In unseren heutigen Ohren klingt das nicht sonderlich gut: Deutsches Reich. Wir sehen die Geschichte deutlich, mit blutiger,

gebrochener Nase und Prothesen anstelle intakter Körperteile. Die Allegorien von Krieg und Frieden, die rechts und links der Germania-Statue stehen, unter ihr, sind ebenfalls überlebensgroß, jedoch um einiges kleiner. Was bezeugen sie? Dass es beide braucht? Krieg, um Frieden zu schaffen. Oder Frieden, um den Krieg zu überstehen, zu überleben? Krieg, damit der Frieden gebraucht wird. Oder Frieden, damit der Krieg aufhört? Wir sehen die Abbildungen der Schlachtfelder hinter dem Heer. Es wird uns nicht recht wohl und eher bang ums Herz. Wir verlassen die Szenerie, gehen ein paar hundert Meter. Gelangen auf einen Waldweg, die Schatten kühlen und alsbald verlieren sich hinter uns die touristischen Pfade. Der Wald ist gut, sagen wir uns. Das widerständige Grün erinnert uns an die erste Bürgerpflicht. Durch das Dach der Bäume fällt hin und wieder Licht. An einer Stelle geht ein Trampelpfad ab. Die erste Bürgerpflicht heißt wie? Ruhe ist es nicht, Denken ist die erste Bürgerpflicht. Wo der Trampelpfad endet, wurde eine Schneise in den Wald gehauen. Der kürzeste Weg ist der beste, wissen wir. Am Ende des Weges steht eine Bank für Wanderer, von hier blicken wir auf den Rhein. Dieser Strom ist uns Kompass und Nadel. Wir sind mit dem Wasser gewandert; an Land wandert das Wasser durch uns, es bewegt uns. In Fließrichtung folgt das Denken. Durch die Weinstöcke blicken wir auf die kleinen Inseln, sie bleiben, beständig und fest, und sind nicht wegzudenken. Würden sie verschwinden, fehlte etwas. Das Denken liebt den Auslauf, liebt die freie Natur. Hätten wir stattdessen die Seilbahn zurück genommen, wären wir nicht an diese Stelle gelangt. Wir blicken frei auf den Fluss, seinen Lauf, das Ufer gegenüber. Erblicken die Schiffe, die Linien quer durch das Wasser ziehen, sich an der Fahrrinne entlangschlängelnd. Wir gehen weiter, das Denken geht weiter mit uns. Wir folgen dem Schild Richtung Tal. Der Weg wird zu einer schmalen Straße und geht bergab, wir laufen nach Assmannshausen. Rechts von uns Streuobstwiesen, links das Bewaldete. Am Ortseingang lesen wir auf einem Weinfass: WILLKOMMEN IM IDYLLISCHEN ROT-WEINDORF ASSMANNSHAUSEN – HEIMAT DES BES-TEN DEUTSCHEN ROTWEINS. Es beginnt zu regnen. Einen Schirm haben wir nicht dabei. Wir laufen die Straße entlang, stellen uns im Hof einer Straußwirtschaft unter, die am Nachmittag geschlossen hat. Auf einem Wandbild steht zu lesen: PROBIE-REN GEHT ÜBER STUDIEREN. Darunter steht eine Bank mit der Aufschrift »Senioren-Ruh«. Die Häuser haben hier Namen wie GERMANIA oder AULHAUSENER STUBB. Auf einer Häuserfront das Bildnis zweier Schäferhunde, die neben Tannen sitzen. Die eine oder andere Redensart hat sich hier verewigt: HAT DER BAUER GELD, HATS DIE GANZE WELT. Es schüttet mittlerweile aus Kübeln, wir stellen uns ein weiteres Mal unter, dieses Mal in einer überdachten Auffahrt, vor der ein mächtiger Löwe aus Beton hockt.

Wir sind noch gar nicht in Assmannshausen, stellen wir plötzlich fest, sondern im Nachbarort Aulhausen und lesen auf einem Schild: »Assmannshausen 3 km«. Der Regen wird stärker, unsere Wetterjacken weichen langsam durch. Wir laufen schneller, sehen plötzlich die Rheinpromenade. Das Dörfchen wirkt wie ausgestorben. Wir suchen eine Wirtschaft, ein Bäckereicafé hat geöffnet. In einem Weinladen sitzt eine junge Frau und tippt eine Nachricht in ihr Smartphone. Dann lesen wir an einem Fachwerkhaus: GASTHOF SCHUSTER – ALTE DORFSCHÄNKE. Die Tür steht offen, wir treten ein. Zwei durchnässte Rhein-Idylliker im Rotweindorf.

»Sie haben doch geöffnet und es gibt etwas zu essen und zu trinken?«, fragen wir unsicher, denn die Tische im Gasthaus sind leer.

»Wir haben eine geschlossene Gesellschaft, eine Reisegruppe… Der normale Betrieb ist heute Mittag geschlossen«, sagt der junge Mann, der vor uns steht, vielleicht der Sohn des Hauses.

Das Wort »geschlossen« schneidet in die Hirnrinde wie ein Signalwort mit roter Farbe. Jetzt heißt es mit entschiedener Freundlichkeit versuchen, das Blatt doch noch zu wenden.

»Wie schade, wir sind das erste Mal hier... Von Rüdesheim nach Assmannshausen gewandert, und haben vorher von ihrem Gasthof gehört... Das Lokal ist wirklich liebevoll eingerichtet...«, versuchen wir es. »Haben Sie nicht vielleicht einen Imbiss für uns, nur etwas Kleines, und etwas zu trinken?«

Der Mann schaut ungläubig und ruft Richtung Küche:

»Holger, kannst du mal kurz kommen?«

»Geht jetzt nicht, ich steh am Herd!«

»Gaby, kannst du mal...«

Kurz darauf kommt eine Frau auf uns zu, sieht uns an. Sieht, wie wir mit nassen Klamotten ihren Holzboden volltropfen.

»Könnten Sie uns trotz der Reisegruppe etwas zu essen anbieten?«

Dabei blicken wir wie die ausgehungerten Don Quijote und Sancho Pansa.

»Eigentlich haben wir geschlossene Gesellschaft...«

»Ja, das sagte ihr Kellner schon... Können Sie nicht eine Ausnahme machen?« Sie lächelt:

»Das ist unser Sohn... Also gut, wenn Sie mit einem Cordon bleu mit Bratkartoffeln und Salat zufrieden wären, das ist das Mittagsgericht für die Reisegruppe...«

»Vielen Dank! Sie haben uns gerettet: vor Hunger und Regen!«

Sie lächelt ein zweites Mal und nimmt die Getränkebestellung entgegen.

Drei Minuten später trinken wir eine große Schorle und sehen zufrieden wie zwei Honigkuchenpferde aus. Vor dem Hauptgang bringt sie den Salatteller. Wir kauen zufrieden vor uns hin, während unsere Klamotten langsam trocknen.

Durch die offene Tür sehen wir Bäche die Straße herunterfließen.

Dann hält ein Kleinbus auf der gegenüberliegenden Seite und eine Horde regendurchweichter Engländer kommt herein. Einige von ihnen stehen in völlig durchnässten Jeansjacken vor uns. Ein Mann sogar nur im Shirt. Wir machen ein paar Scherze in Schulenglisch. Von regnenden Katzen und Hunden. Rasch füllt sich die Stube, einige Damen sind darunter, die einen Schirm dabei hatten. Die anderen tropfen noch mehr als wir. Sie bestellen Tee, Wasser, Riesling und großes Bier. Wir sitzen zufrieden da, das Essen war gut und reichlich. Wir sind gestärkt für weitere Erlebnisse.

Der Regen hat nachgelassen, wir laufen zur Bahnstation. Warten am Gleis einige Minuten, bis der Zug kommt. Neben uns stehen zwei Schulmädchen und ein Junge, sonst herrscht wenig Betrieb. Bis Rüdesheim ist es genau eine Station, die Fahrt dauert keine fünf Minuten.

Auf dem Weg vom Bahnhof in das Städtchen blicken wir auf das Gebäude mit der Aufschrift »ASBACH CONFISERIE« – es sind mehrere in weiß gestrichene Hallen und ein älteres Haus. Früher war es wohl eine große Villa mit Fabrikhof, heute ist der Betrieb ein weltweit bekanntes Unternehmen, nicht nur für Weinbrand und Schnapspralinen. Auf der ganzen Welt kennt man »Asbach Uralt«, es steht als Synonym für etwas ewig Gestriges, etwas, das nie aus der Mode kommt. Wie könnte es auch?

In unseren Kindertagen strickte die Großmutter an einem schier endlosen Socken, der sommers beim Wandern in den klobigen Schuhen nicht verrutschte und winters warm hielt. Dann strickte sie den zweiten und dritten, an langen Herbstnachmittagen, das Licht ging schon aus auf der Straße. Unter der Lampe saß die Großmama und strickte. Ihre Hände waren ihr gut Freund, durch die Finger surrte die Wolle, sie behielt immer eine Masche

Die holden Inseln im Rhein, der gewaltige Strom und die schöne Flur, müssen den romantischen Dichter entzückt haben.

auf der Nadel. Sie strickte aus der Zeit eine Art von Ewigkeit, denn ihre Socken hielten viele Jahre, so gut waren sie gemacht.

An jenen Herbstnachmittagen, die sich in Richtung Advent neigten, saßen wir in der Stube, nah am Kachelofen, den Großvater am frühen Morgen, wenn wir noch schliefen, angeheizt hatte. Wir saßen da mit unseren langen Nasenspitzen, die wie im Märchen nach dem nächsten Streich Ausschau hielten, den wir den Erwachsenen auf clowneske Weise spielen wollten. Hinter unserem gutmütig schauenden, manchmal grinsenden Lausbubengesicht verbarg sich ein junger Wolf. An diesen langen, eindunkelnden Herbstnachmittagen brüteten wir im Inneren, wie wir dem »Herrn Lehrer« bei nächster Gelegenheit eins auswischen könnten. Zur Großmutter kamen jeden Donnerstag die »Kränzelschwestern«, vier ältere rüstige Damen, die Gretel, Martel, Liesel und Dorle hießen. Sie tranken echten Bohnenkaffee, aßen Mohnkuchen mit Schokoladendecke und spielten mit der Großmama Karten. Manchmal, wenn eine der Kränzelschwestern fehlte, durfte eines der Enkelkinder mitspielen. Dieses Kind gewann die meisten Spiele, was den Kränzelschwestern irgendwann auffiel. Warum gewann das Kind fast alle Spiele bei Rommé und Elfer Raus? Weil es schneller zählen konnte und die anderen »behumste«? Das Kind hatte nichts anderes im Sinn, als zu gewinnen. Es behumste gelegentlich, ohne dass es jemand merkte. So kam die Abenddämmerung herauf, die Großmama reichte Schnittchen mit Lachsschinken, Leberwurst und Essiggurke. Es wurde früh stockdunkel, und wenn die goldene Uhr über der Kommode sechsmal schlug, kam sie aus dem Schlafzimmer mit einer Flasche »Schwarzer Kater« und einer Flasche »Asbach Uralt«. Aus der Kommode nahm sie Likörgläser und Weinbrandschwenker und stellte diese auf ein Tablett. Im Fenster brannten Kerzen auf einem Schwibbogen, es roch nach dem Duft von Räucherstäbchen. Und wenig später drehten sich die Engel auf einer Pyramide.

Ein Pankgraf aus Berlin

Auf unserem Weg zum Marktplatz von Rüdesheim treffen wir auf ein hübsches Anwesen, den Garten einer Sektkellerei, die Brahms mehrere Male zwischen 1874 und 1895 beherbergte, wie es eine Gedenktafel bezeugt. Im Sommer 1883 weilte der Meister hier und schöpfte Kraft für die Arbeit an seiner 3. Sinfonie. Das können wir uns lebendig vorstellen: die Sommerfrische, die lichten Stunden. Wir laufen zurück zum Marktplatz.

Vor der Kirche steht eine Frau, sie trägt einen beigen Sommermantel, auf dem Kopf trägt sie einen eleganten schwarzen Filzhut mit Band. Sie blickt sich mehrere Mal um, als warte sie auf jemanden. Wir treten immer näher an sie heran, ohne dass sie es bemerkt. Plötzlich dreht sie sich um neunzig Grad und spricht abrupt, als sie uns erblickt:

»Haben Sie mich erschreckt!«

»Das war ganz und gar nicht unsere Absicht!«

Nach einer kurzen Pause fragen wir sie:

»Warten Sie auf jemanden?«

»Warten wir nicht immer auf irgendjemanden?«, antwortet sie.

»Ja, auf Godot und Münchhausen.«

»Münchhausen«, sinniert sie, »der fliegt und fliegt auf seiner Kanonenkugel und kann nicht landen.«

»Sie sind, scheint es, sehr belesen?«

»Junger Mann, hören Sie mal, Münchhausen kennt nun mal jeder… Das ist einfache klassische Bildung.«

Sie reißt kurz die Augen auf und senkt danach schnell ihren Blick.

Nach einer Minute des Schweigens, wir stehen ziemlich unkomfortabel da, rücken wir raus mit der nächsten Frage:

»Wissen Sie, wer das komische Männchen auf dem Marktbrunnen ist?«

»Ein Pankgraf«, antwortet die ältere Dame schroff.

»Ein Pankgraf? Was Sie nicht sagen!«

»Ja, ein Pankgraf aus Berlin, da staunen Sie, was!«

»Wie ist der an den Rhein gekommen, hat der sich verlaufen?«

»Der kam in einer Delegation nach Rüdesheim, fast zweihundert Mann… ich glaube, das war im Jahre 1907 oder 1908…«

»Sie meinen, die Grafen von der Panke kamen alle hierher?«

»Das waren ja keine richtigen Grafen, mehr so wohlhabende, teils halbseidene Bürger, die sich alte Landsknechts- und Rittergewänder anzogen und altertümlich herumschwadronierten…«

»O ja, das klingt nach Berlin, erzählen Sie bitte weiter!«

»Ach, das waren Saufkumpane, die wurden von einem Sektfabrikanten eingeladen, der hat sie durch die Gegend kutschiert… Dachte wohl, die würden ihm ein paar tausend Flaschen abkaufen.«

»Und wie ging die Geschichte weiter«, fragen wir.

»Na ja, es gab ein riesiges Gelage, eine patriotische Feier am Aussichtspunkt, na Sie wissen schon, am Niederwald…«

»Wer hat da alles gefeiert?«

»Ach, die ganze Bagage, der Bürgermeister, die Fabrikanten, und drei Gesangsvereine: Germania, Harmonie, und… Der dritte Name fällt mir gerade nicht ein… mit Böllerschüssen und ein »Hoch auf den Kaiser!«… Schingderassa, Bumderassasa, Schingderassa… mit Lorbeerkränzen und Reichsflagge… Ich weiß das ja auch nur vom Erzählen, von der Großmutter…«

»Und wie kam der Brunnen zur Figur dieses Pankgrafen?«

»Die haben das Standbild der Stadt geschenkt, 1,70 Meter hoch, der Fuß aus Zink, der Rest Gusseisen aus einer Berliner Gießerei… Da stand ja vorher nichts… Und jetzt dieses Männchen, ein echter Pankgraf!«

Die Frau lacht auf.

»Die Figur wurde von einem angeblich bekannten Berliner Bildhauer entworfen!«, ergänzt sie immer noch lachend. »Können Sie sich das vorstellen?«

Wir zucken mit den Schultern, können uns ein Lächeln nicht verkneifen.

»Später haben die Nazis den Pankgrafen vom Sockel geholt, die dachten, aus dem kann man eine Kanone machen!«

Die Frau lacht laut auf.

»Die Figur hatte einen Wert von fünftausend Goldmark, damals… Die Pankgrafen aus Berlin spendeten zusätzlich dreihundert Mark für die Armenkasse von Rüdesheim…«

Die Frau beruhigt sich nicht mehr und ergänzt:

»Die Figur des Pankgrafen war am Boden aus Zink, so konnten die Nazis sie nicht einschmelzen… Die haben auch Kirchenglocken geklaut, können Sie sich das vorstellen?«

»Was wurde aus den Pankgrafen?«

»Keine Ahnung… Die sind mit dem Sonderzug zurück nach Berlin, nachdem sie drei Tage hier gefeiert haben… Die liefen, so sagt man, in bunten Gewändern herum und Kniebundhosen… Irgendwie drollig!«

»Sind sie später noch mal wiedegekommen?«

»Weiß ich nicht… und jetzt: Guten Tag!«

»Haben Sie herzlichen Dank…«, entgegnen wir noch.

Die Frau dreht sich um und läuft langsam die Gasse entlang.

Das Rüdesheimer Schloss

Am Abend spazieren wir durch die alten Gassen, die nach Vögeln benannt sind: Amsel, Drossel und Lerche. Es fällt uns auf einmal ein, dass es auch andere Zeiten in Rüdesheim gab, die weniger friedlich waren, wie in den dreißiger Jahren bis zum Ende des Zweiten Weltkrieges. Niemand kann zurückkreisen in die Vergangenheit, aber wenn wir den fröhlichen Lärm aus Gesang und lauten Stimmen hören, in den späten Abendstunden das Gejohle einer Party- und Gutelaune-Gesellschaft, dann denken wir auch zurück an jene Jahre, die nicht die unseren waren. In denen andere hier saßen, die von »Kraft durch Freude« gesteuert wurden, überwacht und gleichgeschaltet. Wir können uns lebhaft vorstellen, welche Lieder hier gesungen wurden. Die Musik sollte »dem deutschen Empfinden entsprechen«. Was immer das sei, es wurde schon 1933 jede Art von Jazz und Swing untersagt. Sonderzüge voll von Mitgliedern des KDF überschwemmten die Weinstuben und Stimmungslokale. Im Suff grölte man das Horst-Wessel-Lied und anderes, was nicht allen Gästen und Wirten gefiel. Dass diese Zeit ihr Ende fand mit der Bombardierung der Stadt im November 1944 ist das traurige Ergebnis des zweiten von Deutschland angezettelten Krieges innerhalb eines Vierteljahrhunderts. Es standen hauptsächlich Ruinen und Schuttberge, wo heute Ströme von Touristen sich drängen. Auch das »Rüdesheimer Schloss« war beinah eine Ruine und blieb bis 1949 herrenlos.

»I am Susanne, one of the Breuer Family!«

Die Chefin in weißem Hemd, Jackett und Hose steht wie eine Entertainerin vor ihren Gästen an mehreren langen Tischen. Für die Reisenden von Bus und Schiff sagt sie persönlich das Menü auf Englisch an und erläutert das eine und andere.

»Potatosoup with vegetables and herbs from the garden.«

Es gibt ein Menü aus drei oder vier Gängen. Die zahlreichen Reisegruppen füllen den Garten und in der kälteren Jahreszeit die Innenräume. Sie sind das quantitative Element in der Großgastronomie.

»As Dessert Streusselkuchen, try it, you will like it or not, but it must be Streusselkuchen!«

Die Gäste lachen, sie weiß die Leute in ihren Bann zu ziehen. Sie wirkt sympathisch und überlegt, sie nimmt die Gäste aus aller Herren Länder ernst und macht gleichzeitig ein paar Scherze. Das lockert auf, und wer hier im »Schloss« sitzt, fühlt sich wohl.

Es gibt Hotels mit Stil, es gibt Aufbettungen und das Schleuder-geschäft. Das »Schloss« gehört zur ersten Kategorie.

Susanne Breuer setzt sich an unseren Tisch.

»Wie fing das an mit dem Gasthaus und dem Hotel?«

»1952 hat Georg Breuer das »Rüdesheimer Schloss« zu 60 % erworben«, antwortet sie, »es war ja noch Nachkriegszeit, Rüdesheim zu 75% zerstört. Im »Schloss« war nur das Dach ausgebrannt. Erst Anfang der 1980er Jahre konnten wir alle restlichen Anteile am Schloss erwerben, die vorher noch dem Grundbesitzer und Betreiber gehörten. Danach haben wir das Schloss nach eigenen Ideen umgebaut, wir konnten erst jetzt machen, was wir wollten. Wir bauten das Hotel, dafür fielen 400 Sitzplätze weg.

»Und das Weingut hing noch mit dran?«, fragen wir.

»Das Weingut ›Georg Breuer‹ gehörte meinem Mann Heinrich und seinem Bruder, Bernhard Breuer, die es vom Vater übernommen hatten. Der Bernhard war nicht nur Winzer, sondern ein Visionär, der war überall auf der Welt unterwegs. Vor dreizehn Jahren ist er gestorben und seine Tochter Theresa nahm seinen Platz ein. Sie war erst zwanzig. Sie hat das Talent ihres Vaters geerbt.«

Sie ergänzt:

»Mittlerweile sind beide Firmen getrennt, Weingut und Hotel. Das Weingut hat 35 Hektar und gehört zu den besten hier im Rheingau, hat großes internationales Renommee. Die Theresa ist Winzerin des Jahres geworden«, sagt sie nicht ohne Stolz.

»Ist das Geschäft sehr gewachsen?«

»Ja, am Anfang, als ich kam, 1980, war alles viel kleiner. Ich bin jetzt sechsunddreißig Jahre dabei.«

Ein Mann kommt vorbei:

»Tag, Frau Breuer, wir waren mal bei Ihnen vor einem Jahr. Das war so wunderschön hier. Dieses Mal machen wir nur eine Schiffsreise…«

»Schön, dass Sie wieder reinschauen!«, sagt sie.

»Mein Gott, Sie bleiben ja jung!«, entgegnet der Mann.

»Das macht der Riesling!«

»Ja, das muss ich mir merken, wir werden nur älter und älter… Das war wunderschön, wir haben damals diese Tour gemacht… Wir kommen noch mal wieder, sehr gutes Weingut… Auf der Hurtigrute wurde Ihr Wein angeboten, sensationell! Wir waren bei Ihnen vor drei oder vier Jahren für ein paar Tage, das ist uns in bester Erinnerung geblieben!«

Susanne Breuer lächelt und bedankt sich.

»Was ich noch ergänzen wollte: Mit dem großen Umbau, der 1992 begann, wurde meine Tochter die Chefin. Wir arbeiten aber weiter voll mit…«

Die Tische füllen sich mit Gästen, Reisegruppen, Familien, Paaren. Es ist kurz nach 17 Uhr.

»Kommen Sie mal mit«, sagt sie unvermittelt. Wir laufen die Gasse hinauf, dann rechts zur Seilbahnstation. »Über den Reben schweben« – lesen wir. Eine Menschenmenge steht an. Susanne Breuer hat mehrere Dauerkarten, wir können ganz elegant vorgehen, so gehört sich das für seltene Gäste. Dann fahren wir hinauf in die Weinberge, sitzen in der Gondel und staunen nicht schlecht.

»Wenn die grünen Blätter gelb werden, muss man ernten.«

Wir laufen den Weg entlang, über uns das Niederwald-Denkmal.

Sie tritt an einen Rebstock, greift in die Beeren. Wir probieren von den fast reifen Trauben, sie schmecken hervorragend.

»85 Prozent sind Riesling.«

»Kaum Rotweine?«

»So ist es.«

»Hier können wir noch mal naschen.«

»Wann beginnt die Ernte, in ein oder zwei Wochen?«

»So in etwa. Es sieht alles gut aus. Theresa ist die ganze Zeit draußen und entscheidet, wann an welchem Wingert geerntet wird.«

Wir setzen uns auf eine kleine Bank.

»Ein Weinberg trägt ungefähr 35 Jahre, so lange ist er profitabel.«

Sie zeigt auf einen ausgehauenen Weinberg.

»Der bleibt jetzt erst mal liegen. Die Erde muss sich erholen, das dauert vier oder fünf Jahre.«

Sie zeigt auf eine andere Stelle: »Hier haben wir neu angepflanzt«.

Wir sehen die noch zarten Rebstöcke.

»Hier ist es noch flach, die Steillagen liegen höher. Schlossberg, Berg Rosenberg. Mit der Maschine können Sie da nicht ernten, das ist schwere Arbeit, alles per Hand.«

»Wo geht der Wein hin, in die ganze Welt?«

»Ein Drittel des Weines bleibt in Rüdesheim. Wir haben neben dem Hotel noch eine Vinothek. Der Rest wird überallhin verkauft.«

Kein schlechtes Geschäft, eine Arbeit über Jahrhunderte. Tradition und Wissen, Erfahrung und Verantwortung für die Natur.

Wir sind einige Meter weitergelaufen, dann sagt sie:

»Schauen Sie mal, da oben ist eine Maulbeerallee. Da unten der Rüdesheimer Hafen, dort, wo der Turm ist, dahinter, sehen Sie, die kleine Bucht? Dort steht auch eine Maulbeerallee. Man hat es mal probiert mit Seidenraupenzucht und Tabak, es wächst ja alles… Wir sind einfach klimatisch bevorzugt.«

Wir laufen jetzt einen schmalen Weg herunter.

»Das ist der Kuhweg, im Winter wird er zur Rodelbahn für die Kinder, wenn es mal schneit.«

»Es schneit nicht oft im Rheingau?«

»Nur ein paar Flocken!«

Am Wegrand wuchert das Kraut und das Gras sieht leicht verbrannt aus.

Susanne Breuer bleibt kurz stehen, hält inne:

»Es blüht und grünt bis spät in den November. Aber nach zehn Wochen ohne Regen im Sommer sieht alles vertrocknet und bräunlich aus. Mehr Grün wäre gut. Wir brauchen die Vögel, die fressen die Insekten, dann haben wir weniger Arbeit im Weinberg«, lässt sie uns wissen.

»Ich zeige Ihnen noch was!«, sagt sie.

Zielstrebig läuft sie durch eine der Rüdesheimer Gassen, steuert auf das offen stehende Tor eines Hauses zu.

»Das hier ist eine echte, authentische Weinstube!«

Davon können wir uns überzeugen: Eine Wirtsstube. Die Leute stehen in kleinen Gruppen und trinken ein Gläschen oder sitzen am Tisch und reden, ja schwadronieren geradezu ausgelassen.

»Was möchten Sie trinken?«

Sie wird von mehreren Leuten angesprochen, natürlich kennt jeder sie hier. Es ist ein Heimspiel in guter Nachbarschaft. Ein kleines Schwätzchen mit der Wirtin, mit der Bedienung, mit zwei Gästen. Dass in der Weinstube mehr Einheimische als Touristen sind, ist ein gutes Zeichen!

»Kommen Sie bei dem ganzen Betrieb irgendwann mal zur Ruhe?«

Sie überlegt nicht lange und sagt:

»Der Sonntagabend ist heilig, der ist für die Familie, da setzen wir uns alle zusammen.«

»Und sonst?«

»Im letzten Jahr bin ich auf dem Rheinpfad von Wiesbaden bis in den Rheingau gelaufen. Jeden Tag eine neue Etappe, alles zu Fuß zu durchlaufen, das war auf einmal ein neues Gefühl, auch wenn ich schon so lange hier lebe!«

Heimat, tief gewachsene Wurzeln und das Gerodete, wie es sich umkehrt und zusammenfindet, wir sehen ihn, den Kreislauf. Wie könnte man es missverstehen: Der Mensch braucht ein oder zwei Heimaten. Das Zuhause und die Ferne, um wieder zurückzufinden.

»Ich fotografiere lieber Elefanten oder Markthallen als Menschen«, sagt sie. Sie zeigt uns das Fotoalbum von einer Reise nach Südafrika, dann eines von San Sebastián, wo sie im Frühjahr mit ihrem Mann war.

»Ich möchte einmal auf die Kanalinseln fahren!«

Es geht auf elf zu. Die Stimmung im Restaurantgarten ist ausgelassen.

»Wollen die Gäste niemals gehen?«, fragen wir.

»Manchmal nicht, aber wir spielen zum Schluss immer »Auf Wiedersehen!«

Tatsächlich geht auch im »Schloss« irgendwann das Licht aus und die Musik hört auf zu spielen.

»Die Heimat ist so schön«, sagt sie, bevor wir gehen, und »ich möchte, dass alles so bleibt, so klein bleibt, wie es ist.« Wer einmal im Rheingau war, wird dies verstehen.

Am Morgen, wir sitzen soeben im Frühstücksraum des Hotels, spricht sie bereits wieder leger und interessiert mit den Gästen, und schenkt ihnen Riesling-Sekt ein. Keiner geht nach Hause ohne das Gefühl, dass im »Rüdesheimer Schloss« jeder Gast ein Fürst ist, jedenfalls jemand, dem alle Aufmerksamkeit und Zuvorkommenheit gilt.

Oestrich-Winkel – die Freunde Achim und Clemens

O dann muß ich es fragen, warum es so trüb
wird und dunkel,
Aber es schweiget und weint perlenden Thau
auf mich nieder.

Karoline von Günderrode

Wir nehmen den Zug von Rüdesheim nach Oestrich-Winkel. Es sind nur zwei Stationen. An einer schmalen Hauptstraße, die parallel zum Rhein verläuft, ziehen sich die Ortsteile Oestrich, Mittelheim und Winkel über etliche Kilometer entlang. Goethe hat den Ort einfach Langenwinkel genannt, und es stimmt, die drei kleinen Ortschaften ziehen sich hin, zu Fuß benötigt man mindestens eine Stunde, um vom einen zum anderen Ende zu gelangen. Es gibt kein richtiges Zentrum, nur den kleinen Marktplatz von Oestrich. Im eigentlichen Sinn sind es drei miteinander verbundene Straßendörfer, die an den Wein gebaut sind, vor den Taunus platziert wurden, und der Name ihrer Region klingt wie ein Raunen: der Rheingau.

Als es noch Postkutschen gab, fuhren die Freunde Achim von Arnim und Clemens Brentano durch die Dörfer und Städte am Rhein. Ihre Reise, die sie im Sommer 1802 unternahmen, führte sie auch nach Winkel, in ein verschlafenes Nest. Diese gemeinsame Reise gilt als Geburtsstunde für die umfassende Sammlung von Volksliedern, die unter dem Titel »Des Knaben Wunderhorn« berühmt wurde und nur wenige Jahre später in drei Bänden, zwischen 1805 und 1808, erschien.

Clemens Brentano dichtete über die Reise mit Achim von Arnim:

»Es setzten zwei Vertraute
Zum Rhein den Wanderstab,
Der braune trug die Laute,
Das Lied der blonde gab.«

Man muss sich zwei echte Freunde vorstellen, die voller Begeisterung die Gegend durchstreiften, den Fluss querten und ans Ufer fanden mit Herz und Verstand. So wie es uns heutzutage vielleicht eher ungewohnt vorkommt. Sie haben alles mit allen Sinnen aufgenommen, eine hohe Empfindsamkeit traf auf die Sehnsucht nach einem freien Leben und der Liebe.

Man muss versuchen sich vorzustellen, wie die Landschaften des Rheins vor über zweihundert Jahren ausgesehen haben. Der Rhein wirkte damals tatsächlich romantisch im Sinne von ursprünglich und wild, von geheimnisumwittert. Etwas malerisch Verwildertes und Ureigenes fanden die Freunde Arnim und Brentano vor. An den Ufern lagen weite Buchten mit hellen Sandbänken, kleine Landzungen mit sumpfigen Wiesen, auch schilfbewachsene Hänge und Weiden, teils mit verkrüppelten Gewächsen und Bäumen. Dahinter lagen vereinzelte Streuobstwiesen, und wo Vieh weidete, stapelte sich der Dung. Im Rhein, dem blauen Strom, lagen bewaldete Auen, auf denen uralte Laubbäume gewachsen waren. Es waren Inseln, die in den Augen von Arnim und Brentano wie Märchenreiche ausgesehen haben müssen. Die Wirklichkeit muss sich mit der schier endlosen Fantasie der Dichter verbunden haben: So wie sie den Rhein sahen, wird er niemandem mehr erscheinen. Die Begegnung mit der Natur, dieser unbändigen Kraft und Quelle, die jugendliche Schwärmerei und der Liebeswahnsinn – alles Momente der Romantik, die sich im Werk von Arnim und Brentano manifestierten, all diese Augenblicke waren und sind unwiederbringlich. Arnim und Brentano sahen noch das Unbegrenzte zwischen beiden Ufern, das Ausufernde. Die steilen Hänge gen Süden, wo die Reben zahlreich wuchsen, das glühende Obst, die zum Greifen nahen Früchte. Sie sahen die Landschaft in alle Richtungen sich öffnen, an zwei Seiten den Strom, der reißerisch und ungebändigt war. Sie blickten über die Dächer durch die Kirchturmspitzen ins Bewaldete, sahen die von Licht und Widerschein gepolten Weinberge, die, so fühlten sie in ihrer Brust, allen gehören sollten, doch denen, die sie beackern und bearbeiten, zuerst. Dann waren Vögel in der Luft, die sie betrachten konnten, die aufflogen von den Inseln im Fluss, die dort nisteten: Schwäne, Wildenten und Reiher, Möwen und Krähen, Raben und die vielen Arten der Singvögel.

Wir schlurfen durch den Ort, um unser Hotel zu suchen. Vom Bahnhof laufen wir einhundert Schritte nach rechts, dann weiter, in einer der Mittagsstunden an einem gewöhnlichen Wochentag. Wir haben seit dem Frühstück nichts gegessen und suchen eine Gastwirtschaft. Die ersten beiden haben geschlossen: Heute Ruhetag. Eine dritte und vierte öffnet erst in den Abendstunden. Nach fünfzehn Minuten kehren wir um, denn vor uns liegt das Ungewisse an einer Straße, die schmal ist und keinen Gehsteig hat. Immer wieder müssen wir den heranpreschenden Autos und Lastwagen ausweichen. Wir laufen zurück und steuern auf eine Kreuzung zu, von dort führt eine Straße an den Rhein. Wir gehen an einem Wingert vorbei, auf der anderen Seite befindet sich ein Weingut mit einer Villa, darum herum ein weitläufiger Garten. Unsere mobile Karte zeigt uns an, dass wir in fünfhundert Metern den Ortsteil Oestrich erreichen werden, dort befindet sich ein Gasthaus, das, so hoffen wir, die Türen offen hält. Wir passieren noch eine geschlossene Bäckerei, einen Trödelladen und dann drehen wir kurz den Kopf – und was sehen wir? Wir erblicken eine Kirchturmuhr und es schlägt eins. Wir wollen schon weiterlaufen, da bemerken wir ein Tor zu einem Restaurantgarten, und ein kurzer Seufzer wandelt sich in Gewissheit, denn wir sehen drei Damen an einem Tisch im Freien sitzen.

Sie sehen uns an, wie wir verwirrt und leicht benommen in den Garten treten, das Gepäck auf dem Rücken und in der Hand.

»Herzlich willkommen, kommen Sie herein!«

»Vielen Dank!«

Wir stellen unsere Rollkoffer neben die freien Stühle, nehmen Platz.

»Sie sind noch jung und reisen nach Oestrich?«

»Wir wollen doch den Rheingau kennenlernen!«

»Ja, der Rheingau war schön, ich meine, er ist es noch, in meiner Jugend war er sogar wunderschön«, antwortet eine der Damen.

»Wann war das genau, Ihre Jugend, wie lange ist das her«, fragen wir vorsichtig.

»Ach, wissen Sie, das ist über ein halbes Jahrhundert her… ich weiß es noch, als sei es gerade heute gewesen, da lebten hier überwiegend Leute, deren Vorfahren vom Rhein stammten… Das war anders, als es heute ist…«

Eine der anderen beiden Damen nickt zustimmend.

»Genau genommen ist es sechzig Jahre her«, sagt die andere.

»Wir leben länger, als wir denken können, oder?«

»Da haben Sie recht… Aber wissen Sie, wir leben schon so lange hier, da denkt man nicht mehr, dass es noch einmal so wird, wie es war… Da weiß man, dass alles seine Zeit hat…«

»Aber Lilo«, sagt jetzt die andere, die Dritte im Bunde: »Denk mal an deine goldene Hochzeit letztes Jahr… der Heinz ist noch da…!

»Ja, der Heinz«, seufzt die erste.

»Mit dem hattest du Glück… Denk mal an meinen Richard, der liegt jetzt schon seit fünfzehn Jahren auf dem Gottesacker… Die letzten Jahre sprach er kein Wort mit mir, trank immer sein Bier und schaute stumpf in die Glotze…«

»Aber Gerda«, sagt die zweite, »ihr hattet auch gute Jahre!«

»Über Tote soll man niemals nicht schlecht sprechen«, erwidert die erste.

»Entschuldigen Sie«, sagt sie und wendet sich zu uns: »Sie müssen ja ein merkwürdiges Bild von uns bekommen… Was wir so reden, das dürfen Sie nicht so ernst nehmen.«

»Wir hören Ihnen gerne zu…«

Die Kellnerin kommt.

»Was darf es denn sein, erst mal was zu trinken?«

Wir bestellen Traubenschorle, gebratene Maultaschen und einen Salat.

»Sie denken sicher, wir sind komische alte Schachteln«, hakt sie nach, als die Kellnerin gegangen ist.

»Wir freuen uns, hier zu sitzen, und bitte sprechen Sie ruhig weiter.«

Wir strecken die Beine aus, lümmeln uns in den Stuhl, und wenn keine der drei Damen zu uns rüberschaut, lächeln wir kurz.

»Damals waren hier Winzer und Bauern, jeder kannte den anderen… Man hat sich geholfen, es waren keine leichten Jahre, die Jahre nach dem Krieg… Verstehen Sie?«

Wir nicken einträchtig.

»Kamen Fremde hierher nach 45?«

»Was denken Sie?«

Während wir uns eine Antwort überlegen, spricht die zweite.

»Die kamen aus Pommern und Westpreußen… Die hatten kaum was am Leib, die waren dürr und ausgehungert… halb erfroren.«

Nach einer kurzen Pause:

»Wir hatten auch nicht viel… gut, Kartoffeln und Hafer, sommers Äpfel aus dem Garten, Kraut und Zwiebeln…«

»Wir hatten so viel, dass wir nicht hungern mussten«, fällt die erste der zweiten ins Wort.

»Bist du dir sicher?«

»Ja.«

Die Kellnerin bringt die Schorle, die wir in drei Zügen austrinken. Wir winken ihr, sie weiß Bescheid.

»Wir waren eine Gemeinschaft«, sagt die dritte, die bisher kaum gesprochen hat.

»Jeder hat dem anderen geholfen, mal mehr, mal weniger… Es war anders als heute… Guck dich doch um, heute wimmelt es hier von Wiesbadenern und Frankfurtern, die hier die Sommerfrische verbringen in ihren Häusern…«

»Ach, das stimmt doch so nicht, Elfriede!«

»Das stimmt sehr wohl, das sind alles Pendler oder Neureiche…«

Die Kellnerin bringt zwei Gläser voll mit roter Traubensaftschorle.

»Also, weißt du, ich bin auch nicht so für die Leute aus Wiesbaden, aber so schlimm, wie du sie machst, sind sie auch nicht…«, erwidert die erste.

»Ich wollte ja nur sagen, dass wir uns hier früher alle kannten… weiter nichts!«

Sonnenschein fällt in den Garten, wärmt die nackten Arme und den Nacken.

Am letzten Tisch sitzt ein einzelner älterer Herr mit einem runden Gesicht und wenig Haupthaar. Wir haben ihn bisher glatt übersehen. Er nippt an seinem Weinglas. Bezahlt wenig später und geht langsam an den Tischen vorbei.

Die Frauen scheinen ihn zu kennen, würdigen ihn aber keines Blickes. Geschweige denn, dass sie ihn grüßen würden. Er bleibt stumm und schlurft bedächtig hinaus.

Das Essen kommt. Wir kauen zufrieden unsere Maultaschen und den Salat.

»Schmeckt es Ihnen?«, fragt die zweite.

Wir haben gerade den Mund voll und nicken mit dem Kopf. Zum zweiten oder dritten Mal lesen wir das Schild über der Tür: GRÜNER BAUM.

»Eine gute Wirtschaft ist heute so viel wert wie gestern«, rufen wir den drei Damen zu.

»Wir gehen schon eine gefühlte Ewigkeit in den ›Baum‹ und werden es auch weiter tun«, erwidert die zweite. »Eine solche Gastfreundschaft und gute herzliche Bewirtung finden Sie nur hier... Da müssen Sie lange suchen, in Winkel gibt es nichts dergleichen, Pustekuchen!«

»Haben Sie herzlichen Dank, wir wissen es zu schätzen!«

»Aber sagen Sie, warum sind Sie zu uns gereist?«, sagt die erste, »mit uns meine ich den Rheingau, die Leute von hier...«

»Wir sind hier, um alles aufzuschreiben, auch das, was Sie erzählen!«

»Oha«, sagt die erste, »so kommen wir noch spät zu Ehren!«

»Wie man's nimmt«, erwidert die zweite.

Wir zahlen bei der netten Kellnerin und versprechen, am Abend wiederzukommen.

Wir spazieren am Rhein entlang, sehen die »Michael« – das Fährschiff, das alle zwanzig Minuten zur anderen Seite übersetzt. Nach Ingelheim, das von hier aus wie ein großes Gewerbegebiet aussieht. Über dem Gewerbegebiet blitzt eine Kirchturmspitze wie überall an den Orten am Rhein. Die Preise sind moderat: Fußgänger bezahlen 1,80. Beifahrer 1,30 plus die 4,50 für das Auto, das der Fahrer zu entrichten hat. Kinder kommen noch günstiger auf die andere Seite, während für ein Pferd oder ein anderes großes Vieh drei Euro fünfzig zu berappen sind. Wir sehen kein einziges Pferd oder Kalb, nur haufenweise Blech. Farbiges Blech, es gehört zu uns wie das Amen in die Kirche.

Wir gehen weiter, erahnen die Fahrrinnen der Schiffe und laufen auf der Promenade in Richtung Oestrich, wo der »Alte Kran« steht. Fröhlich seien die Schiffer und Flussnixen! Der Oestricher Kran stammt von Anfang des 18. Jahrhunderts und diente über zwei Jahrhunderte zum Umschlag von Waren und Gütern. Heute ist er ein Denkmal und erinnert an das mechanische Zeitalter. Wir lesen auf einem touristischen Hinweisschild: »REGIONALPARK RHEINMAIN – Der Landschaft einen Sinn – Den Sinnen eine Landschaft«. Wer dies getextet hat, muss mindestens sechs Semester Germanistik studiert haben. Und einen Abschluss gemacht haben mit Diplom. Neben der Headline bappt ein Aufkleber: MERKEL MUSS WEG! Unter dem Schriftzug sieht man eine Abbildung des Kranhauses von 1796, davor Arbeiter und Händler. Lauter lustige Leute, wie es heute scheint. Eine Idylle, ein Mann in seinem Boot, wie er ins Blaue hinausstakt. Frauen mit bunten Röcken, sie reden miteinander. Fehlen noch die Kinder, zwei blonde Geschwister, und ein Hund. Sie haben sich hinter dem Bootsschuppen versteckt. Am Wegrand liegt gestapeltes Holz, alles wirkt friedlich, so weit, so gut. Wir laufen durch eine Unterführung Richtung Marktplatz, halten am Weinhäuschen von Oestrich, wo in kleinen Gläsern Getränke kredenzt werden. An den Tischen sitzen Paare mit roten Nasen. Das Häuschen liegt im Schatten, wir ziehen weiter. Der Marktplatz ist leer, die Sonne sinkt. Wir spüren eine erste herbstliche Kühle.

Besuch bei den Brentanos

Am nächsten Vormittag laufen wir vom Hotel nach Winkel. Die Gassen sind nahezu menschenleer. Vor einer Bäckerei steht eine Frau mit einem Kinderwagen. Zwei Einheimische unterhalten sich. Ihr Gespräch wird immer wieder von Autos gestört. Auf einen Menschen kommen fünfzig PKWs. Nach zehn Minuten erreichen wir eine Kreuzung, ein Bus fährt vorbei. Dann erblicken wir auf der anderen Straßenseite ein eingerüstetes Haus, ein Nebengebäude, dazwischen eine Toreinfahrt. Wir kommen näher, lesen das Bauschild: INSTANDSETZUNG UND SANIERUNG BRENTANOHAUS. Wir gehen in den Innenhof, sehen vis-à-vis die Stühle eines Gastgartens, dahinter den Wingert. Keine Gäste, es ist kurz vor zwölf an einem gewöhnlichen Wochentag. Der Wimpel eines Weinguts hängt lose im Wind. Vom Personal ist nichts zu sehen, die Bewirtung findet nur am Wochenende statt, vielleicht auch an Freitagen. Wir drehen uns zum Nebengebäude, entdecken ein kleine Treppe.

Wir klingeln, ein Mann öffnet. Er blickt uns fragend an.
»Wir sind mit Ihnen und Ihrer Frau verabredet.«
»Mit mir nicht!«, erwidert er.
»Verzeihen Sie… Wir möchten mit Ihnen bzw. mit Ihrer Frau das Brentano-Haus besichtigen und ein Gespräch führen.«
»Wie gesagt, mit mir nicht!«

Eine Frau kommt die Treppe herunter und steuert auf uns zu.
»Guten Tag, schön, dass Sie gekommen sind!«
Der Mann wirkt müde, sein Gesicht sieht grau aus.
»Ich geh dann mal«, sagt er zu seiner Frau und stapft die Treppe hinauf.
»Wir gehen rüber ins Haus«, sagt sie, nachdem wir uns vorgestellt haben.

»Sehr erfreut, Angela Baronin von Brentano.«

Sie spricht das Angela französisch mit einem weichen Konsonanten und reicht uns die Hand.

»Sie sehen ja, das Haus ist eine Baustelle. In vier Jahren soll alles fertig und renoviert sein.«

Sie schließt die Tür auf. Wir sehen einen hölzernen Bären, dann den Flur und die Treppe, die mit einem dunkelroten Teppich ausgelegt ist. Der hölzerne Bär hat ein dunkelbraunes Fell. Er tappt auf allen vieren, doch rührt er sich nicht vom Fleck.

Wir stellen uns vor, wie die Kinder der Familie Brentano den Bär gestreichelt haben, und fragen:

»Ist der original von Anfang des 19. Jahrhunderts?«

»Der ist später dazugekommen«, antwortet sie und kann sich ein Lächeln nicht verkneifen.

Dann ergänzt sie: »Es gibt auch noch eine Bärenbank, schauen Sie mal.«

Wir drehen uns um und sehen die Bank, deren Sitzfläche von zwei Braunbären gehalten wird. Wir blicken die Bären an und kommen uns ein bisschen museal vor, wie zwei Kinder, die von Bären träumten und jetzt vor ihnen stehen und erkennen, dass die Bären nicht lebendig sind.

»Ich erzähle Ihnen vom Haus und von der Geschichte«, sagt sie. »Das Haus war Treffpunkt der Rheinromantiker, und Goethe war mehrmals hier.«

»Wo war der nicht alles?«

Sie lacht.

»Da haben Sie recht, der hat nichts ausgelassen!«

Jetzt lachen auch wir.

»Das Haus ist 1751 erbaut worden, nicht von den Brentanos, sondern von einer Familie Ackermann aus Bingen, die Brentanos haben es erst 1806 gekauft.«

Wir sehen uns um, das Haus wirkt auf den ersten Blick gedrängt und eng.

»Das Haus war früher so ein bisschen jagdmäßig eingerichtet und diente als Sommerhaus. Sie haben das Hauspersonal von Frankfurt mitgebracht, nur die Gärtner, Küchenhilfen und Hofbedientesten kamen hier vom Ort. Im Winter waren die Brentanos in Frankfurt.«

Wir gehen langsam die Treppen hinauf mit gebührender Bedachtheit.

»Sagen Sie, wir haben gehört, dass Ihr Mann, der Graf Udo, Winzer war?«

»Ja, das stimmt, bis vor zwei Jahren, als er in Rente gegangen ist, hat er das Weingut geführt.«

»Und es gab den legendären Brentano-Wein?«

»Goethe-Wein« korrigiert sie. »Goethe-Wein in der echten Rheingau-Flöte«

»Sie meinen die blauen Flaschen mit dem Passepartout?«

»Genau die!«

Wir sind im ersten Stock angekommen.

»Den Goethe-Wein gibt es seit 1950, ein Jahr vorher war das große Jubiläum, sein 200. Geburtstag. Da wurde alles nach Goethe benannt, und der Schwiegervater hatte die Idee, einen Goethe-Wein zu machen und ein Patent dafür anzumelden. Das lässt sich belegen, dass Goethe 1814 und 1815 hier war… Und«, sie macht eine kurze Pause, »er hat ja auch genügend Wein getrunken!«

Wir stehen vor einer offenen Tür.

»Kommen Sie«, sagt die Baronin.

»Dies hier ist der Rote Salon, eines der Wohnzimmer. Hier haben die ersten Brentanos zu Abend gesessen.«

»Können Sie uns erzählen, in welchem Verwandtschaftsverhältnis Clemens Brentano zu Ihnen steht?«, fragen wir.

Sie zeigt auf die Bilder an der Wand.

»Der Vater vom Franz hängt da oben. Peter Anton war dreimal verheiratet und hatte mit seinen drei Frauen zwanzig Kinder. Und Franz ist aus der ersten Ehe der Älteste. In der zweiten Ehe war Peter Anton mit Maximiliane La Roche verheiratet und die hatten zusammen zwölf Kinder und unter ihnen waren Clemens und Bettine. Maximiliane starb mit 37 Jahren.«

»Franz, Clemens und Bettine waren Halbgeschwister.« »Und der Franz ist der direkte Vorfahre von uns«, ergänzt sie.

»Sind die Tapeten original erhalten?«

»Die sind nachgemacht. Aber vieles ist noch original. Die Möbel.«

»Außer den Pflanzen.«

»Und das elektrische Licht.«

Eine Baronin mit feinem Humor, das ist mehr, als wir erwartet haben. Sie wirkt sympathisch, freundlich und irgendwie authentisch. Sie ist die Bürgerliche, die in das Adelsgeschlecht, so hätte man früher gesagt, eingeheiratet hat. Stimmt das denn, und ist der Adel automatisch reich? Nur weil jemand Herr Graf genannt wird, werden ihm deshalb die größten Kartoffeln gebracht, bekommt er die süßesten Früchte? Die Brentanos stammen ursprünglich aus der Lombardei vom Comer See. Ab 1762 waren sie Frankfurter Bürger, sie waren reiche Kaufleute, und jetzt?

»Gehen wir mal eine Etage höher«, sagt sie. »Vorsicht mit den schmalen Treppenstufen«.

»Oha.«

Wir staunen nicht schlecht. Ein klassischer Salon mit einem Pianoforte im hinteren Bereich des Raumes. Die Wände voll von Gemälden. Ein großer Eichentisch, weinrot gepolsterte Stühle.

»Ja, das ist hier der sogenannte Saal, der größte Raum des Hauses, ein Gesellschaftssaal, der vor allem im neunzehnten Jahrhundert als Ort des Gesprächs und auch der Kunst genutzt wurde. Der Salon lebte vor allem von der Toni, die von der Wiener Gesellschaft hierher an den Rhein kam.«

Antonie, Tochter des kaiserlichen Hofrats Johann Melchior Edler von Birkenstock, heiratete Franz Brentano im Jahre 1798 und zog mit ihm nach Frankfurt und nach Winkel. Sie sollte fast neunzig Jahre alt werden; sie überlebte alle ihre Freunde, Geschwister und fünf ihrer sechs Kinder.

»Toni war eine großartige Gastgeberin und Gesellschafterin, die viele Größen ihrer Zeit persönlich kannte und mit ihnen befreundet war. Beethoven, Goethe, Freiherr von und zum Stein, die Brüder Grimm, die Schlegels, Tieck, Görres und andere… natürlich auch Achim von Arnim, die eigene Familie, Clemens und Bettine.«

Der Salon war seinerzeit ein Ort der Literatur und Kunst, der gepflegten stilvollen Konversation. Hier wurde musiziert, es wurden Gedichte vorgetragen, kleine Theaterstücke aufgeführt, wie wir von unserer Gastgeberin erfahren. Wir stehen am Pianoforte und stellen uns vor, Robert Schumann spielte eine Klaviersonate oder ein kammermusikalisches Stück, begleitet von einer Violine, einer Bratsche, einem Cello.

Es wären viele wohlsituierte Leute im Raum, elegante Damen mit gepuderten Näschen. Die Herren in Frack und mit einem Kneiferauge. Vielleicht würde Schumann seine erste Sonate Opus 11 spielen, die jugendlich libidinös beginnt, ein heller klarer Anschlag. Es würde nur das Staunen bleiben, unfassbar diese Musik! Ein Hin-und-her-Gerissensein. Dann die Aria, der zweite Satz, schwelgerisch und still, voll Schönheit und Gefasstheit. Wir blicken aus dem Fenster auf den Weinberg, der sanft zum Rhein abfällt.

Goethe in Langenwinkel

»Hat Schumann hier im Haus gespielt oder Beethoven?«, fragen wir die Baronin.

»Keiner von beiden«, antwortet sie. »Aber die Toni, wird seit einiger Zeit vermutet, soll die ›Unsterbliche Geliebte‹ von Beethoven gewesen sein. Oder es war Josephine Brunswik, niemand weiß es genau.«

Vom Salon gehen zwei kleinere Räume ab. Ein Schreibzimmer, das Fenster zum Fluss. Über dem Schreibtisch ein Bild des älteren Goethe, sein rundes, fast feistes Gesicht, kurze graue Haare. Der Meister mit 65 Jahren.

»Goethe war nicht der wichtigste, aber der bekannteste Gast. Im Herbst 1814 kam er von Wiesbaden, wo er zur Kur war, für ein paar Wochen nach Winkel«, sagt die Baronin Angela. Im Nebenzimmer, das eher einer geräumigen und lichten Kammer mit Fenster gleicht, steht ein Bett. Neben ihm ein schmaler Nachttisch, ein Schränkchen und eine Kommode. Darüber ein Spiegel, hinter ihm die Stofftapete mit Ornamenten. Auf dem Schränkchen eine Porzellanschüssel, eine Kanne, eine Zuckerdose und eine Schale. An den Wänden zwei Gemälde in Öl.

Ob Goethe hier schlief?

»Goethe war ein sehr schwieriger und anstrengender Gast«, sagt die Baronin. »Wie man aus Aufzeichnungen und Briefen von Gunda Brentano weiß.«

Wir blicken auf das blau gedeckte Holzbett, sehen unter ihm einen Nachttopf.

»Das Gundelchen ging in eine Ehe mit Savigny, der auch der Karoline von Günderrode schöne Augen machte, und sie ihm…«

»Aha, der berühmte Rechtsgelehrte… ».

Nach einer kurzen Pause fragen wir dann doch:

»Hat Goethe eigentlich in diesem Bettchen geschlafen?«

»Ja.«
»Sie meinen, das ist Goethes Nachttopf?«
»Kann gut sein.«

Im dritten Raum, dem Lesezimmer, stehen Regale voller Bücher.
»Sind die alle alt?«
»Viele, das älteste ist von 1561«, erwidert sie.

Wir blicken noch einmal hinüber zum Pianoforte, versichern uns, dass weder Schumann noch Beethoven auf dem Schemel sitzen. Die Zeit ist für einen Augenblick stehen geblieben. Das Licht hält sich im Raum; es bildet winzige Fäden, die uns an die Geschichte binden. An das, was war. Und wahr ist. Besser noch: wahrhaftig war und ist, wie die Kunst der Romantiker. Eine Tür knarrt, die Dielen ächzen. Schritte und das Geräusch eines massigen Körpers, der über das Holz stapft. Der unrasierte Goethe, wie er in einem Blümchen-Nachthemd in sein Zimmer schlurft. Er dichtet schon vor dem Frühstück. Kann er es nicht lassen? Trinken, dichten, dozieren und schwadronieren, bis er in knapp siebzehn Jahren abtreten wird. Stört ihn nicht, lasst ihn einfach machen! Wann wird er abreisen, tuschelt das Personal hinter vorgehaltener Hand. Man sehnt den Tag herbei.

»Wollen Sie noch etwas wissen?«, fragt die Baronin.

Wir haken nach:
»Es wird immer wieder erzählt, dass Goethe am hellen Tag im Nachthemd durch den Garten gegangen sei und den besten Riesling verlangt habe. War der wirklich so?«
»Was man weiß, ist, dass Goethe oft blasiert wirkte und hochnäsig war gegenüber der Familie und dem Personal… Er hat sich den Teller vollgeschaufelt und dann nichts gegessen, aber jede

Menge vom besten Riesling getrunken, das stimmt… Er hat sich gern aushalten lassen, nun ja, er war ja damals schon ein älterer Herr, vielleicht muss man auch ein bisschen milde mit ihm sein… Aber ich weiß nicht«, antwortet die Baronin. »Er war als Mensch eine Zumutung – wird gesagt.«

»Ein Universalgenie, ein geheimer Rat mit einem Nachttopf unter dem Bett!«, kontern wir.

Das Haus ist schön, altehrwürdig. Ein besonderer Ort, an dem große Geister ein und aus gingen. Eine Puppenstube, ein Refugium.

Uns brennt es auf der Zunge. Die Frage: Wie ist das so, ein Graf oder eine Baronin zu sein, hat man da Vorteile im Leben?

»Ist es auch eine Last?«, fragen wir nach.

»Wir sind so, dass wir die Nase nicht hoch im Himmel tragen… Wir sind ganz normale Bürger, der Titel hilft manchmal bei den Behörden, wenn du anrufst und sagst: Hier ist der Graf oder die Baronin von Brentano, dann landest du nicht im Vorzimmer und alles geht etwas schneller…«

»Wenn die Leute heute den Namen Brentano hören, wer fällt ihnen dann ein, was sagen die dann?«, fragen wir.

»In Bayern denken viele, vor allem die Älteren, an den ehemaligen Außenminister, Heinrich, der ab 1955 im Amt war… An seinen Bruder, Bernhard von Brentano, der ›Schindlers Liste‹ geschrieben hat… Und an dritter Stelle kommt bei den Leuten der Dichter Brentano… Aber es muss eine Serie im Fernsehen geben«, sie lacht, »mit einem Dr. Brentano… Meine Tochter ist Ärztin, sie wird oft danach gefragt.«

»Und ihr Mann?«

»Mein Mann hat Jura studiert, dann Weinbau, und war jahrzehntelang Winzer… Das Weingut hatte knapp 10 Hektar… verschiedene Lagen. Es war ein solides Geschäft.«

Sie zeigt uns eine Flasche Goethe-Wein, die blaue Rheingau-Flöte.

»Ich würde sie nicht nehmen, weil Goethe drauf ist, wenn es Brentano wäre oder Klcist, das wär was anders«, sagt einer von uns.

Sie lächelt.

»Wir hatten mal einen Schnaps, einen Hefebrand, da war Bettine abgebildet, und einen Weinbrand mit Clemens, der hieß Brentano-Weinbrand. Ist aber schon einige Jahre her…«

»Haben Sie regelmäßig Kontakt mit anderen Brentanos?«

»Eigentlich kaum… Die künstlerische Ader ist erloschen… In Frankfurt gibt es keine Brentanos mehr, nur noch die Familiengruft auf dem Friedhof… Vor allem waren es immer drei Richtungen: Kaufleute, Militärs und Künstler… Die Kaufleute haben sich durchgesetzt, wie überall… Rund um den Erdball gibt es noch 2000 Brentanos… Die sind aber nicht alle miteinander verwandt«, sagt sie.

Wir gehen zu dritt die Treppe hinunter, bleiben unten am Absatz stehen. Die Baronin Angela, die uns alle Freundlichkeit entgegenbringt, tritt zum kleinen Salon, wo sie eine Restauratorin anspricht. Nach einer Minute kommt sie zurück. Wir erfahren noch mehr: »Clemens Brentano war nur vier Mal in seinem Leben in Winkel, und Bettine hat das Haus und den Garten geliebt.«

Ein Auto fährt vor, zwei Männer steigen aus und grüßen.

»Das sind der Architekt und sein Mitarbeiter«, sagt sie.

Wir stehen draußen im Licht.

»Ihr Mann hat sich ein bisschen zurückgezogen, mit ihm hätten wir auch gern gesprochen…«, bemerken wir bedauernd.

»Er hat mit dem Haus zu tun und ist gesundheitlich angeschlagen, es ist mein Revier und ihm ist es so lieber!«

Wir sprechen noch über den Umbau des Hauses. Die Fenster sind bereits neu, es wird noch einige Zeit dauern. An der Fassade steht ein Gerüst. Die Innendecken müssen ausgewechselt werden. Alles muss behutsam ausgeführt werden.

»In fünf, sechs Jahren, kann es fertig sein!«

»Ein solches Haus wieder für die schöne Literatur zu erwecken, das hätte etwas!«, entgegnen wir.

Das Drama um die Günderrode

Wir stehen vor dem Haus, im Hof, dann im Garten, der in einen Wingert übergeht.

Die Reben sind keine Zeilen von Clemens Brentano, keine Zeichen aus einem Brief von Bettine. Sie sind einfach grün, durch sie fällt das Licht dieses Sommernachmittags.

Es wäre noch vieles zu fragen und zu erfahren.

»Ist die Geschichte der Günderrode weiter in den Köpfen?«, wollen wir noch wissen.

»Schwer zu sagen. Sie war hoch intelligent, die Karoline hat darunter gelitten, sie war arm, und wenn man keine Mitgift hatte, konnte man nicht heiraten. Sie konnte auch keinen Beruf ausüben, so saß sie im Damenstift mit den alten Jungfern, dass das keine Erfüllung für eine junge Frau ist, kann man sich vorstellen!«

Wir stehen da, wollen etwas erwidern, das tröstlich klingt.

»Sie ist einfach zur falschen Zeit geboren worden.«

»Sie ist an den Umständen der Zeit zerbrochen.«

»Die Günderrode hatte drei unglückliche Lieben, einer von ihnen war Savigny. Auch mit dem Creuzer, ihrem letzten, der verheiratet war und bei seiner Frau blieb, hatte sie kein Glück… Sie hat sich nicht aus Liebeskummer umgebracht, es war einfach ihre Lebenseinstellung, sie hatte eine Todessehnsucht als junges Mädchen schon… Sie war ja ständig mit dem Tod konfrontiert, der Vater ist gestorben, da war sie sechs… Ihre kleineren Schwestern sind vor ihr gestorben, sie hat drei Freundinnen beerdigen müssen, wie soll man da frei sein von Todesnähe… Sie hat keinen anderen Ausweg gesehen.«

»Und in Winkel ihr Ende gefunden, auf einer Rheinwiese, mit einem Dolch!«, erwidern wir.

»Ja, die Stelle ihres Todes ist vom Fluss überspült worden, man hat sie tags drauf gefunden. Sie liegt an der Friedhofsmauer begraben, auf dem Friedhof hat man ihr Grab nicht haben wollen, da sie sich selbst entleibte« – berichet die Baronin. »Sie war, wie die Leute damals sagten, eine Selbstmörderin und Ehebrecherin, und dazu noch protestantisch, darüber hat sich der hiesige Pfarrer noch 1929 in einem Zeitungsartikel empört.«

Was können wir uns heute für ein Bild von der Günderrode machen? Die als junge Frau kaum eine Chance hatte, eine Dichterin ihrer Zeit zu werden. Sie veröffentlichte ihre ersten Verse unter dem männlichen Pseudonym Tian. Wie sah sie aus? Die Bilder, die wir von ihr kennen, zeigen sie zumeist mit mädchenhaftem Gesicht, dunklem Haar, einer feinen Nase, leicht spitz zulaufend, schmalen aber zarten Lippen. Schön und weltfremd, sei sie gewesen, so wurde sie oft beschrieben. »Sie war so sanft und weich in allen Zügen, wie eine Blondine; sie hatte braunes Haar, aber blaue Augen, die waren gedeckt mit langen Augenwimpern; wenn sie lachte, so war es nicht laut, es war vielmehr ein sanftes, gedämpftes Girren, in dem sich Lust und Heiterkeit sehr vernehmlich aussprachen: sie ging nicht, sie wandelte, wenn man verstehen will, was ich damit auszusprechen meine;… ihr Wuchs war hoch, ihre Gestalt war zu fließend, als daß man es mit dem Worte schlank ausdrücken könnte; sie war schüchtern-freundlich und viel zu willenlos, als daß sie in der Gesellschaft sich bemerkbar gemacht hätte.« So beschreibt die um acht Jahre jüngere Bettina von Brentano die Günderrode, mit der sie eng befreundet war.

Das Bild, das sich die Nachwelt von einer so einzigartigen Persönlichkeit, wie es die Günderrode war, machen kann, bleibt zwangsläufig immer unvollständig. Immerhin wissen wir, dass sie zum Ende ihres kurzen Lebens an starken Depressionen litt und an einer Augenkrankheit, so dass ihre psychische Disposition heute in allem erklärbar ist. Aus heutiger Sicht verstehen wir vollends, wonach sie suchte, was sie begehrte, was sie umtrieb – und was sie erreichen wollte. Wir wissen es und bleiben doch ohne tröstliche Einsicht. Aus ihren Gedichten spricht es uns noch immer an:

»*Ein schmaler rauher Pfad schien sonst die Erde.*
Und auf den Bergen glänzt der Himmel über ihr,
Ein Abgrund ihr zur Seite war die Hölle,
Und Pfade führten in den Himmel und zur Hölle.«

Das Gedicht, das »Vorzeit und neue Zeit« heißt, beschreibt den Gang in ein voranschreitendes Zeitalter der Aufklärung und des Aufbruchs in die Mündigkeit, es lautet vier Verse weiter: »Des Glaubens Höhen sind nun demolieret.«

Wie ungeheuerlich muten diese Worte an, die das Leben anders begreifen und sprechend neu gestalten wollen. Die Beschädigung der Biografien durch Kirche und Feudalismus, die Unterdrückung des Subjekts, die Beschränkung des Weiblichen auf Familie und Fron – gegen all dies wendet sich die Günderrode. Hat sie zu früh gelebt, um ihr Leben verwirklichen zu können? Kann jemand zu früh leben? Heißt Leben nicht immer auch entweder am falschen Ort oder in der falschen Zeit anwesend zu sein? Worin besteht das Abwesende? Hätte sie den Beginn des Bürgertums und der Revolution von 1848 mit erlebt, hätte sie dann als Schriftstellerin reüssieren können wie ihre Freundin Bettine?

In einem ihrer letzten Briefe schrieb Karoline von Günderrode an Lisette Nees:

»Nach mir fragst Du? Ich bin eigentlich lebensmüde, ich fühle daß meine Zeit aus ist; und daß ich nur fortlebe durch einen Irrthum der Natur; dies Gefühl ist zuweilen lebhafter in mir, zuweilen blässer. Das ist mein Lebenslauf. Adieu Lisette.«

Das Günderödchen, wie sie ihre Freunde liebevoll nannten, hatte ihren Dolch. Sie putzte ihn und ließ ihn schleifen, sie wusste, eines Tages würde sie ihn brauchen. Der Tag kam näher, alles ging in die Brüche oder war es schon. Das Werben um den Rechtsgelehrten Savigny, die Freundschaft mit Clemens Brentano. Die Liaison mit dem Wissenschaftler Creuzer aus Heidelberg. Sie trafen sich heimlich in Frankfurt, ihre Briefe liefen unter der Hand wie Kassiber. Creuzer hatte eine ältere Frau geheiratet, die er nicht liebte. Gleichzeitig traute er sich nicht, sich von ihr zu trennen. Er erkrankte und nutzte die Gelegenheit, auf Zuraten seiner Freunde, ihr den Laufpass zu geben. In einen Satz gefasst: »Das genannte Verhältnis sei damit vernichtet.« Eine Bekannte von Creuzer hatte den Brief nach Winkel gebracht, wo die Günderrode im Haus eines Frankfurter Kaufmanns wohnte, das von den Zwillingsschwestern Paula und Charlotte Serviere bewohnt wurde. Am 5. Mai 1806 schrieb Karoline an Creuzer: »Unser Schicksal ist traurig, ich beneide mit Dir die Flüsse, die sich vereinigen (umarmen). Der Tod ist besser als so leben.«

Über ihre letzten Tage teilte Bettina von Arnims Schwester Meline ihrem Schwager Savigny am 1. August 1806 brieflich Folgendes mit:

»Die Günderod ist tot, sie hat sich am Samstagabend um halb 8 Uhr in Winkel bei den Servieres mit ihrem Dolch erstochen. Sie war während 8 Tagen etwas melancholisch, weil sie keine Briefe von Creuzer bekam. Den Samstag ging sie dem Boten entgegen, nahm die Briefe und eilte damit auf ihr Zimmer, kam nach einer Stunde ganz ungemein fröhlich zum Nachtessen und sagte der Lotte (*Anm. Serviere*), sie habe sehr gute Nachrichten erhalten, Creuzer sei zwar krank gewesen, sei aber wieder besser. Sie aß mit vielem Appetit, lachte und scherzte, und dann wünschte sie, im Mondschein spazierenzugehen, lehnte aber alle Begleitung ab und ging ganz fröhlich davon; nach wenig Minuten kam sie zurück, holte ihren Schal und rufte der Lotte noch mehrmals Adieu zu. Es wurde 10 – 11 – 12, und sie kam nicht; da wurde es den Servieres bang, sie schickten Boten nach allen Seiten, und als man sie nirgends fand, vermuteten sie, Creuzer habe ihr ein Rendezvous gegeben und sie entführt. Man suchte sie in allen Orten die ganze Nacht und fand sie endlich um 4 Uhr den Morgen am Rhein in einem Weidenbusch, mit einem Dolchstoß das Herz durchbohrt, den Dolch neben ihr, und in dem Schal einige Steine gebunden, wahrscheinlich um sich, wenn der Stich fehlte, in den Rhein zu stürzen.«

Niemand konnte die Günderrode vor ihrem Dolch und dem Rhein bewahren, alle Beschwörungen ihr nahestehender Menschen halfen nicht. Konnten nicht helfen, sie wählte nicht den Freitod wegen eines Mannes wie Creuzer. Ihr war in ihrer Zeit nicht zu helfen, wie später Kleist über sich schreiben sollte. Bettine schrieb wenige Wochen nach ihrem Tod: »… ich werde den Schmerz in meinem Leben mit mir führen, und er wird in viele Dinge mit einwirken, es weiß keiner, wie nah es mich angeht…«

Achim von Arnim setzte der Günderrode ein literarisches Denkmal. In seiner Erzählung »Melück Maria Blainville, die Hausprophetin aus Arabien« heißt es am Schluss:
»Wir stiegen ans Land und sahen einander stillschweigend an und wiesen auf die Landzunge, die im Strom versunken. Ein edles musenheiliges Leben sank da in schuldlosen Wahn, und der Strom hat den geweihten Ort ausgetilgt und an sich gerissen, daß er nicht entheiligt werde. Arme Sängerin, können die Deutschen unsrer Zeit nichts, als das Schöne verschweigen, das Ausgezeichnete vergessen und den Ernst entheiligen? Wo sind deine Freunde?«

Können die Deutschen nichts, als das Schöne verschweigen, das Freiheitliche vergessen, das Mitmenschliche leugnen? Das Brüderliche in den Dreck ziehen?

Als die Günderrode im Sommer 1806 starb, ging die Zeit der Frühromantik zu Ende. Nur wenige Jahre zuvor war der dichtende Wunderknabe Novalis im Alter von nur 29 Jahren im sächsischanhaltinischen Weißenfels verstorben. Wenige Pferdestunden weiter, im thüringischen Jena, sammelte sich der Kreis der Romantiker: Uhland, Tieck und Schlegel, auch Brentano und Arnim waren hier. Was ist daraus entwachsen?

Eine revolutionäre Einstellung zum Leben, es zu wagen und aufzubegehren?

Was oft übersehen wird, die Romantik um 1800 war auch eine politische Haltung, sie war keinesfalls purer Ästhetizismus. Es ging um die innere Beschaffenheit des Menschen und wie sich diese sprachlich veräußern lässt. Dieser Zeit verdanken wir einige der wertvollsten Werke der deutschen Literatur.

Die Baronin Angela dreht ihren Kopf in Richtung Süden.

»Sehen Sie dahinten, eine der besten Lagen, der Jesuiten-Garten.«

Sie zeigt in Richtung Weinberge.

»Mein Mann könnte Ihnen davon noch mehr erzählen. Jedenfalls Goethe trank nur den besten Wein aus dem Jahrhundertjahrgang 1811…«

Wir sehen uns an und lächeln sie an.

»Den Jahrhundertjahrgang für den größten Dichter aller Zeiten!«

Wir verabschieden uns von der Baronin Angela, danken ihr von Herzen.

»Sagen Sie ihrem Mann herzliche Grüße von uns und gute Besserung!«

Die Welt ist ein Dorf in der Größe der Dörfer Oestrich, Mittelheim und Winkel, wissen wir jetzt. Ein Straßendorf, nicht das schönste, manchmal sogar ein nur wenig ansehnliches. Ein Straßendorf, in dem die Tante-Emma-Läden längst geschlossen haben, immerhin gibt es noch die Bäckerei. Wir kaufen uns eine Laugenstange und setzen uns für fünf Minuten in die Sonne, auf eine Bank, die vor der Sparkassen-Filiale steht. Dann laufen noch einmal die Bilder vom Vortag durch unseren Kopf. Sie laufen ab und surren.

Auf dem Rhein schippert die »Michael«, wir laufen parallel zur Promenade und blicken zum anderen Ufer.

Abschied vom Schiff

DING DONG. Wir sind wieder im Juni auf der MS Regina. Zlatko hat Roberto Blanco, Costa Cordalis, Jürgen Drews, Rex Gildo, Karel Gott, Michael Schanze und Vicky Leandros gespielt. Zapfenstreich! Lampe aus! Alles schläft.

Einer von uns wird von den Motorengeräuschen aus dem Schlaf geschüttelt und kommt nicht wieder hinein. Was soll's, denkt er, ich kann hier liegen, mich drehen und wenden, zur Ruhe kommen werde ich vorerst nicht. Was tun? Lesen? Fernsehen? Zum Lesen ist er zu müde, im Fernsehen läuft nur Quatsch. Also zieht er sich an, schnürt die Schuhe, zieht zwei Jacken übereinander und tritt in den beleuchteten Flur.

Die Rezeption ist nicht besetzt. Auf dem Tresen lehnt ein gefaltetes Blatt Papier, auf dem fast unleserlich »Komme sofort wieder« steht. Er sieht sich um. Das Restaurant ist abgeschlossen. Ein Indoor- und ein Outdoor-Rollator parken neben dem Handdesinfektions-apparat, auf dessen milchig-weißer Oberfläche sich die Lichter der Rezeption spiegeln. Die Wanduhr dahinter zeigt halb drei an. In der vier Meter breiten Glasvitrine liegen Souvenirs aus: T-Shirts und Pullover, Tee- und Kaffeetassen, Leuchttürme aus Porzellan, Regenschirme und Regenjacken, Wollmützen, Kugelschreiber, Bonbons, Skatkarten, Brettspiele. Allesamt tragen sie das Logo der MS Regina: Ein blau-weiß gestreifter Rettungsring, in dem ein Anker zentriert ist. Unter dem Anker sind Wellen angedeutet. Über das obere Drittel des Rings zieht sich der Name des Schiffes. Er stellt sich eine Weile vor den in der Wand eingelassenen Bildschirm, in dem die Fahrt des Schiffes aus einer nautischen Perspektive zu sehen ist. Dann öffnet er steuerbord die Tür und geht auf das Sonnendeck.

Er sieht sich um. Die Liegestühle sind zusammengeklappt und liegen an den Stellen, an denen sie am Morgen auch wieder stehen werden. Vor ihm drei Biertische und der Ausschank. Der Kapitän, so scheint es, ist der Einzige an Bord, der wach ist. Er bewegt sich kaum, nur das leichte Heben und Senken seiner Schultern verrät, dass er etwas tut. Die Strecke ist sehr kurvig. Das Boot fährt schnell. Die GPS-Monitore leuchten matt. Der Schiffsmotor brummt leise, ein beruhigender Ton. Rechts zieht die Loreley vorbei. Die Burgen oberhalb des Flusslaufes sind beleuchtet. Über ihm der Nachthimmel. Seine Windjacke knattert im Fahrtwind. Und die Sterne, ach, die Sterne. Wie berauschend es ist, hier auf diesem Bootsdeck zu stehen, nachts, und alles schläft, und unter dieser Weite und Unermesslichkeit des Himmels auf dem Fluss gefahren zu werden. Das Wasser ist ganz still, es lässt sich mühelos teilen. Rechts und links Felsen, die ins Wasser ragen. Scheinwerferkegel von Autos, die die Uferstraßen entlangfahren. Er steht dort noch einige Minuten, bis die Kühle durch seine Kleidung gekrochen ist, bis er denkt, es genügt, so kann er schlafen. Als er wieder an der Rezeption vorbeigeht, sieht er auf den Tresen. Das gefaltete Blatt Papier ist abgerutscht und liegt nun mit der Schrift nach unten. Durchgefroren legt er sich unter die warme Bettdecke und schläft sofort ein.

»Sie fahren wieder nach Berlin?«

Wir nicken. Es ist das letzte Frühstück an Bord, wir haben das letzte Mal DIND DONG gehört und wurden das letzte Mal in unserem Leben, so hoffen wir, von einem Lautsprecher geweckt, der uns als »verehrte Herren« anredete. Wir sehen auf Deutz, auf die falsche Seite. Das Messegelände ist dort, die Lanxess Arena, das RTL-Gebäude, aus dem Tag und Nacht gesendet wird. Fast 40 Prozent der Fernsehproduktionen werden hier in Nordrhein-Westfalen hergestellt, das sind über 260 000 Sendeminuten. Es ist die Schäl Sick. Das sitzt tief. Aber was soll's, jede Stadt, durch die ein großer Fluss fließt, hat irgendwo eine falsche, belächelte, verpönte, verhöhnte Seite, ein falsches Viertel. Wer in Hamburg südlich der Elbe wohnt, der lebt sogar in Bayern. Und wer längere Zeit seines Lebens in Koblenz oder Umgebung verbringt, der wird bemerken, dass eigentlich keine der beiden Seite die richtige ist, weil die Seite, auf der man nicht lebt, immer die falsche ist.

Es war unsere erste Flusskreuzfahrt. Werden wir wieder eine machen? Vielleicht als alte Männer? Wer weiß? Aber vorerst nicht. Schon in der Mitte des 19. Jahrhunderts sollen jährlich fast eine Million Menschen an Bord eines Rheinschiffes gewesen sein. Und die Nachfrage nahm weiter zu. Nach dem Ende des Zweiten Weltkriegs fuhr der Schnelldampfer »Juliana«, der mit Kabinen ausgestattet war, zwischen Rotterdam und Basel. »Juliana« war das erste Flusskreuzfahrtschiff. In den 60er Jahren entwickelte sich eine neue Form des Tourismus, wie ihn der Rhein noch nicht kannte: mehrtägige, bis zu zwei Wochen dauernde Reisen von der Mündung bis nach Basel mit Kabinenschiffen. Heute kann man, sofern es die Finanzen zulassen, frei wählen zwischen Luxuslinern mit Sauna, Whirlpool, großräumigen Suiten, niedrigklassigen Holzklasse-Schiffen und der bürgerlichen Mitte. Und wir, wir befinden uns in der Mitte der Gesellschaft und haben mit ihr eine Woche verbracht.

»Wir fahren noch weiter, nach Budapest«, sagt die Kölnerin. »Mit unserer kleinen Bekanntengruppe treffen wir uns in Passau. Das haben wir schon mal gemacht, vor ein paar Jahren. Das war unsere erste Kreuzfahrt und das hat uns damals sehr überzeugt. Der Rhein reicht uns jetzt auch, den haben wir auch vor der Tür. Wenn wir auf dem Bettchen sitzen, können wir ihn sehen. Was für Farben der hat, manchmal ist er silbern, manchmal schwarz, das ist schön.«

Die Franken fahren zurück nach Franken und wollen wissen, ob wir wirklich nach Berlin fahren würden. Als wir es bestätigen, schweigen sie und sehen uns an, als wäre das da oben in Berlin eine gefährliche Angelegenheit, und sie, sie würden da jetzt auf gar keinen Fall hinfahren wollen, genauso wenig wie nach New York oder Kapstadt oder Bombay, das sagen sie nicht, aber wir hören es hinter ihren Stirnen krachen.

Ein Reiher fliegt vorbei und der Kölner sagt: »Oh, was für ein schönes Tier!«

Und bevor einer der anderen etwas sagen kann, sagt einer von uns: »Das ist ein äußerst edler Vogel, der schönste überhaupt!«

Und weil dies nicht mehr zu übertrumpfen ist, waren es die letzten Worte über einen Wasservogel an Bord.

Wir verabschieden uns von den Kölnern und Franken, halten Ausschau nach Müller, doch Müller ist nirgends zu sehen. In den Kabinen packen wir die letzten Dinge in unsere Koffer und rollen sie den Gang Richtung Rezeption. Dort warten Lisa und ihre Mutter.

»Es war sehr nett mit Ihnen«, sagt Lisas Mutter und Lisa sagt: »Haut rein!« Wir umarmen einander und wünschen ihnen alles Gute. Müller hat sich vielleicht schon vor dem Frühstück von Bord geschlichen. Es ist ihm zuzutrauen. Schade.

Wir schiffen aus und stehen dann neben dem Boot in Köln am Ufer. Hier ist es vorbei. »Wat fott es, es fott!«, sagt der hier Gebürtige mit Träne im Knopfloch.

Wir haben noch drei Stunden, bis unser Zug nach Berlin fährt. Wir möchten uns in keins der Brauhäuser an einen Tisch setzen, an dem man auch nicht lange allein bleiben darf, weil es ein Kölner

Tisch in einem Kölner Brauhaus und der Frohsinn mitunter eine höllische Angelegenheit ist. Zudem haben wir in der Vergangenheit zur Genüge die Frage erörtert, welches der hier ansässigen Brauhäuser das beste Kölsch zusammenwerkelt, haben zur Genüge die flinke und tüchtige Arbeit der Köbesse beobachtet, die bei jedem Gang fast ein Dutzend der zylindrischen Biergläser auf ihren Tabletts transportieren, und diese Kölschkränze sehen aus, als wären sie geladene Revolvertrommeln. Wir haben das nicht nur erörtert, wir haben uns eine Trommel Kölsch hinter die Binde gegossen. Wir haben im Brauhaus Päffgen gesessen. Ja, im Päffgen, bei dieser Familiendynastie, aus der Nico stammte, die einst mit Andy Warhol poussierte, bei der Band Velvet Underground sang und mit Jim Morrison… Ach das ist lange her. Nico, die eigentlich Christa hieß. Das schönste blondeste Fotomodell aus Köln aller Zeiten! Ach, ist das lange her! Und kein Grund für Sentimentalitäten! Köln, das ist Erinnerung. Aber wir leben jetzt und schauen nicht länger zurück. Sie wollen es wissen? Das beste Kölsch, das allerbeste? Das mit dem sanften Brauwasser, mit der bekömmlichen Dosis Stammwürze, mit der goldigsten aller goldenen Farbnuancen? Sie wollen es wissen? Sie wollen einen Geheimtipp, den einen?

»Oma Kleinmann?«
»Warum nicht?«
Im letzten Jahrtausend waren wir oft bei »Oma Kleinmann«. Nach durchzechten Nächten trafen wir uns dort mit Kölner Freunden zu einem Hackbraten-Frühstück. Wir laufen vorbei am Dom und durch die Fußgängerzone. Vorbei am Funkhaus des WDR, an dem wir einen großen Aufsteller sehen, auf dem die Maus aus der Sendung mit der Maus abgebildet ist, und biegen irgendwann in die Zülpicher Straße ein. Oma Kleinmann hat geschlossen. Enttäuscht lesen wir auf einem Schild: Geöffnet ab 17 Uhr. Der Päch-

ter muss gewechselt haben, anders lässt es sich nicht erklären. Wie schade!

»Mensch, Oma!«, ruft einer von uns.

»Et es, wic ct es!«, sagt der andere.

Wir stehen eine Weile unschlüssig vor dem Restaurant und überlegen, was wir mit der Zeit anfangen könnten.

»Ich hab's«, ruft plötzlich einer von uns. »Wir fahren zum Niederrhein. Neuss!«

»Neuss!«, sagt der andere, »Neuss ist immer gut!«

Niederrhein

Die Schönheit des Niederrheins, mein ich immer,
dat is nich so 'ne Angelegenheit, so wie man sacht,
Gott is die Frau schön.
Das geht tiefer. Dat krisse fast gar nich raus, warum
dat so is. Auf den ersten Blick schon gar nicht. Muss ja
auch nicht sein, sach ich immer, dat wär ja ne lang-
weilige Schönheit. Nein, der Niederrhein will angeguckt
werden. Und dann beginnt die große Liebe. Dat is
dat Geheimnis des Niederrheins. Un wer einmal am
Niederrhein war, der kommt wieder.

Hanns Dieter Hüsch

Nachdem wir unsere Reise auf dem Schiff beendet haben, die uns
von Köln nach Basel und retour führte, besuchen wir einen Abschnitt des Rheins, der nicht auf dieser Route lag: den Niederrhein. Von Köln fahren wir mit der Erft-Bahn nach Neuss. Wir
sehen den Industriehafen, die Krane und Lagerhallen. Auf der anderen Seite den Fernsehturm von Düsseldorf, an dem man sich gut
orientieren kann. Auf unserer Seite, hinter der Stadt Neuss, liegt
das Ackerland, die niederrheinische Furche. Ein fruchtbarer
Boden, wie es heißt, der schon vor über zweitausend Jahren die
Römer hier siedeln ließ. Vom Neusser Hauptbahnhof nehmen wir
eine Bimmelbahn, die uns nach Holzheim bringt. Im Namen dieses kleinen Ortes stecken zwei Dinge, auf die es überall ankommt.
Ein Zuhause, ein Heim – und das Holz, die Balken, aus dem die
Häuser gebaut wurden. Das Holz für die Dielen – die Holzscheite
für den Kachelofen, der winters wärmt.

Holzheim ist ein echtes niederrheinisches Kaff mit Kirche und Schützenverein. Was gibt es da sonst? Wie überall in unseren Breiten dominieren statt der kleinen Läden mittlerweile Discounter. Die Metzgerei in der Hauptstraße, die bekannt war für gute selbstgemachte Wurstwaren, ist seit über zwei Jahren geschlossen. Kleine Handwerksgeschäfte gibt es so gut wie nicht mehr, ein Bäcker ist geblieben, der Brötchen aufbäckt. Eine Kneipe und ein Grieche. Kein Schuhmacher, kein Sattler, kein Schneider, kein Trödler. Wir laufen die Straße entlang, bis wir Felder sehen können, riesige Planquadrate voller Erde und Saat. Kilometerweit Ackerflächen, die hier an die Autobahn grenzen, hinter der ein kleiner Windpark steht. Die Windräder drehen sich, wir hätten in Gummistiefeln kommen sollen. Jetzt laufen wir durch den Matsch, durch die Pampe. Der Frühling war regenreich, alles grünte und wuchs. Die Kartoffeln und Rüben, der Weizen und Kohl. Wir stapfen zurück mit dreckigen Botten und Hosenbeinen. An uns klebt jetzt die gute fette Erde, die den Bauern den Sack füllt im Herbst.

Vom Ackerland sind es gerade einmal sieben oder acht Kilometer bis an den Rhein, noch näher zum hier fließenden Nebenfluss: der Erft.

Raketenstation Hombroich und der Dichter Thomas Kling

Wir spazieren zurück in die Kleinstadt. Drei oder vier Straßen gehen vom Ortsmittelpunkt ab, führen auf Felder, an den Fluss, an die Auen, und auf die A 46. Hinter der Autobahn liegt die ehemalige Raketenstation Hombroich, die von der NATO als »Verteidigungspunkt« genutzt wurde. Bis 1988 lagerten hier Flugabwehrraketen, ein belgisches Geschwader war hier stationiert. Der Stützpunkt wurde 1990 geschlossen. Zum Glück konnte die Nachnutzung friedlich gestaltet werden, die NATO-Station wurde eine Museumsinsel. Hallen, Hangars, Bunker, Wälle und der Beobachtungsturm auf der etwa 11 ha großen Fläche wurden saniert und umgestaltet. Für die Bebauung des Geländes konnten international renommierte Künstler und Architekten gewonnen werden wie Tadao Ando, Erwin Heerich, Katsuhito Nishikawa und Alvaro Siza.

Der Dichter Thomas Kling schrieb über die Raketenstation als Kunst- und Natur-Ort:

»Wir sehen, vordergründig, auf eine Düne. Das kann der Dichter sagen, weil der Himmel, täglich anders, als Lichtdünung und alter Niederländerhimmel angesehen werden kann. Wir blicken, nach hinten heraus, auf eine Düne: einen Wall, der Splitterschutz gewesen ist. Der Bunker ist unsere Nachthütte in den Kürbisgärten geworden; ist Atelier, Bibliothek, Arbeitsraum, Labor inmitten dieser Rübenäcker, um genau zu sein... Steile Dochte oder winkelbildende, nach Wetterlage abknickende Wasserdampf-Wolken, was für Werke, die mit den schleunigen Winden gehen. Wendige, klare Luftströme, die sich austoben über dieser klimatischen Schnittstelle am Nordrand der Kölner Bucht. Hombroich gehört spürbar schon zur Tiefebene, die vornehmlich aus Sumpf bestand (niederrheinisch: Broich, mit langem ›o‹ gesprochen), aus ineinanderübergehenden Mooren, rechts und links des Erft-Flusses, eine feuchte Landschaft, die unter den Füßen Glucksen hervorrief; eine aufquellende, blasenwerfende Gegend, der Fäulnisgase entstiegen. Die Ortsnamen hier zeigen, dass es vordem Siedlungen waren in Sümpfen, Gehöft-Konglomerate auf nassem, überschwappendem Land, durch Knüppeldämme müssen die verbunden gewesen sein. Ein schwer erreichbarer, unter Mühen nur zugänglicher Landstrich, dessen höchste Erhebung, nicht mehr als eine Bodenwelle eigentlich, die Raketenstation ist. Rundum die mergelhaltigen, die säuerlichen Äcker, von Heckeneinfassungen befreit, so kommen die Vögel in Scharen zu uns – auf die Insel, auf die Raketenstation.«

Geld kauft Kunst – und so stehen drei begehbare Backstein-Skulpturen auf dem »Kirkeby-Feld« – die der Künstler Per Kirkeby konzipiert hat. Weitere Betonskulpturen und die Klangschale »Tilapia«, die ein Anziehungspunkt für Groß und Klein geworden ist. Das Gelände ist weitläufig und vermittelt die Idee von Freiheit und einen Weg ins Offene. Der Kunstraum ist ein weitgehend natürlicher, er wechselt mit den Jahreszeiten, er verändert sich. Die Besucher kommen mit ihren Vehikeln über die Autobahn auf die Museumsinsel; sie sind Teil des großen Rauschens, das hier in das Geräusch der Stille übergeht. So ist dies ein kontemplativer Ort, die Kunst verschwindet, je nach Betrachter, in einem größeren Zusammenhang. Sie obliegt den Gesetzen der Natur, sie verwirklicht sich im besten Fall, und lädt zur Meditation ein, zum wachen Träumen, zur Beobachtung des Vogelflugs oder der Spinnennetze. Selbst Teil der Landschaft zu sein, in ihr aufzugehen und zu guter Letzt zu verschwinden, scheint uns mehr denn je erstrebenswert.

Obwohl die kleine Stadt Holzheim nur zwei oder drei Kilomater von Hombroich entfernt ist, scheint es eine andere Welt zu sein. Kein Gedanke an Kunst und geistige Erbauung, oder etwa doch? Sind Sie katholisch? fragt das höchste Bauwerk. Täglich bimmeln die Kirchenglocken eine Ewigkeit lang, so viel kann niemand beten, hoffen und büßen. Ein kleines Wunder ist die Galerie »Am Schatzhaus«, es erscheint wie ein Refugium. In der Galerie, die von Kirsten Adamek ins Leben gerufen wurde, finden regelmäßig außergewöhnliche Ausstellungen zeitgenössischer Kunst, Lesungen und Performances statt, die das kulturelle Niveau der dörflichen Kleinstadt um etwa zweihundert Prozent anheben. »Am Schatzhaus« ist so etwas wie der Mittelpunkt des Ortes im schönen Sinn. Einen anderen Sinn vermittelt der »Scheibenschützenverein«: Tradition als permanente Illusion. Die Schützen gehören zum Niederrhein wie der Regen zur Traufe, wie das Amen in die

Kirche. Wofür sind sie gut? Man sieht sie gelegentlich auf einer Weide mit Blei auf Enten schießen. Zu den Schützen gehört ein richtiges Schützenfest und ein Schützenkönig. Wer Schützenkönig wird, ist die bedeutendste Persönlichkeit des Ortes nach dem Bürgermeister. Wie kann das sein?

Trotzdem gibt es eine Reihe von freundlichen Holzheimerinnen, die sich um Kinder in Not und Geflüchtete kümmern, die weiter sehen als bis zur nächsten Kirmes.

Wir sehen Windräder und die Ski-Halle, die die erste Ski-Halle Deutschlands war, das ehemalige Aushängeschild der Region. Von Sponsoren gern auch »Rheinischer Gletscher« genannt, produziert das Freizeitspaß-Unternehmen jährlich tausende Tonnen Kunstschnee für Menschen, die gern in einer Halle Ski fahren oder snowboarden wollen. Wir sind mehr für die echte berührte Natur, und künstlicher Pulverschnee ist weiß Gott nicht das Gelbe vom Ei. In einiger Entfernung sieht die Ski-Halle, die seit einigen Jahren den Namen eines alkoholfreien Bieres trägt, wie ein großes Silo aus. Wir stellen uns vor, wie zehntausende Kühe Gras kauen und verdauen. Wie sie das Verdaute ausscheiden. Wir Menschen sind schon selten dämlich, würden die Kühe in einem Lied pfeifen, könnten sie pfeifen. Wir Menschen fahren Ski im Sommer in einem geschlossenen Gebäude und winters, wenn tatsächlich Schnee fällt, fliegen wir, acht oder zehn Flugstunden weit, nach Afrika und schauen uns ein paar Affen an, Löwen und Flamingos.

Die Ski-Halle steht zwischen Feldern und wirkt deplatziert, stellen wir fest, man hätte sie auf eine Autobahnraststätte bauen sollen oder in einen Vergnügungspark!

Da sieht man sich den Himmel lieber hell- und dunkelblau mit ein paar weißen Fetzen an, da geht man lieber weiter und preist die Vorzüge der Tiefebene. Da kommt der Wind vom Meer und weht,

und das Gehen fällt nicht schwer. In den anrainenden Schreber-
gärten hängen vereinzelte Fahnen, da geht eine Böe durch. Eine
schwarz-rot-goldene Deutschland-Flagge hängt halb zerrissen
schlapp im Wind. Ein Gartenzwerg grüßt Thomas Gottschalks
Nachfahren und die Feierabend-Gesellschaft.
  Wir laufen weiter, sehen die geklinkerten Häuser, die Vorgär-
ten und straff getrimmten Hecken. Die rötlich-braunen Klinker-
bauten prägen das Bild der Ortschaften, man denkt unfreiwillig an
Norddeutschland, es fehlen nur die Kühe und Deichschafe.

Wir besuchen das Grab des Dichters Thomas Kling auf dem Friedhof von Holzheim, Licht fällt herein, das die Grabsteine ausleuch-
tet. In der zweiten oder dritten Reihe der Stein: ein Quader, hell-
grau, fast weiß, mit glatter Oberfläche: Links oben ein Kreuz.
Darunter bündig: THOMAS 1957 KLING
  Ein farbenfroher Kranz aus Rosen, Tulpen und Gerbera ver-
deckt den Rest.
  Auf der Insel Hombroich verbrachte Kling seine letzten zehn
Jahre. Von einem Geschäftsmann und Mäzen, der die Insel Hombroich und später die Raketenstation kaufte, erhielt er lebenslanges
Residenzrecht und zog mit der bildenden Künstlerin Ute Langanky
in eine der Militär-Bunker-Baracken, die nun zu Lebens- und
Arbeitsräumen wurden. Die niederrheinische Tiefebene, die nur
einmal im Jahr Schnee kennt, dafür aber lange Regentage und zumeist mildes Klima, umrahmt die Insel. Der Wind kommt von der
holländischen Küste, fast scheint es, das Meer wäre nah. Von hier
aus, am besten vom Dichterturm (dem ehemaligen Wachturm)
erblickt man die dünne Skyline von Düsseldorf, den Hafen von
Neuss, riesige Industrieareale und Schlote. Landschaft enthält alles
Sein. Erde bedeutet Herkunft. Lehm und Flöze. Die Erde hier: ein
guter Boden für Kartoffeln, Rüben und Spargel. Für Apfelbäume
und Birnen. Eine fruchtbare und geschichtsträchtige Erde.

Franz trägt eine Arbeitshose und wattierte Jacke, er setzt sich einen beigen Hut auf. An der Auffahrt stehen drei Traktoren-Oldtimer.

»Die sind aus den 50er Jahren«, sagt er verschmitzt lächelnd.

Er hat einen dunkelgrünen Kadett aus der Garage vorgefahren.

»Wollen wir los?«

Auf der Fahrt zeigt er uns die alte Straße an den Rhein, die über eine kleine Brücke führte.

»Die Straßen waren damals nur halb so breit. Ihr müsst euch vorstellen, wie sich die Autos über die schmale Brücke zwängten.«

Wir fahren auf einer vierspurigen Asphaltstraße, die sich hin und wieder verengt, wenn wir durch Wohngebiete kommen. Die Ortsteile heißen Selikum und Gnadental, es gibt einen Kinderbauernhof und Neubauten, die müden Discounter; dazwischen das Straßenland.

»Im Frühjahr sind wir Kinder mit Trecker und Karre auf die Rüben- und Kohlfelder. Nach der Schule oder in den Osterferien… Die ganze Familie… Wir mussten mithelfen, Rüben zu pflanzen. Tags zuvor wurden die Setzlinge gekauft, dann mussten sie schnell in die Erde. Wir standen auf den Feldern und hörten die Schiffe auf dem Rhein, die Motorengeräusche, dieses Tuck-tuck-tuck, und das Tuten der Sirenen.«

»Wie war das damals, konntet ihr von Anfang an von der Landwirtschaft leben?«

»Das ging irgendwie. Wir hatten einen kleinen Bauernhof, sieben Kühe und fünfzehn Schweine, etwa hundert Hühner. Plus die landwirtschaftlichen Flächen: Kartoffeln, Rüben und Getreide, Gras und Klee, Futter fürs Vieh. Die Schweine haben wir fett gemacht, die kamen dann auf den Schlachthof.«

»War das ein reiner Familienbetrieb?«

»Ja, ohne Knechte und Angestellte. Meine Eltern und die Geschwister, wenn sie schon größer waren, haben die ganze Arbeit gemacht. Mit sieben konnten wir schon mithelfen, mein Zwillingsbruder und ich. Meine Schwester arbeitete im Haushalt. Ich musste das Pferd füttern und mein Bruder musste im Kuhstall mithelfen. Einmal in der Woche mussten wir die Schweine misten, das war ne Heidenarbeit, das haben wir nach der Schule gemacht. Die Schweineställe waren so niedrig, ein Erwachsener konnte da drin nicht stehen, für uns ging das noch, wir waren erst elf oder zwölf.«

»Ihr wart eigentlich Kleinbauern, oder? Gibt es die überhaupt noch?«

»Kaum mehr. Es gibt eigentlich nur noch größere Betriebe. Mein Bruder, der Erstgeborene, hat nach und nach Land von anderen Bauern gepachtet, jetzt bestellt er über zweihundert Morgen Land. Ich wollte Gärtner werden, was bin ich geworden? Landmaschinenschlosser, früher war das der Schmied! Mit vierzehn Jahren bin ich in die Lehre gegangen, das war hart. Die Schule auf einmal zu Ende. Der Lehrbetrieb in einem anderen Ort. Ich dachte: Wie lange geht das so, bis zur Rente? Ich war noch so jung. Feg mal den Hof, sagten die Gesellen. Geh mal Brötchen holen. Nach zwei Jahren wurde es leichter…«

Wir halten, steigen aus in Grimlinghausen.

Franz zeigt uns, wo die alte Erft-Brücke vor Jahrhunderten stand, von wo aus sich der Nebenfluss ungebremst knapp hundert Kilometer durch die Landschaft schlängelte.

Grimlinghausen hat zwei rote bollenähnliche Blumen im Wappen, einen Anker (der Rhein und die Lastschiffe), ferner das fließende Blau, das für die Erft steht, darüber die alte Römerbrücke. Das ganze Konstrukt wird von zwei Ziegen gestützt. Die Blumen stehen für den fruchtbaren Boden, die Ziegen ersetzen die Löwen. Zum Niederrhein passt die Ziege, sie ist authentisch. Löwen würden hier aussterben. Blumen kann man bekanntlich essen, der Anbau von Stiefmütterchen symbolisiert tiefe niederrheinische

Tradition. Die Erft mündet in den Rhein. Wir laufen auf der überbauten Promenade. Franz zeigt uns, wie hoch das Wasser hier stand. Unsere Hosen sind trocken.

»Hier lebten viele kleine Bauern«, sagt Franz. »Die Erde ist sehr gut in dieser Gegend, nährstoffreiche, schwarze Sanderde, die sich schnell in der Sonne erwärmt, bei reichlichem Gießen gedeiht alles früh.«

»Erinnerst du dich an den Rhein, wie das war vor fünfzig Jahren?« Franz stockt, überlegt einen Augenblick.

»Es waren mehr Schiffe auf dem Wasser, aber vielleicht täusche ich mich. Die Überlaufgebiete fehlen, die Schwemmflächen, jetzt kommt das Hochwasser immer häufiger. Schaut mal hier«, er zeigt auf den Wall. »Dafür werden Mauern gebaut, um die Flut abzuhalten.« Symbolisch stehen wir mit den Füßen im Wasser.

Was wir sehen: den Rhein, der die Kurve kriegt, sich breit macht; die Hafenbecken und industriellen Boten, den Umschlag, den Verlauf, die Grauzone und die Gegenseite; das heitere Düsseldorf. Die Wälle, und im gleichen Abstand die Kilometeranzeige, in fünfhundert Meter das gleiche Zeichen; ein paar Spaziergänger und Hundeausführerinnen mit fünf Leinen, fünf Vierbeinern.

Was Franz sieht, sagt er uns nicht, er blickt kurz nach innen, dann sagt er ohne Pathos:

»Ist meine Heimat, hier hab ich gearbeitet. Wir hatten dreizehn Friedhöfe in und um Neuss, da bin ich jede Woche hin. Hab alles repariert, Rasenmäher und Traktoren. Wir haben die Leute gut in die Erde gebracht, haben maschinelle Löcher gebuddelt. Die wollten ja alle in die Erde und keiner nur eine Urne. Zweiundzwanzig Jahre lang.«

Vor einem Jahr ist Franz in Rente gegangen, hin und wieder macht er noch kleine Schmiedeaufträge, mal eine Reparatur an einem Traktor, aber eigentlich geht er seinem Hobby nach, das ihn seit über zehn Jahren beschäftigt. Er sucht nach alten Schätzen der Erde, Zeugnissen der Geschichte.

»Ich lauf übers Feld, im Winter. Wenn es lange Zeit geregnet hat, dann ist die Flugscholle abgeregnet, dann siehst du jeden Stein blinken. Die Felder sind umgepflügt, die Krume wird abgewaschen. Wenn du Glück hast, findest du was im blanken Feld. Steine, die tausende Jahre alt sind, einen Faustkeil aus der Altsteinzeit. Hab ich jedenfalls schon einige gefunden.«

»Wie weit ist dein Radius?«

»Nur einige Kilometer im Umkreis von Holzheim, ich geh alles zu Fuß. Ich hab sogar eine Genehmigung vom Landkreis.«

Wir fragen weiter nach.

»Gibt es ein Geheimnis, braucht man eine besondere Spürnase?«

Franz lacht.

»Es ist die Lust am Entdecken und viel, viel Geduld. Du gehst hundert Mal raus und findest nichts. Am nächsten Tag, du rechnest mit gar nichts, plötzlich eine Pfeilspitze, oder ein Steinmesser. Ich kenne die Gegend so lange, es sind ja die Felder, die ich schon in der Kindheit begangen habe. Oder die, auf denen wir gearbeitet haben.«

»Ist die Erde heilig?«

»Wer weiß. Der Boden hier ist bester Boden, im Acker liegen kaum Klamotten und größere Steine drin. Den Boden haben die frühen Menschen bereits bestellt, es gab Wasser, man brauchte keine Brunnen zu bohren. Es wuchs etwas und ernährte die Menschen all die Jahrhunderte.«

»Wie bist du auf die Idee gekommen, nach Artefakten zu suchen?«

»Eines Tages rief mich mein Bruder an, der Landwirt ist. Franz, ich hab was im Acker gefunden, ein großes Steinbeil. Es stellte sich raus, dass es über sechstausend Jahre alt ist. Das hat die Lust bei mir geweckt, es auch zu versuchen.«

»Wie oft gehst du auf die Felder und wann?«

»Im Winter und Frühjahr, eigentlich nur ein- oder zweimal im Monat. Ich schaue, ob die Felder stark abgeregnet sind, und dort, wo ich schon mal was gefunden habe. Meistens auf den Feldern meines Bruder oder denen vom Schwiegervater in Neukirchen.«

»Hast du einen Spaten dabei oder einen Detektor?«

»Nein, keine Schippe und auch kein Metallsuchgerät.«

»Also du gehst mit bloßen Händen ans Werk?«

»Ja«, Heinz lacht, »ich gehe eigentlich spazieren und dann lauf ich eben aufs Feld, wenn die Getreidefelder gedroschen sind, ich will ja nichts kaputt treten, die Felder sind grobschollig… Also nicht alle Bauern sehen das gern… Ich gehe mit meinen Gummistiefeln in den Fahrspuren der Trecker und großen Maschinen…«

»Wie lang suchst du an einem Tag?«

»Ach, je nach Wetter, meist ein oder zwei Stunden, danach lässt die Konzentration und Sehkraft nach…«

»Also du beugst dich über die Scholle und…?«

»Ja, ich greife mit der Hand rein… Manchmal finde ich was, das kann jedes Kind. Wenn ich was sehe, also man sieht eine Spitze, dann schau ich mir den Fund an, säubere ihn grob, meistens sind es Reste, also keine ganzen Teile wie ein Steinmesser oder eine Pfeilspitze… Es gibt aber auch Wochen und Monate, wo ich nichts finde…«

»Wie viele Funde sind es in all den Jahren?«

»Etwa hundertfünfzig Artefakte in über zwanzig Jahren… Ich staune immer wieder, wenn ich den Fund zu Hause richtig säubere, was ich da in Händen halte! Wie haben die ersten Menschen gelebt, das frag ich mich manchmal… und wie die damals diese Werkzeuge gebaut haben, das bewundere ich…«

»Nennst du dich Steinzeitsucher?«

»Ach was, ich bin kein Archäologe… ich lese Bücher über die Steinzeit«, sagt Franz, »dann bekomme ich Lust, selbst nach Spuren zu suchen… Das ist alles, mehr ist da nicht.« Er macht eine Pause: »Ist alles nur Erde und Sand mit paar kleinen Steinen drin. Aber gute Erde, wisst ihr… Wir sind vierunddreißig Meter über dem Meer…«